Multimanageransätze im Bereich
des Portfoliomanagements

Europäische Hochschulschriften
Publications Universitaires Européennes
European University Studies

Reihe V
Volks- und Betriebswirtschaft

Série V Series V
Sciences économiques, gestion d'entreprise
Economics and Management

Bd./Vol. 3103

PETER LANG
Frankfurt am Main · Berlin · Bern · Bruxelles · New York · Oxford · Wien

Nils E. Ernst

Multimanageransätze im Bereich des Portfoliomanagements

PETER LANG
Europäischer Verlag der Wissenschaften

Bibliografische Information Der Deutschen Bibliothek
Die Deutsche Bibliothek verzeichnet diese Publikation in der Deutschen Nationalbibliografie; detaillierte bibliografische Daten sind im Internet über <http://dnb.ddb.de> abrufbar.

Zugl.: Vallendar, Wiss. Hochschule für Unternehmsführung, Diss., 2004

ISSN 0531-7339
ISBN 3-631-53068-4

www.peterlang.de

Vorwort

Diese Dissertation ist im Laufe meines zweijährigen Promotionsstudiums an der Wissenschaftlichen Hochschule für Unternehmensführung (WHU) und meiner Tätigkeit für die FERI Institutional Management GmbH in Bad Homburg entstanden. Ich möchte mich an dieser Stelle bei allen bedanken, die durch ihre Unterstützung und kritischen Anregungen zum Gelingen dieser Arbeit beigetragen haben, insbesondere bei meinem Doktorvater, Herrn Prof. Dr. Markus Rudolf, für seine Betreuung meines Projektes und Herrn Prof. Dr. Jürgen Weber, der das Koreferat für meine Arbeit freundlicherweise übernommen hat.

Des Weiteren bedanke ich mich bei Herrn Dr. Hartmut Leser, Geschäftsführer der FERI Institutional Management GmbH, und allen Kollegen, insbesondere Herrn Dr. Martin Moryson, sowie Herrn Markus Neubauer, Geschäftsführer der Universal-Investment-Gesellschaft mbH, für die freundliche Unterstützung meines Projektes und die für das Gelingen dieser Arbeit unerlässlichen Diskussionen.

Schließlich sei auch meiner Familie und allen Freunden und Bekannten herzlich für ihren Zuspruch und ihr Verständnis in dieser für mich nicht immer einfachen Zeit gedankt. Tina, danke, dass Du an meiner Seite warst.

Dieses Buch ist meinem Vater gewidmet.

Blankenheim, im März 2004

Meinem Vater

Inhaltsverzeichnis

Tabellenverzeichnis

Abbildungsverzeichnis

Abkürzungsverzeichnis

AMEX	American Stock Exchange
APT	Arbitrage Pricing Theory
BaFin	Bundesanstalt für Finanzdienstleistungsaufsicht (früher: BAKred – Bundesaufsichtsamt für das Kreditwesen)
BVI	Bundesverband Investment und Asset Management e.V.
CAPM	Capital Asset Pricing Model
DAX	Deutscher Aktienindex
DVFA	Deutsche Vereinigung für Finanzanalyse und Anlageberatung
EMH	Efficient Market Hypothesis
EMT	Efficient Market Theory
EU	Europäische Union
Euribor	European Interbank Offered Rate
FG	Freiheitsgrade
FIMSS	FERI Institutional Management Segregated Accounts Survey
FP	Formationsperiode
GIPS	Global Investment Performance Standards
Hrsg.	Herausgeber
ICAPM	Intertemporal Capital Asset Pricing Model
IW	Irrtumswahrscheinlichkeit
Jg.	Jahrgang
KAG	Kapitalanlagegesellschaft
KAGG	Gesetz über Kapitalanlagegesellschaften
KGV	Kurs-Gewinn-Verhältnis
KWG	Kreditwesengesetz
MSCI	Morgan Stanley Capital International
NASDAQ	National Association of Securities Dealers Automated Quotation System
NYSE	New York Stock Exchange
p.a.	per annum
PEG	Price-Earnings-Growth-Ratio
PPS	Performance Presentation Standards
S&P	Standard&Poor's
TP	Testperiode

UCITS	Undertakings for Collective Investment in Transferable Securities
UP	Untersuchungsperiode
WpHG	Wertpapierhandelsgesetz

Symbolverzeichnis

α	aktive Rendite einer Anlage/eines Portfolios
$\boldsymbol{\alpha}_i$	Vektor der Alphas der Fonds i
$\boldsymbol{\alpha}_S$	Vektor der Selektionsrenditen der Unterportfolios
β	Beta (Maß für das systematische Risiko einer Anlage/eines Portofolios)
$\boldsymbol{\beta}_i$	Vektor der Sensitivitäten der Fonds i gegenüber den Faktoren x_i im Zeitablauf
β_P	Portfoliobeta
β_{PA}	aktives Beta
$\beta_{P,B}$	Sensitivität der Fondsrendite gegenüber dem Benchmarkportfolio
$\beta_{P,MM}$	Sensitivität der Fondsrendite gegenüber einer Geldmarktverzinsung
$\beta_{P,Size}$	Sensitivität der Fondsrendite gegenüber der Renditedifferenz eines Large-Cap-Index und eines Small-Cap-Index
$\beta_{P,Val}$	Sensitivität der Fondsrendite gegenüber der Renditedifferenz eines Growth-Index und eines Value-Index
ε	Störterm (Residuum einer Regression)
$\boldsymbol{\varepsilon}_{it}$	Vektor der Residuen der Fonds i im Zeitablauf
λ	Risikoaversionsparameter
λ_B	Risikoaversionsparameter (bezüglich des systematischen Benchmarkrisikos)
λ_{BT}	Risikoaversionsparameter (bezüglich des mit Benchmarktiming verbundenen Risikos)
λ_α	Risikoaversionsparameter (bezüglich des aktiven Risikos)
μ	Erwartungswert/Mittelwert
μ_B	Gleichgewichtsrendite des Benchmarkportfolios (Marktkonsens-Benchmarkrendite)
ν	Teststatistik für einen χ^2-Test
ρ	Korrelation
Σ	Summe
σ^2_α	Varianz der aktiven Renditen
$\sigma_{\alpha,B}$	Kovarianz zwischen Residual- und Benchmarküberschussrendite
σ^2_B	Varianz der Benchmarküberschussrendite
σ_i	Standardabweichung einer Anlage/eines Portfolios i
σ^2_i	Varianz einer Anlage/eines Portfolios i
$\sigma_{i,j}$	Kovarianz zwischen Anlage i und j

σ^2_P	Varianz der Portfolioüberschussrendite
$\sigma_{P,B}$	Kovarianz zwischen Portfolio- und Benchmarküberschussrendite

a	Achsenabschnitt
b	Steigungskoeffizient
BR	Prognosehäufigkeit (Anzahl unkorrelierter Über- bzw. Untergewichtungen)
D_i	Dividende der Anlage i
E[.]	Erwartungswertoperand
E[U]	Erwartungsnutzen
f_P	prognostizierte Gesamtüberschussrendite eines Portfolios
f_B	prognostizierte Benchmarküberschussrendite
Δf_B	Differenz aus prognostizierter Benchmarkrendite und Marktkonsens-Benchmarkrendite
G	„Gewinner"-Fonds
h	absolute Häufigkeit
H_0	Nullhypothese
H_1	Alternativhypothese
IC	Informationskoeffizient (Prognosefähigkeit; Korrelation zwischen Prognosen und realisierten Renditen)
IR	Information Ratio
PC	Performance Coefficient (Korrelation zwischen aktiven Gewichtungen und realisierten Renditen)
n	Stichprobenumfang
r	Rendite bzw. in einer Stichprobe gemessene Korrelation
r_B	Rendite des Benchmarkportfolios
r_f	risikoloser Zins/Geldmarktverzinsung
r_M	Rendite des Marktportfolios
r_P	Rendite eines Fonds/Portfolios
r_{Size}	Renditedifferenz eines Large-Cap-Index und eines Small-Cap-Index
r_{Val}	Renditedifferenz eines Growth-Index und eines Value-Index
$\mathbf{r_X}$	Vektor der Stilfaktorrenditen
RP	Rücknahmepreis eines Fonds
s	in einer Stichprobe gemessene Standardabweichung

t	Zeitindex, Teststatistik für den t-Test
TC	Transformation Coefficient (Korrelation zwischen Prognosen und aktiven Gewichtungen)
TE	Tracking Error (Standardabweichung der aktiven Renditen eines Portfolios)
U	Nutzen
V	„Verlierer"-Fonds
$\mathbf{V_X}$	Kovarianzmatrix der Stilfaktorrenditen $\mathbf{r_X}$
$\mathbf{V_S}$	Kovarianzmatrix der Selektionsrenditen $\boldsymbol{\alpha}_S$
Var[]	Varianz
$\mathbf{w}$	Gewichtungsvektor der einzelnen Unterportfolios (Managergewichtungen)
$\mathbf{w_B}$	Vektor der Stilfaktorgewichtungen der Zielbenchmark
$\mathbf{x_{it}}$	Vektor (definiert im Text)
$\bar{x}$	Stichprobenmittelwert
X	Reinvestitionsfaktor
$\mathbf{X}$	Matrix der Stilfaktorladungen der Unterportfolios (Manager-Stilprofil)
$\mathbf{y_{it}}$	Vektor (definiert im Text)

„Manufactures where they are in perfection, are carried on by a multiplicity of hands, each of which is expert only in his own part, no one of them a master of the whole."

Benjamin Franklin

1. Einleitung

1.1 Motivation

Der Markt für privates und institutionelles Portfoliomanagement sieht sich zu Beginn des Jahrtausends zahlreichen Herausforderungen gegenüber.

Während die Anlageergebnisse im Rentenbereich durch das gesunkene Zinsniveau innerhalb der letzten zehn Jahre[1] und die Entwicklung der Aktienmärkte seit dem Jahr 2000 stark belastet worden sind, steigen die Anforderungen an die Kapitalanlageergebnisse. Insbesondere für institutionelle Investoren tragen steigende Lebenserwartungen der Versicherten im Altersversorgungssektor[2], Margendruck im traditionellen Geschäft der Banken[3] und Shareholder-Value-Orientierung bei Industrieunternehmen, die die Leistungsanforderungen an die Finanzanlagen erhöhen, maßgeblich dazu bei.

Reformbestrebungen hinsichtlich der Ausrichtung der Sozialsysteme führen besonders in Europa dazu, dass kapitalgedeckte Altersvorsorge an Bedeutung gewinnt. Investoren verlangen vor diesem Hintergrund stetige, überdurchschnittliche Renditen für ihre Portfolios.

Die Entwicklung der Kapitalmärkte in den letzten Jahren hat allerdings drastisch aufgezeigt, dass die Märkte starken Schwankungen ausgesetzt sein können. Die Globalisierung von Markttrends führt außerdem dazu, dass eine rein regionale Diversifikation nicht mehr hinreichend zur Risikoreduktion in Portfolios beiträgt.

Auf der Anbieterseite deutet die zunehmende Zahl von nationalen und internationalen Fusionen und Übernahmen im Bereich Asset Management, die mit sehr hohen Bewertungen einhergehen, darauf hin, dass viele Finanzdienstleister den Bereich Asset

---

[1] Seit 1993 sind beispielsweise die Renditen für zehnjährige Bundesanleihen von 8% auf 3,75% gesunken.
[2] Nach den von Heubeck veröffentlichten Richttafeln ist die Performanceerfordernis zur Finanzierung einer Leibrente für einen 65-jährigen Versicherten zwischen 1983 und 1998 von 6,00% auf 6,84% gestiegen.
[3] Die Differenz zwischen durchschnittlichem Hypotheken- und Sparzins ist innerhalb der letzten 20 Jahre von ca. 6% auf ca. 4,5% zurückgegangen (Quelle: Deutsche Bundesbank).

Management zum Kern ihres Leistungsspektrums ausbauen und weltweit verstärkt um die Investoren konkurrieren.

Harmonisierungsbestrebungen der Gesetzgeber im Rahmen der Anpassung an die Richtlinien des EU-Ministerrats (Undertakings for Collective Investment in Transferable Securities - UCITS -)[4] auf dem europäischen Markt für Asset Management fördern die Transparenz und damit den Wettbewerb zusätzlich.

Private und institutionelle Investoren sind zudem häufig unzufrieden mit den Ergebnissen der Vermögensverwaltung. Eine Untersuchung der Westminster Business School[5] kommt zu dem Ergebnis, dass 47 % der Pensionsverwalter in Großbritannien mit den Anlageergebnissen ihrer Pensionsfonds unzufrieden sind. Zu den Gemeinsamkeiten der unzufriedenen Investoren zählen unter anderem, dass das Vermögen nur von einem Investmentmanager verwaltet wird und der Investmentmanager seit mehr als fünf Jahren nicht ausgetauscht wurde. Weiterhin gaben die unzufriedenen Investoren zu erkennen, dass sie nach einer Möglichkeit zur besseren Überwachung der Investmentmanager suchen und an einer Kontaktaufnahme mit Spezialisten, die ihnen im Bereich Investmentmanagement behilflich sein könnten, interessiert sind.

Unter Berücksichtigung dieser sich massiv verändernden Rahmenbedingungen für Investoren und Investmentmanager gewinnen Ansätze zur Effizienzsteigerung im Bereich Asset Management immer mehr an Bedeutung. Multimanagement bezeichnet einen solchen Ansatz, der das zentrale Thema dieser Arbeit darstellt.[6]

Multimanageransätze im Bereich des privaten und institutionellen Portfoliomanagements verzeichnen indes bereits spektakuläre Mittelzuflüsse und hohe Wachstumsraten. Im Jahr 2002 wurden nach einer Untersuchung von Cerulli Associates [2003] weltweit bereits 500 Mrd. US-Dollar in Multimanageransätzen verwaltet.[7]

---

[4] Vgl. Direktive 85/611/EEC (UCITS) vom 20.12.1985 und Ergänzungen vom 13.02.2002 (UCITS III).

[5] Vgl. Harrison [1999].

[6] Als weitere Ansätze zur Effizienzsteigerung im Bereich Asset Management gelten beispielsweise der Einsatz strukturierter Produkte (unter Verwendung von Derivaten) oder die Einbeziehung von alternativen Anlageklassen (Hedge-Fonds, Private Equity, etc.) in Portfolios.

[7] 47% dieses Vermögens wird in Fund-of-Fund-Konstruktionen, 53% in Multimanageransätzen für institutionelle Investoren (Multimanagerstruktur bzw. Manager-of-Managers-Struktur) verwaltet. Vgl. hierzu auch Watson [2001].

Gegenüber 1999 entspricht dies einer Zunahme von 34%. Insbesondere vor dem Hintergrund der Kapitalmarktentwicklungen in den vergangenen Jahren stellt dies ein substanzielles Wachstum dar. Abbildung 1-1 zeigt die von Cerulli Associates [2003] erwartete Entwicklung für das weltweit in Multimanageransätzen verwaltete Vermögen anhand zweier Szenarien. Nach Schätzungen von Cerulli Associates soll im Jahr 2007 das weltweit in Multimanageransätzen verwaltete Vermögen auf bis zu eine Billion US-Dollar anwachsen. In Europa könnten bis 2007 über 600 Mrd. US-Dollar in Multimanageransätzen verwaltet werden. Dieses Volumen ergibt sich unter Voraussetzung der Beibehaltung der historischen Wachstumsrate von 15%, die doppelt so hoch liegt wie die Wachstumsrate des Gesamtmarktes für Portfoliomanagement in Europa.

Trotz der steigenden Popularität und des starken historischen Wachstums beträgt der Marktanteil von Multimanageransätzen in Europa derzeit lediglich fünf Prozent[8], was das vorhandene Wachstumspotenzial dokumentiert.

Abbildung 1-1

Heutiges und erwartetes weltweit in Multimanageransätzen verwaltetes Vermögen (Quelle: Cerulli Associates)

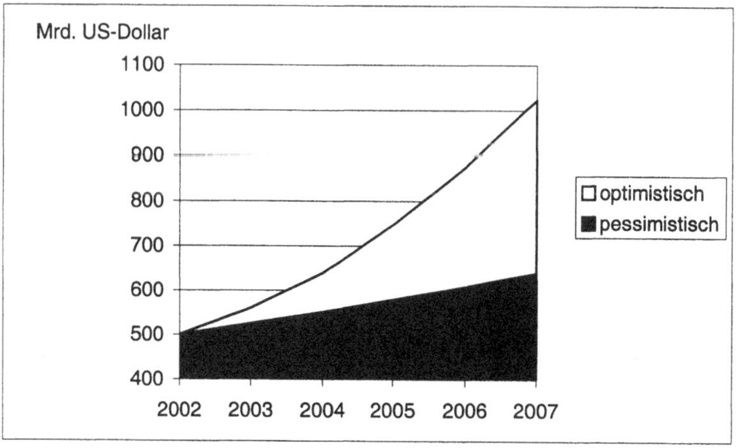

[8] Vgl. EDHEC [2003].

Vor diesem Hintergrund erscheint die theoretische und empirische Auseinandersetzung mit Funktionsweise, Strukturen und Potenzialen von Multimanageransätzen, die im Rahmen dieser Arbeit erfolgen soll, besonders interessant.

1.2 Zielsetzung und Forschungsbeitrag der Arbeit

Die vorliegende Arbeit ist die erste auf dem Gebiet des modernen Portfoliomanagements, die sich systematisch mit dem Thema Multimanagement beschäftigt und dabei Erscheinungsformen von Multimanageransätzen und ihre Funktionsweise erläutert.

Daneben erfolgt der Aufbau eines theoretischen Grundgerüsts, das erklärt, warum und inwieweit aktives Portfoliomanagement, das die Basis von Multimanageransätzen darstellt, sinnvoll sein kann, d.h. die Erzielung von risikoadjustierten Überrenditen ermöglicht.

Im Rahmen der Umsetzung von Multimanageransätzen beschäftigt sich die Arbeit mit der Frage, ob rein quantitative Selektionskriterien zur Managerauswahl geeignet erscheinen. Hierzu wird eine ausführliche empirische Untersuchung durchgeführt, die sich auf Investmentfonds mit deutschem und europäischem Anlageschwerpunkt konzentriert und damit die vorhandene Literatur sinnvoll ergänzt.

Die Arbeit thematisiert außerdem die Konstruktion von Multimanagerportfolios. Es wird aufgezeigt, welche Möglichkeiten der Multimanager bei der Auswahl von Konstruktionsansätzen für Multimanagerportfolios hat, wie ein erwartungsnutzen-optimales Multimanagerportfolio erzeugt und die Einhaltung der Vorgaben an die Portfoliomanager der Unterportfolios, auf deren Basis die Optimierung durchgeführt wird, überprüft werden kann.

1.3 Aufbau der Arbeit

Aus der Zielsetzung der Arbeit leitet sich die Gliederung ab.

Im Anschluss an dieses einleitende Kapitel (Kapitel 1) beschäftigt sich Kapitel 2 mit Erscheinungsformen des Multimanageransatzes im Bereich der privaten und institutionellen Vermögensverwaltung. Neben einem Vergleich mit traditionellen Formen der Vermögensverwaltung erfolgt eine Analyse der rechtlichen Rahmenbedingungen für Multimanagerkonstruktionen am deutschen Markt. Einen Schwerpunkt bildet dabei das Konzept der Master-KAG.

In Kapitel 3 wird das angesprochene theoretische Grundgerüst entwickelt. Nur unter der Voraussetzung, dass aktives Management erfolgreich sein kann, stellt Multimanagement einen sinnvollen Vermögensverwaltungsansatz dar. Eine Vielzahl von Veröffentlichungen theoretischer und empirischer Natur, die sich mit der Möglichkeit der Erzielung aktiver Überrenditen beschäftigen, wird analysiert. Ein besonderer Schwerpunkt liegt dabei auf Arbeiten zur Informationseffizienz von Wertpapiermärkten und zur Kapitalmarktanomalienforschung. Das Potenzial aktiver Portfoliomanagement-Strategien wird durch das „Fundamentale Gesetz des aktiven Managements"[9] beschrieben.

Der Erfolg von Multimanageransätzen wird maßgeblich von zwei Funktionen bestimmt: der Managerselektion und der Konstruktion des Multimanagerportfolios. Diesen beiden Funktionen ist jeweils ein Kapitel gewidmet.

Kapitel 4 beschäftigt sich mit der Frage, nach welchen Kriterien eine Auswahl von Investmentmanagern bei der Umsetzung eines Multimanageransatzes erfolgen kann. Quantitative und qualitative Selektion werden unterschieden und umfangreiche empirische Untersuchungen zur quantitativen Selektion unter Verwendung einer besonderen Schätz- und Testmethodik durchgeführt. Vorausgehend wird eine ausführliche Literaturanalyse zur Persistenz in der Performance von Investmentportfolios durchgeführt. Organisationsformen für einen Managerselektionsprozess werden ebenfalls betrachtet.

---

[9] Vgl. Grinold/Kahn [2000], Kapitel 6.

Im Rahmen von Kapitel 5 werden verschiedene Ausgestaltungsformen von Multimanagerportfolios beschrieben und ein Modell zur erwartungsnutzenoptimalen Konstruktion von Multimanagerportfolios vorgestellt, das das aktive Risikobudget des Investmentmanagers und vorhandene Misfit-Risiken berücksichtigt. Eine Fallstudie demonstriert die Potenziale des Ansatzes. Schließlich wird ein auf Signifikanztests beruhendes Controlling-Konzept für Multimanagerportfolios vorgeschlagen.

Kapitel 6 beschließt die Arbeit mit einer Zusammenfassung der Ergebnisse und einem Ausblick.

2. Multimanagement – Erscheinungsformen und Potenziale

2.1 Zielsetzung und Einordnung des Kapitels

In diesem Kapitel sollen die verschiedenen Erscheinungsformen des Multimanageransatzes im Bereich der privaten und institutionellen Vermögensverwaltung definiert und näher betrachtet werden. Im institutionellen Sektor wird dabei zwischen zwei Erscheinungsformen (Multimanagerstruktur sowie Manager-of-Managers-Ansatz) unterschieden und ein Vergleich mit Fund-of-Fund-Ansätzen, die in Deutschland als Dachfonds bekannt sind und vorrangig im Privatkundensektor angeboten werden, gezogen. Unterschiede in der Organisation der institutionellen Vermögensverwaltung zwischen Multimanageransätzen und traditionellen Formen werden ebenfalls herausgearbeitet.

Eine Analyse der Potenzialen von Multimanageransätzen und deren Limitierungen schließt sich an. Hierbei werden mögliche Ursachen für die wachsende Popularität von Multimanageransätzen aufgezeigt.

Den Abschluss bildet eine Betrachtung der rechtlichen Rahmenbedingungen und vertraglichen Beziehungen für Multimanagerkonstruktionen am deutschen Markt, die in Form des Master-KAG-Ansatzes umgesetzt werden.

2.2 Erscheinungsformen von Multimanageransätzen

Unter der Bezeichnung Multimanagement werden Investmentansätze verstanden, die mehrere, von spezialisierten Investmentmanagern verwaltete Portfolios kombinieren.[10] Die Grundidee aller Erscheinungsformen von Multimanageransätzen besteht darin, das zu verwaltende Vermögen auf viele Investmentmanager zu verteilen, anstatt es von einem einzelnen Investmentmanager verwalten zu lassen. Neben der Aufteilung von Vermögen auf bestimmte Anlageklassen (Assetklassen) bzw. Anlageregionen nutzen Multimanageransätze Diversifikationspotenziale auf einer weiteren Ebene (der Ebene der Investmentmanager), um stetige, risikoadjustierte Überrenditen zu erzielen. Teilweise erhebliche Unterschiede bestehen allerdings in der Form der möglichen Umsetzung des Ansatzes, insbesondere zwischen der Vermögensverwaltung im institutionellen und privaten Sektor.

---

[10] Vgl. Reid [2001a], S.4.

Die Verwaltung der Kapitalanlagen institutioneller Investoren weltweit und dabei insbesondere in Europa hat sich in den letzten 20 Jahren grundlegend gewandelt. Immer weniger Mittel werden von den Institutionen selbst verwaltet. Stattdessen werden die Aufträge zur Verwaltung der Vermögen an Dritte vergeben. Kapitalanlagegesellschaften, die zumeist von Banken oder anderen Finanzdienstleistern gegründet worden sind, bieten institutionellen Investoren in Deutschland Spezialfonds als Instrument zur Vermögensverwaltung an. Gemäß §1 Abs. 2 des Gesetzes über Kapitalanlagegesellschaften (KAGG) sind Spezialfonds Sondervermögen, deren Anteilsscheine aufgrund schriftlicher Vereinbarung mit der Kapitalanlagegesellschaft (KAG) jeweils von nicht mehr als zehn Anteilsinhabern, die nicht natürliche Personen sind, gehalten werden. Die maximale Anzahl von zehn Anlegern ist vom Gesetzgeber vor dem Hintergrund festgelegt worden, dass mit zunehmender Anzahl von Anlegern die Formulierung und Durchführung einer einheitlichen Anlagepolitik immer schwieriger wird.[11] In der Praxis werden Spezialfonds zumeist nur von einem institutionellen Investor aufgelegt. Zum Anlegerkreis zählen vor allem Versicherungen, Banken, Altersversorgungsinstitutionen und Industrieunternehmen. Spezialfonds stellten Ende 2001 mit rund 507 Mrd. Euro ca. 62,3% des deutschen Investmentfondsmarktes dar.[12]

Die Umsetzung eines Multimanageransatzes im Bereich der institutionellen Vermögensverwaltung in Deutschland zeigt Abbildung 2-1 beispielhaft.[13] Das Portfolio des institutionellen Anlegers, das aus einem oder mehreren Spezialfonds bestehen kann, wird im Gegensatz zur traditionellen Variante (mit mehreren Spezialfonds, mehreren Kapitalanlagegesellschaften und mehreren Depotbanken) bei einer einzigen KAG (Master-KAG) verwaltet und die Wertpapiere bei einer einzigen Depotbank (Global Custodian) verwahrt. Die Anlageentscheidungen (Kauf und Verkauf von Wertpapieren) werden außerdem nicht von der KAG, sondern von den für die einzelnen Anlagekategorien[14] als Berater verpflichteten Investmentmanagern getroffen.

---

[11] Vgl. Pflaum [1993], S.41.

[12] Vgl. Kandlbinder/Entzian [2002], S.780.

[13] Im Bereich der privaten Vermögensverwaltung wird eine Manager-of-Managers-Struktur vereinzelt auch bereits angeboten. In Deutschland ist dies im Rahmen des sog. Segmentfondskonzeptes möglich. Anstelle des/der Spezialfonds steht bei diesem Konzept ein Publikumsfonds (Segmentfonds) zur Verfügung.

[14] Als Anlagekategorie (z.B. Aktien Deutschland) werden im Rahmen dieser Arbeit Anlageklassen (z.B. Aktien) eines bestimmten regional und eventuell zusätzlich durch den Investmentstil definierten Bereiches (z.B. Deutschland oder Deutschland Growth) bezeichnet.

Abbildung 2-1

Multimanageransatz im Bereich institutioneller Vermögensverwaltung

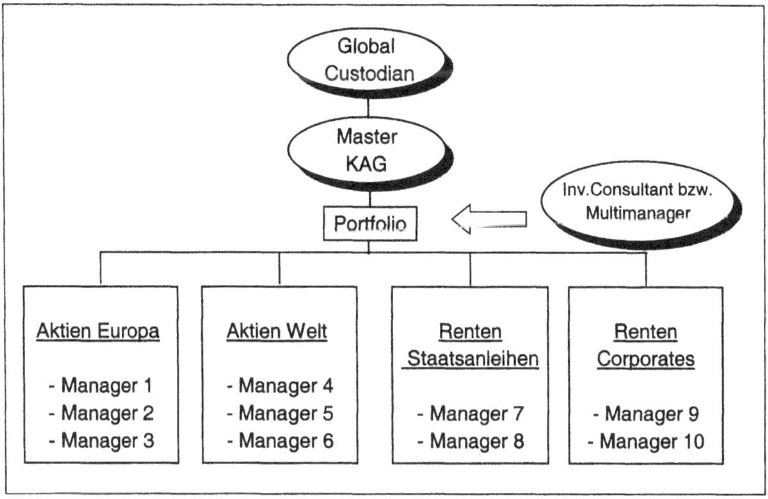

Hinsichtlich der Verantwortung für das zu verwaltende Multimanagerportfolio muss unterschieden werden zwischen einer „normalen" Multimanagerstruktur und einer Multimanagerstruktur im engeren Sinn, d.h. einer Manager-of-Managers-Struktur. Während der institutionelle Anleger bei der herkömmlichen Multimanagerstruktur die Gesamtverantwortung für die zu verwaltenden Anlagen trägt und die Konstruktion der Struktur sowie die Auswahl von Investmentmanagern, KAG und Depotbank selbst oder unter Zuhilfenahme eines Investment Consultants vornimmt, ist bei der Manager-of-Managers-Struktur der Multimanager für diese Aufgaben verantwortlich.[15] Auch die Kontrolle und der Austausch aller Prozessbeteiligten obliegt innerhalb einer Manager-of-Managers-Struktur dem Multimanager. Einen Multimanager kann man daher als einen Investmentmanager bezeichnen, der den Kauf und Verkauf von Anlagen sowie deren Verwaltung und Verwahrung an andere Investmentmanager bzw. Depotbanken überträgt und durch die Auswahl und effiziente Kombination der einzelnen Investmentmanager Überrenditen auf der Ebene des Gesamtportfolios erzielen will.[16]

Die Aufgaben des Investors beschränken sich bei der Manager-of-Managers-Struktur auf eine detaillierte Umfeldanalyse, die meist unter Zuhilfenahme eines Consultants an-

[15] Vgl. Reid [2001a], S.4.

[16] Vgl. Gardner [2001], S.13.

gefertigt und in deren Verlauf eine Asset-Liability-Studie durchgeführt wird. Daraus folgen die strategischen und taktischen Anlagerichtlinien (Strategic/Tactical Asset Allocation). Mit der Definition der Benchmark als Maß für die Ertragserwartung und die Risikotoleranz des Investors für das Portfolio endet in diesem Fall die Zuständigkeit des Investors.

Abbildung 2-2 zeigt einen Vergleich der unterschiedlichen Aufgabenverteilungen bei der traditionellen Verwaltung, der herkömmlichen Multimanagerstruktur und der Manager-of-Managers-Struktur.

Abbildung 2-2

Aufgabenverteilung bei der institutionellen Vermögensverwaltung

Aufgaben	Traditionelle Verwaltung	Multimanager-Struktur	Manager-of-Managers-Struktur
Asset Liability Management	Institutioneller Anleger	Institutioneller Anleger/ Consultant	Institutioneller Anleger/ Consultant
Strategic Asset Allocation	Institutioneller Anleger	Institutioneller Anleger/ Consultant	Institutioneller Anleger/ Consultant
Tactical Asset Allocation	Institutioneller Anleger	Institutioneller Anleger/ Consultant	Institutioneller Anleger/ Consultant
Benchmarkdefinition	Institutioneller Anleger	Institutioneller Anleger/ Consultant	Institutioneller Anleger/ Consultant
Managerauswahl	Institutioneller Anleger	Institutioneller Anleger/ Consultant	Multimanager
Portfoliokonstruktion	Institutioneller Anleger	Institutioneller Anleger/ Consultant	Multimanager
Portfoliorebalancieren	Institutioneller Anleger	Institutioneller Anleger	Multimanager
Monitoring/Controlling	Institutioneller Anleger	Institutioneller Anleger	Multimanager
Managerwechsel	Institutioneller Anleger	Institutioneller Anleger	Multimanager

Die wichtige und entscheidende Leistung des Multimanagers besteht somit in der Auswahl, der effizienten Kombination, der Kontrolle und gegebenenfalls dem Austausch der einzelnen Investmentmanager. Diesbezüglich haben Multimanager und Investment Consultant teilweise ähnliche Aufgaben, mit dem Unterschied, dass der Multimanager ein Investmentprodukt anbietet, der Investment Consultant lediglich seine Beratungsleistung. Insofern kombiniert also Multimanagement die beiden Disziplinen Investmentmanagement und Investment Consulting.

Der Unterschied der beiden vorgestellten Multimanageransätze liegt für den institutionellen Investor insbesondere im Delegationsgrad. Je nachdem, in welchem

Ausmaß er an der Auswahl der Manager, der Portfoliokonstruktion und dem Managercontrolling beteiligt sein will, bietet sich eine der beiden Varianten an. Rechtliche Rahmenbedingungen und eine Analyse der vertraglichen Strukturen im Rahmen einer Manager-of-Managers-Struktur mit Master-KAG werden in Kapitel 2.4 näher betrachtet.

Als dritte Erscheinungsform von Multimanageransätzen sind Fund-of-Fund-Konstruktionen zu nennen. In Deutschland sind Fund-of-Fund-Konstruktionen als Dachfonds bekannt. Sie dürfen seit dem 1.4.1998 vertrieben werden. Die Auflegung von Dachfonds ist in den §§25k ff. KAGG geregelt. Dachfonds stellen Publikumsfonds dar, die ausschließlich in Anteile anderer Sondervermögen investieren. Diese Sondervermögen können Geldmarktfonds, Wertpapierfonds, Beteiligungs-Sondervermögen, Grundstücks-Sondervermögen, Gemischte Wertpapier- und Grundstücks-Sondervermögen, Altersvorsorge-Sondervermögen, die keine Spezialfonds sind, sowie ausländische Investmentanteile, die im Inland öffentlich vertrieben werden dürfen und bei denen die Anteilinhaber das Recht zur Rückgabe der Anteile haben, darstellen.[17] Aus Gründen der Risikostreuung dürfen Dachfonds maximal bis zu 20% des Sondervermögens in Anteilen an einem einzelnen Investmentfonds anlegen. Daraus folgt, dass ein Dachfonds zumindest in fünf Zielfonds investieren muss. Außerdem dürfen höchstens 10% der gesamten Anteile eines anderen Fonds erworben werden. Die Anlage in anderen Dachfonds ist nicht zulässig.
Abbildung 2-3 zeigt ein Beispiel für den Aufbau einer Dachfondskonstruktion. Der auffallendste Unterschied von Dachfondskonstruktionen gegenüber den bereits vorgestellten Erscheinungsformen des Multimanageransatzes ist die Tatsache, dass Dachfonds Anteile an bereits bestehenden Investmentfonds (Publikumsfonds) erwerben. Statt in individuelle Manager-Mandate, wie beispielsweise bei der Manager-of-Managers-Struktur, investieren Dachfonds stark reglementiert in Publikumsfonds und üben keinen direkten Einfluss auf die Fondsverwaltung der Zielfonds aus. Dachfondskonstruktionen bieten eine geringere Flexibilität für den Investor, da die Auswahl möglicher Zielfonds durch den Gesetzgeber -wie beschrieben- eng begrenzt wird und beispielsweise ein Auswechseln der Zielfonds im Gegensatz zum Master-KAG-Konzept immer mit dem physischen Verkauf von Anteilen des auszuwechselnden Fonds und anschließendem Kauf von Anteilen des neuen Fonds verbunden ist.

[17] Vgl.§25 l Abs. 1 KAGG.

Abbildung 2-3

Dachfondskonstruktion im Bereich privater Vermögensverwaltung

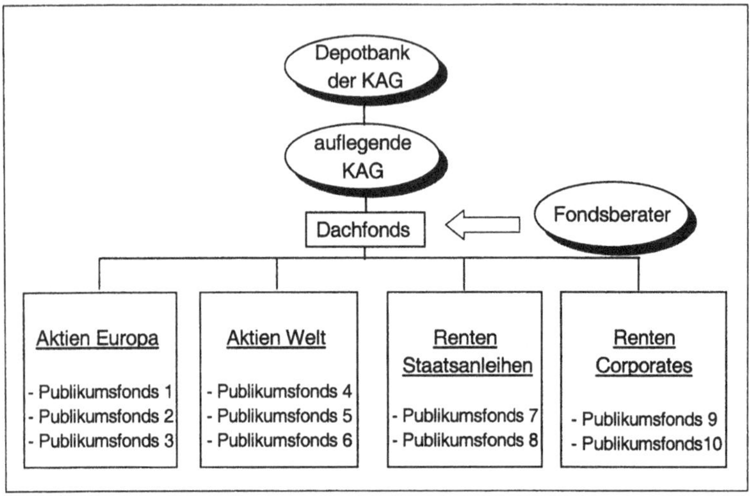

Hinzu kommt, dass auflegende KAG, Depotbank und Fondsberater in vielen Fällen identisch sind und die Dachfonds unter Umständen auch nur in „hauseigene" Publikumsfonds investieren, was die Transparenz der Dachfondsstruktur und mögliche Diversifikationspotenziale weiter reduziert.

Da sich Dachfonds primär an Privatkunden wenden und der Anlegerkreis relativ groß sein kann, ist in der Regel der Verwaltungsaufwand eines Dachfonds durch häufige Mittelzu- und Mittelabflüsse vergleichsweise hoch. Dies schlägt sich in einer höheren Kostenbelastung im Vergleich zu den Multimanageransätzen im institutionellen Sektor nieder.[18]

Aufgrund dieser fundamentalen Unterschiede herrscht in der Literatur keine Einigkeit darüber, ob Fund-of-Fund-Konstruktionen überhaupt noch zu den Multimanageransätzen gezählt werden können.[19]

[18] Vgl. Oliver [1999a].

[19] In den Veröffentlichungen von Reid [2001a], Oliver [1999a], EDHEC [2003] und Cerulli Associates [2003] werden Fund-of-Fund-Konstruktionen zu den Multimanageransätzen gezählt, Harrison [1999] zählt diese nicht dazu.

Vor diesem Hintergrund erfolgt die weitere Analyse von Multimanageransätzen im Rahmen dieser Arbeit vor allem in Hinblick auf die Multimanager- bzw. Manager-of-Managers-Struktur.

2.3 Potenziale von Multimanageransätzen und Kritik

Zur Betrachtung der Potenziale von Multimanageransätzen erscheint es sinnvoll, sich zunächst an der Zielsetzung überdurchschnittlicher risikoadjustierter Anlageergebnisse zu orientieren. Mit überdurchschnittlichen risikoadjustierten Anlageergebnissen sind bereits zwei Anlegerbedürfnisse angesprochen: zum einen die Erzielung von möglichst hohen Renditen, zum anderen die Begrenzung der mit der Renditeerzielung verbundenen Risiken.

Zu weiteren Anlegerbedürfnissen kann die Minimierung des mit dem Kapitalanlageprozess verbundenen personellen, organisatorischen und finanziellen Aufwandes auf Seiten des Investors gezählt werden.

2.3.1 Erzielung überdurchschnittlicher Renditen

Die Erreichung von Zielvorgaben für die Rendite ist für den Investor von zentraler Bedeutung. Zumeist erfolgt eine solche Zielvorgabe in Relation zu einem vorgegebenen Wertmaßstab (Benchmark), den beispielsweise ein Index oder eine Durchschnittsrendite anderer Portfolios darstellen kann. Die Erzielung überdurchschnittlicher Renditen, also die Erzielung von Renditen, die über der Benchmarkrendite liegen (Outperformance), erfordert ein systematisches Abweichen von der Portfoliozusammensetzung der Benchmark, d.h. einen aktiven Managementansatz. Im Rahmen von Multimanageransätzen sollen Investmentmanager ausgewählt werden, die aufgrund ihrer Expertise und ihres Investmentprozesses in der Lage sind, positive aktive Renditen zu erzielen.[20]

[20] Im Rahmen von sog. Core-Satellite-Konstruktionen (vgl. Kapitel 5.2 und 5.3 dieser Arbeit) werden auch Investmentmanager mit einem passiven Managementansatz in das Multimanagerportfolio integriert. Insofern sind bei dieser Konstruktionsvariante beide Managementansätze vertreten.

Multimanagement wendet sich gegen die Theorie, dass ein bestimmter Investmentmanager besonders gute Anlageergebnisse in allen Anlageklassen und in allen Anlageregionen erzielen kann.[21]

Vielmehr wird – wie in anderen Lebensbereichen – davon ausgegangen, dass Spezialisierung Produktivitätssteigerungen mit sich bringt.[22]
Ein Zitat von Benjamin Franklin, das in Stigler [1951], S. 193, wiedergegeben wird, beschreibt einen Kerngedanken, der auch der Idee des Multimanagements zugrunde liegt:

„Manufactures where they are in perfection, are carried on by a multiplicity of hands, each of which is expert only in his own part, no one of them a master of the whole."

Bezogen auf den Kontext des Investmentmanagements impliziert dies, dass die effiziente Kombination von spezialisierten Investmentmanagern höhere risikoadjustierte Renditen erbringen kann, als es ein einzelner Manager, dem die Verwaltung aller Anlagen übertragen wird, zu tun vermag. Die Aufgabe des Multimanagers ist demzufolge, Investmentmanager auszuwählen und diesen nur für die Anlagekategorien, auf die sie spezialisiert sind, Mittel zuzuteilen.
In diesem Zusammenhang erscheint das Multimanagerkonzept ganz besonders attraktiv für Investoren mit kleinen und mittleren Anlagevolumina, denen aufgrund zu großer Mindestanlagevolumina bzw. zu hoher Verwaltungskosten oft der direkte Zugang zu spezialisierten Managern verwehrt bleibt.[23]

Das Spezialisierungsargument gilt auch für den Multimanager selbst. Aufgrund seiner Spezialisierung auf den Umgang mit den Investmentmanagern und seiner Erfahrung ist er in der Lage, die Selektion der Manager (vgl. Kapitel 4) auf Basis eines intensiveren Manager-Researchs[24], die Portfoliokonstruktion sowie die Überwachung der Manager

---

[21] Die Umsetzung dieser Theorie spiegelt sich in sogenannten Balanced-Ansätzen wider, bei denen ein einziger Investmentmanager das gesamte Portfolio des Investors steuert und in allen Anlageklassen und –regionen investiert. Balanced-Ansätze gelten somit als Gegenstück von Multimanageransätzen.
[22] Stigler [1951] zeigt in seinem Beitrag unter Bezugnahme auf die Arbeiten von Adam Smith mögliche Effizienzgewinne durch Spezialisierung und die mit dem Verzicht auf Spezialisierung verbundenen Koordinationsprobleme auf. Er kommt zu dem Schluss: "The division of labor is not a quaint practice of eighteenth-century pin factories; it is a fundamental principle of economic organization" (S.193).
[23] Vgl. Reid [2001a], S.4, und Harrison [2001], S.3.
[24] Vgl. Gardner [2001], S.13.

(Manager-Controlling, vgl. Kapitel 5) besonders gut wahrzunehmen.[25] Die enge Bindung an den Markt für Investmentmanagement gibt dem Multimanager zusätzlich die Möglichkeit, schneller auf Veränderungen bei den verpflichteten Portfoliomanagern zu reagieren, als dies dem Investor möglich ist.

Der durch die effiziente Kombination der Investmentmanager entstehende Diversifikationseffekt kann besonders gut im Hinblick auf die Stetigkeit der Überrenditen beobachtet werden. Die Potenziale von Multimanageransätzen hinsichtlich der Wahrscheinlichkeit für die Erzielung positiver aktiver Renditen auf der Ebene des Gesamtportfolios in Abhängigkeit von der Anzahl der Manager zeigt Abbildung 2-4.
In dem Berechnungsbeispiel wird eine zweiprozentige jährliche – zwischen den einzelnen Managern unkorrelierte – aktive Rendite eines jeden Managers sowie jeweils eine Volatilität der aktiven Rendite (Tracking Error) von 4% p.a. angenommen. Die Information Ratio als Quotient dieser beiden Größen beträgt demnach jeweils 0,5.

Abbildung 2-4
Wahrscheinlichkeit für die Erzielung einer Outperformance in Abhängigkeit von der Anzahl der Manager

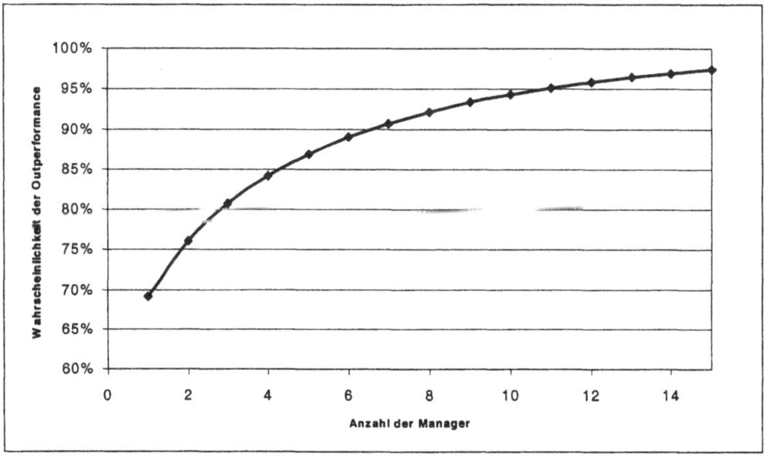

[25] Vgl. Harrison [2001], S.2.

Unter der Voraussetzung normalverteilter Portfoliorenditen steigt die Wahrscheinlichkeit für eine Outperformance des Multimanagerportfolios bei sieben verpflichteten Portfoliomanagern bereits auf über 90% an. Die marginale Zunahme der Wahrscheinlichkeit nimmt dabei mit der Erhöhung der Anzahl der Portfoliomanager ab. Die zugrunde liegende Annahme von unkorrelierten Überrenditen der Manager ist dabei von entscheidender Bedeutung. Im folgenden Unterkapitel („Begrenzung der mit der Renditeerzielung verbundenen Risiken") wird diese Annahme näher untersucht und gezeigt, unter welchen Voraussetzungen sie realistisch ist.
Der beschriebene Anstieg der Wahrscheinlichkeiten für eine Outperformance kann alternativ auch vor dem Hintergrund der mit der Schätzung der Überrenditen verbundenen Unsicherheit erklärt werden.[26] Die Integration von weiteren Managern in eine Multimanager-Konstruktion verengt die Verteilung möglicher Gesamtportfoliorenditen, ändert aber nicht ihren Erwartungswert. Die Verengung der Verteilung ist darauf zurückzuführen, dass der implizierte Schätzfehler im Vergleich zur Verpflichtung eines einzelnen Managers geringer ist.

2.3.2 Begrenzung der mit der Renditeerzielung verbundenen Risiken

Im Rahmen einer externen Vermögensverwaltung ergeben sich für den Investor verschiedene Risiken, die seine Kapitalanlageergebnisse negativ beeinflussen können. Zum einen besteht bei der Auswahl aktiver Investmentmanager das Risiko der Erzielung einer Performance, die unterhalb der vereinbarten Benchmark liegt (relatives Risiko bzw. Performancerisiko). Im Rahmen von Multimanageransätzen wird Performancerisiko durch die vom Multimanager betriebene Managerselektion verringert. Durch einen Auswahlprozess sollen Manager selektiert werden, die das Potenzial zur Erzielung von Überrenditen aufweisen.[27]

Zum anderen ist mit der Auswahl von Investmentmanagern immer eine Unsicherheit darüber verbunden, ob ein bestimmter Manager ein vorhandenes Potenzial zur Erzielung von Überrenditen auch in tatsächliche Anlageergebnisse umsetzt. Auch unvorhersehbare Ereignisse wie Übernahmen und Fusionen von Investmentgesellschaften, der Wechsel eines Portfoliomanagers bzw. eines

[26] Vgl. Ezra [1998], S.4, und Ezra [1999a], S.2.
[27] Vgl. Kapitel 4 dieser Arbeit.

Managerteams und Strategiewechsel im Bereich des Portfoliomanagements tragen zu diesem Risiko bei. Es kann somit als Managerrisiko bezeichnet werden.[28]
Multimanageransätze bieten vor diesem Hintergrund eine zusätzliche Diversifikationsebene. Neben der Diversifikation über Anlageklassen und –regionen verringert die Diversifikation über verschiedene Investmentmanager die Abhängigkeit von einem bestimmten Manager und reduziert damit das Managerrisiko.[29]

Das Investmentrisiko, gemessen durch die Volatilität der Portfoliorenditen bzw. der relativen Portfoliorenditen, kann durch Multimanagement ebenfalls reduziert werden.[30] Dieser Effekt ergibt sich dadurch, dass nicht alle verpflichteten Portfoliomanager die gleichen Anlagen bzw. innerhalb gleicher Anlagekategorien die gleichen Wertpapiere halten. Abbildung 2-5 zeigt, wie sich die Volatilität der aktiven Renditen (Tracking Error) eines Multimanagerportfolios in Abhängigkeit von der Anzahl der integrierten Manager entwickelt. Dabei wird wiederum angenommen, dass die aktiven Renditen der Manager unkorreliert sind und jeder einzelne Manager einen Tracking Error von 4% p.a. gegenüber der Benchmark aufweist. Mit steigender Anzahl der Manager geht der Tracking Error des Gesamtportfolios deutlich zurück.[31] Diese Aussage beruht auf der Annahme, dass die Korrelation zwischen den aktiven Renditen der Manager geringer als 1, im konkreten Beispiel sogar gleich null ist. Daraus folgt, dass diese Diversifikation des Investmentrisikos besonders effektiv durch eine Auswahl von Portfoliomanagern genutzt werden kann, die unterschiedliche Investmentstile verfolgen.[32] Portfolios, die unterschiedliche Investmentstile verkörpern, enthalten besonders wenige Titel, die von mehreren Managern gleichzeitig gehalten werden.[33] Dies führt dazu, dass die aktiven Renditen nur schwach oder gar nicht korreliert sind.
Im Idealfall erhält der Investor somit ein Portfolio, dessen Investmentrisikoprofil dem der Benchmark entspricht, während die erwartete aktive Portfoliorendite positiv ist. Die Diversifikation über verschiedene Investmentstile, die auch den in Kapitel 5.2

[28] Vgl. Gardner [2001], S.13.
[29] Vgl. EDHEC [2003], S.23.
[30] Vgl. Harrison [2000].
[31] Vgl. hierzu auch Wiltshire/Fox [2001].
[32] Unter Investmentstilen (insbesondere im Aktienbereich) sind Marktsegmente zu verstehen, die ähnliche Ausprägungen hinsichtlich bestimmter Charakteristika aufweisen. Zu diesen Charakteristika zählen beispielsweise Bewertungskennzahlen oder Marktkapitalisierungen. Als bekannteste Investmentstile gelten Value und Growth (hierbei erfolgt die Zuordnung von Titel zu dem jeweiligen Stil anhand von Bewertungskennzahlen wie dem Verhältnis von Aktienkurs und Buchwert je Aktie) sowie Large Cap und Small Cap (Zuordnung anhand der Marktkapitalisierung der Unternehmen). Vgl. hierzu auch Kapitel 3.4 dieser Arbeit.
[33] Vgl. Gardner [2001], S.13 sowie Harrison [1999], S.41f.

vorgestellten Konstruktionsansätzen für Multimanagerportfolios zugrunde liegt[34], stellt eine weitere Diversifikationsebene dar.[35] Gleichzeitig spiegelt sie die Überzeugung wider, dass es langfristig keinen überlegenen Investmentstil gibt, Phasen deutlicher Outperformance eines bestimmten Stiles nur kurz- und mittelfristiger Natur sind und es unmöglich ist vorauszusagen, wann ein bestimmter Investmentstil erfolgreich ist.[36]

Abbildung 2-5

Tracking Error eines Multimanagerportfolios in Abhängigkeit von der Anzahl der Manager

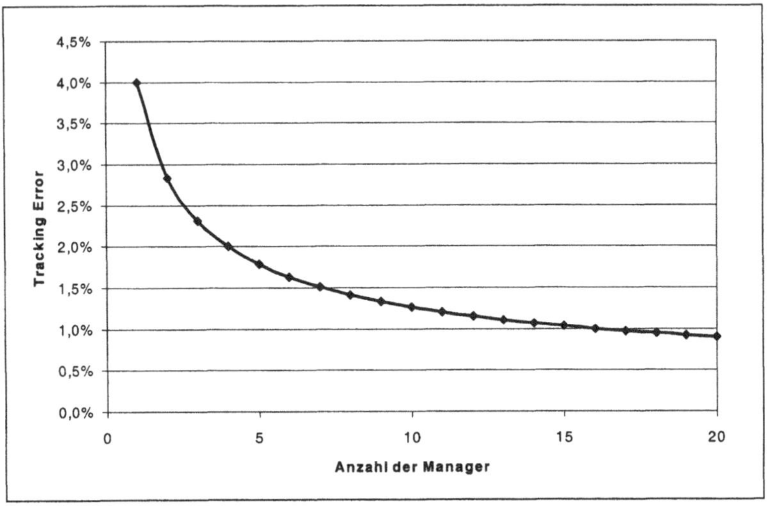

Die Stildiversifikation verhindert außerdem, dass ungewollte Stilveränderungen auf Seiten der Manager signifikante Auswirkungen auf die Portfoliorendite gewinnen können. Der Verringerung der Chance auf eine deutliche, aber nur temporäre Outperformance steht somit die Immunisierung des Portfolios hinsichtlich Auswirkungen von Stiltrends gegenüber.[37] Insofern wird auch das bestehende Stilrisiko innerhalb des Multimanagerportfolios reduziert.

---

[34] Vgl. Harrison [1999], S.41. Reid [2001a] unterscheidet zwischen einem „simple Manager of Managers"-Ansatz, bei dem nur ein Manager für jede Assetklasse engagiert wird und einem „multi-style"-Ansatz, bei dem zwei oder mehr Manager für jede Assetklasse engagiert werden.
[35] Vgl. Ilkiw [1998].
[36] Vgl. Ezra [1999b], S.2 und Ezra [2000], S.5.
[37] Vgl. Oliver [1999b].

2.3.3 Minimierung des Aufwands auf Seiten des Investors

Im Gegensatz zu traditionellen Ansätzen der Vermögensverwaltung bzw. der Direktanlage erfordern Multimanageransätze von den Investoren einen deutlich geringeren personellen und organisatorischen Aufwand. Für Investoren, die sich nicht mit der Managerauswahl und der Überwachung der Manager beschäftigen möchten, erscheinen Multimanageransätze attraktiv.[38] Insbesondere beim Manager-of-Managers-Ansatz[39], der den höchsten Delegationsgrad aufweist, werden die Bereiche Managerauswahl, Portfoliokonstruktion, Portfoliorebalancieren, Portfoliocontrolling und Managerwechsel vom Investor komplett auf den Multimanager übertragen. Die für den Investor aufwendige Funktion der Überwachung zahlreicher Manager entfällt für ihn, stattdessen stellt der Multimanager den hierfür verantwortlichen Ansprechpartner dar.[40] Diese Aufgabendelegation ermöglicht institutionellen Investoren eine Konzentration auf strategische Bereiche der Vermögensverwaltung wie Asset-Liability-Management und strategische Asset Allocation. Hinsichtlich der sonst für institutionelle Anleger obligatorischen Anlageausschusssitzungen für Spezialfonds besteht außerdem die Möglichkeit, die Teilnahme an den Sitzungen an den Multimanager zu delegieren.

Investoren mit kleineren und mittleren Anlagevolumina bietet insbesondere die Manager-of-Managers-Struktur Zugang zu spezialisierten Managern, der für sie sonst aufgrund zu hoher Mindestanlagevolumina oder einer nicht vorhandenen Infrastruktur zur Auswahl und Überwachung zahlreicher spezialisierter Manager versperrt bliebe.

Die Bündelung der Verwaltungs- und Verwahrungsaufgaben im Rahmen eines Multimanageransatzes bei einer einzigen Kapitalanlagegesellschaft (Verwaltung) bzw. dem Global Custodian (Verwahrung) vereinheitlicht das Reporting und die Performancemessung, mit deren Ergebnissen der Multimanager eine Performanceattributionsanalyse im Rahmen des Managercontrollings vornehmen und dem Investor präsentieren kann.[41] Diese Datenbasis ist eine Grundvoraussetzung dafür, die Quellen der Performance genau analysieren zu können, und führt dazu, dass Unregelmäßigkeiten bei den Investmentmanagern frühzeitiger erkannt werden können.

[38] Vgl. Harrison [2001], S.3.
[39] Vgl. Kapitel 2.2 dieser Arbeit.
[40] Vgl. Oliver [1999b].
[41] Dieses Argument ist ein besonders wichtiges für den im Kapitel 2.3.5 beschriebenen Master-KAG-Ansatz.

Zusätzlich wird die Kommunikation zwischen Investor, Multimanager und den einzelnen Managern durch diese Vereinheitlichung erleichtert.

Die weitgehende Aufgabendelegation an den Multimanager befreit insbesondere den institutionellen Investor auch von der Notwendigkeit, sich unter Umständen für Fehler im Bereich des Portfoliomanagements rechtfertigen zu müssen. Der Multimanager ist entsprechend als einzige Instanz hierfür verantwortlich.

Die These, dass die Kosten für die gesamte Vermögensverwaltung im Rahmen von Multimanageransätzen geringer als bei traditionellen Verwaltungsansätzen ausfallen, ist umstritten.[42] Durch die Aufnahme des Multimanagers in die Prozesskette entsteht eine zusätzliche Kostenebene. Im institutionellen Bereich betragen die Vergütungen für den Multimanager derzeit im Aktienbereich in Abhängigkeit von der Mandatsgröße zwischen 20 und 80 Basispunkten.[43] Diese Zusatzkosten müssen jedoch vor dem Hintergrund gesehen werden, dass Multimanagement eine erweiterte Dienstleistung darstellt, die den Investor von zahlreichen Aufgaben im Rahmen der Kapitalanlage entlasten und somit dessen interne Kosten senken soll. Des Weiteren kann die Trennung der Funktionen Portfoliomanagement (wahrgenommen durch die Investmentmanager als Berater), Verwaltung (durch eine Kapitalanlagegesellschaft, die nicht selbst Portfoliomanagement betreibt) und Verwahrung (durch den Global Custodian) im Rahmen von Multimanageransätzen kostensenkend wirken. Sobald nämlich, wie im Rahmen traditioneller Vermögensverwaltung üblich, Investmentmanager, Kapitalanlagegesellschaft und Depotbank in einem Unternehmen angesiedelt sind, kann sich eine Quersubventionierung der Erträge, die für den Investor Kosten darstellen, ergeben. Obwohl die für das Portfoliomanagement in Rechnung gestellten Kosten unter Umständen relativ niedrig ausfallen, können die Kosten für die Verwaltung und Verwahrung möglicherweise entsprechend höher angesetzt werden. Im Rahmen von Multimanageransätzen entfällt die Möglichkeit zu einer solchen Quersubventionierung, und die Kostenaufteilung auf die verschiedenen Funktionen wird transparenter. Insbesondere die Funktion Portfoliomanagement wird durch Multimanageransätze aufgewertet, während die mit der Verwaltung beauftragte Kapitalanlagegesellschaft und die mit der Verwahrung beauftragte Depotbank nur für die von ihnen auch tatsächlich

---

[42] Vgl. Harrison [1999], S.40, und [2000].
[43] Vgl. Reid [2001c], S.16, und Harrison [2000].

wahrgenommenen Funktionen vergütet werden. Entsprechend erfolgt im Rahmen von Multimanageransätzen eine Verlagerung der Kosten hin zum renditerelevanteren Bereich des Portfoliomanagements.

Zusätzlich werden im Rahmen von Multimanageransätzen häufig performance-abhängige Vergütungen der Portfoliomanager vereinbart. Dies führt zu einer gerechteren Entlohnung der Portfoliomanager insofern, dass nur bei Erreichen vorgegebener Performanceziele die vereinbarte Vergütung in voller Höhe fällig wird.

2.3.4 Kritik und Konfliktfelder

Die Zielsetzung von Multimanageransätzen, durch die Auswahl und effiziente Kombination von Investmentportfolios überdurchschnittliche Anlageergebnisse, d.h. aktive risikoadjustierte Renditen, zu erzielen, beruht zentral auf der Annahme, dass aktives Management, d.h. ein systematisches Abweichen von Benchmarkportfolios, sinnvoll sein kann. Wäre diese Möglichkeit nicht gegeben, würde die Kombination mehrerer spezialisierter Investmentmanager keine Vorteile in Form von Überrenditen und Diversifikationsvorteilen erbringen können und wäre unter der Voraussetzung höherer Kosten im Vergleich zu einer passiven Anlagealternative ineffizient. Kapitel 3 dieser Arbeit befasst sich intensiv mit der Frage der Möglichkeit der Erzielung dauerhafter aktiver Renditen und den Gesetzmäßigkeiten, denen erfolgreiches aktives Management folgt.

Kritiker, die Multimanageransätze vor diesem Hintergrund als „zu teure Indexfonds" bezeichnen, insbesondere dann, wenn innerhalb des Multimanagerportfolios auch noch über verschiedene Investmentstile diversifiziert wird [44], weisen auf eine Gefahr hin, die durch eine „Überdiversifikation" über verschiedene Investmentportfolios entstehen kann.[45] Mit der gewünschten Diversifikation des Investmentrisikos, das sich in einer niedrigen Volatilität der Anlageergebnisse widerspiegelt, kann eine zu starke Reduzierung der zu erwartenden Überrenditen einhergehen. Das Multimanagerportfolio würde unter dieser Voraussetzung in einer Nachbildung der zugrunde liegenden Benchmark resultieren, die mit höheren Verwaltungskosten einherginge. Das

---

[44] Vgl. Kapitel 2.3.2 und 5.2.1 dieser Arbeit.
[45] Vgl. Reid [2001b], S.14.

Gegenargument hierzu wäre, dass eine fundierte Auswahl der besten spezialisierten Manager in ihrer Kombination unter Berücksichtigung der zwischen den einzelnen Investmentportfolios bestehenden Korrelationen für den Investor ein Mehrwert in Form einer risikoadjustierten Überrendite generiert wird.[46] Grundannahmen bilden hier wiederum die Thesen, dass aktives Management sinnvoll sein kann und dass Spezialisierung im Bereich Wertpapierverwaltung Effizienzgewinne mit sich bringt.[47]
Eine wichtige Bedeutung kommt hierbei auch der Kombination der einzelnen Manager, also dem Konstruktionsprozess für das Multimanagerportfolio, zu. Mit diesem Thema beschäftigt sich Kapitel 5 dieser Arbeit.

Multimanageransätze, dabei insbesondere der Manager-of-Managers-Ansatz, delegieren weite Teile des Investmentprozesses an den Multimanager.
Die Delegation dieser Aufgaben reduziert zwar im allgemeinen den im Rahmen der Kapitalanlage nötigen Aufwand auf Seiten des Investors, birgt jedoch auch Risiken. Der Investor übergibt beim Manager-of-Managers-Ansatz die Verantwortung für Auswahl, Kombination und Austausch der Investmentmanager an den Multimanager. Er hat im Extremfall keinen Kontakt zu den vom Multimanager beauftragten Investmentmanagern und übt keine Kontrolle über die Manager aus. Die Verantwortung für die mit dem zu verwaltenden Vermögen erzielte Performance verbleibt jedoch beim Investor. Vor diesem Hintergrund muss er in der Lage sein, den Multimanager und die von diesem getroffenen Entscheidungen zu überwachen. Gardner [2001] bezeichnet die Abhängigkeit des Investors vom Multimanager als „Business Risk" (S.13). Dieses Risiko ist besonders hoch, wenn der Investor die Verwaltung sämtlicher Kapitalanlagen in die Hände des Multimanagers legt. Ein hohes Maß an Transparenz auf Seiten des Multimanagers, das dem Investor Einblick in den Managerauswahl- und Manageraustauschprozess des Multimanagers gibt, ist für den Investor somit eine wichtige Voraussetzung, die Kontrolle des Multimanagers vornehmen zu können. Auch eine Informationspolitik des Multimanagers, die dem Investor konkrete Gründe für die Verpflichtung bzw. den Austausch von Managern nennt, und detaillierte Performanceanalysen erleichtern dem Investor die Wahrnehmung dieser Kontrollfunktion.

[46] Vgl. Ilkiw [1998].
[47] Vgl. Kapitel 2.3.1 dieser Arbeit.

Wie bereits im vorangegangenen Unterkapitel diskutiert, ist auch das Argument, die zusätzliche Delegationsebene im Rahmen von Multimanageransätzen erhöhe prinzipiell die Kosten einer solchen Struktur im Vergleich zur traditionellen Vermögensverwaltung, nicht ohne weiteres zu akzeptieren. Die gesteigerte Transparenz einer Multimanagerkonstruktion wirkt den durch den Multimanager ausgelösten Zusatzkosten entgegen, und das erweiterte Leistungsspektrum, das der Multimanager anbietet, lässt den Vergleich von Multimanageransätzen und traditionellen Verwaltungsformen rein auf Kostenebene ohnehin fragwürdig erscheinen.

Ein anderes Konfliktfeld eröffnet sich im Rahmen der Analyse der vom Multimanager neben seinem Multimanagerprodukt (das ein Investmentprodukt darstellt) angebotenen Dienstleistungen. Bietet ein Multimanager nämlich zusätzlich noch Beratungsleistungen (z.B. als Investment Consultant) an, kann es zu einem Interessenkonflikt kommen.[48] Beratene Investoren (Consulting-Kunden) könnten den Eindruck gewinnen, dass die Beratung nur das Ziel hat, die Investoren vom ebenfalls angebotenen Multimanagerprodukt zu überzeugen.[49] Die Unabhängigkeit des Consultants bei der Beratung zur Auswahl von Investmentprodukten erscheint unter dieser Voraussetzung nicht mehr gewährleistet.

Der Umgang mit diesem Interessenskonflikt erfordert auf Seiten eines Investment Consultants, der gleichzeitig als Multimanager auftritt, die Einhaltung klarer Regeln. Die strikte Trennung der Geschäftsfelder in personeller und organisatorischer Hinsicht erscheint zwingend notwendig. Der Consultant muss beispielsweise in der Lage sein, im Rahmen seiner Beratung die Auswechselung des Multimanagers ohne Rücksicht auf die unternehmensinterne Verflechtung zum Bereich Multimanagement zu verlangen, wenn es zu Fehlentwicklungen gekommen ist. Entsprechend ist der Consultant gezwungen, jede Entscheidung gegenüber dem Investor immer wieder durch stichhaltige Argumente und detailliertes Research zu rechtfertigen, um so die Unabhängigkeit seiner Beratung zu demonstrieren.

Der verantwortungsvolle Umgang mit diesem Interessenskonflikt ist für Anbieter von Multimanagerprodukt und Beratungsdienstleistung in jedem Fall eine zentrale Aufgabe, sofern an beiden Geschäftsbereichen festgehalten werden soll.

[48] Dieses Problem besteht besonders deshalb, weil als Multimanager auftretende Gesellschaften oft ihren Ursprung im Bereich Investment Consulting haben. Beispiele hierfür sind die als Marktführer auf dem Gebiet des Multimanagements geltenden Frank Russell Company, Northern Trust Corp. oder SEI Investments. Letztgenanntes Unternehmen hat sich inzwischen von seinem Consultinggeschäft in Europa getrennt.

[49] Vgl. Reid [2001a], S.4.

2.4 Rechtliche Rahmenbedingungen für Multimanager-Konstruktionen in Deutschland – das Master-KAG-Konzept

2.4.1 Rechtliche Grundlagen

Im Rahmen der rechtlichen und organisatorischen Umsetzung eines Multimanageransatzes in Deutschland hat sich insbesondere seit 2002 im Bereich der institutionellen Vermögensverwaltung das sog. Master-KAG-Konzept etabliert. Abbildung 2-1 zeigte bereits eine grafische Darstellung. Im Folgenden soll das Konzept näher vorgestellt, auf seine rechtlichen Grundlagen eingegangen und eine Bewertung vorgenommen werden.

Der deutsche Markt für Kapitalanlagen ist traditionell durch Strukturen geprägt, die die gesamte Wertschöpfungskette (vgl. Abbildung 2-6) in die Hand einer einzigen Investmentgesellschaft (Kapitalanlagegesellschaft im Sinne des §1 Abs. 1 KAGG) bzw. eines einzigen Finanzdienstleistungsunternehmens legt.

Abbildung 2-6
Wertschöpfungskette im Bereich Kapitalanlage

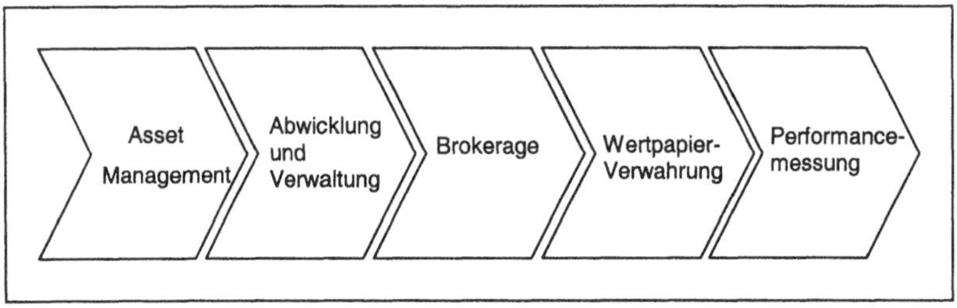

Aufgrund der steigenden Anforderungen vieler Investoren an ihre Kapitalanlage[50] und der oftmals enttäuschenden Anlageergebnisse der letzten Jahre steht dieses Geschäftsmodell auf dem Prüfstand. Potentielle Nachteile, wie mangelnde Spezialisierung auf die einzelnen Bereiche und fehlende Kostentransparenz bei der Entlohnung der Kapitalanlagegesellschaft für die einzelnen Wertschöpfungsbereiche, sind in der derzeit schwierigen Phase an den Kapitalmärkten in den Mittelpunkt gerückt. Die Investoren wiederum werden kostensensitiver und vergeben Mandate verstärkt an

[50] Vgl. Kapitel 1.1 dieser Arbeit.

den Finanzdienstleister, der aus ihrer Sicht die verlangte Leistung zum günstigsten Preis erbringt, was den Kostendruck für die Kapitalanlagegesellschaften erhöht und die Bedeutung von traditionellen Bindungen zwischen Finanzdienstleister und Kunden reduziert. Aufgrund erhöhter Anforderungen an die Qualität der erbrachten Dienstleistungen, wie z.B. Performancemeasurement oder Reporting nach neuen Bilanzierungsvorschriften, sind Kapitalanlagegesellschaften vielfach nicht mehr in der Lage, sämtliche Funktionen auf einem qualitativ gleich hohen Niveau anzubieten. Ein Aufbrechen der Wertschöpfungskette im Bereich Kapitalanlage und die Abkehr vom Modell der „gesamten Dienstleistungen aus einer Hand" gehören vor diesem Hintergrund zu den aktuellen Tendenzen, insbesondere im Markt für institutionelle Vermögensverwaltung.

Das Rundschreiben Nr. 11/2001 des damaligen Bundesaufsichtsamtes für das Kreditwesen - BAKred - (heute Bundesanstalt für Finanzdienstleistungsaufsicht, kurz BaFin) und das Inkrafttreten des Vierten Finanzmarktförderungsgesetzes zum 1. Juli 2002 stellt die angesprochenen Tendenzen auf eine gesetzliche Grundlage. Diese gesetzlichen Änderungen tragen maßgeblich zur weiteren Verbreitung von Master-KAG-Ansätzen bei.

Mit dem Rundschreiben Nr. 11/2001, das auch das Kreditwesengesetz (KWG) ergänzt hat, verabschiedet sich die Finanzdienstleistungsaufsicht in Deutschland von der sog. Kernbereichstheorie, wonach eine Auslagerung (Outsourcing) von Kerntätigkeiten der Kapitalanlagegesellschaft, insbesondere der des Asset Managements, generell unzulässig ist. Stattdessen wird nunmehr von einer generellen Zulässigkeit der Auslagerung ausgegangen, sofern gemäß §25a Abs. 2 KWG weder die Ordnungsmäßigkeit der betriebenen Bankgeschäfte oder der erbrachten Finanzdienstleistungen noch die Steuerungs- und Kontrollmöglichkeiten der Geschäftsleitung, noch die Prüfungsrechte und Kontrollmöglichkeiten der Aufsichtsbehörde beeinträchtigt werden.

Das Vierte Finanzmarktförderungsgesetz enthält insbesondere zwei Neuregelungen, die die genannten Tendenzen unterstützen. Zum einen können Fondsgesellschaften das Expertenwissen, das sie im Bereich Portfoliomanagement gesammelt haben, nun als externe Beratungsleistung anbieten. Dies ermöglicht beispielsweise einer Kapitalanlagegesellschaft die Übernahme der Funktion Anlageberatung unabhängig von der Verwaltung eines Fondsmandates. Bei einem gewünschten Wechsel des

Investmentmanagers, der die Anlageberatung durchführt, ist somit eine Auflösung oder Übertragung des gesamten Spezialfonds nicht mehr notwendig.
Zum anderen werden sog. Anteilklassen in das deutsche Investmentrecht aufgenommen. Dieser Schritt erfolgte insbesondere vor dem Hintergrund einer EU-weiten Harmonisierung. Innerhalb eines Investmentfonds besteht nun die Möglichkeit, dass je nach Anteilklasse Fondserträge ausgeschüttet oder thesauriert werden, die Anteilsklassen einen unterschiedlichen Ausgabe- oder Rücknahmeaufschlag aufweisen können, die Verwaltungsvergütung variieren kann und bestimmte Kombinationen dieser Merkmale, die von Anteilklasse zu Anteilklasse verschieden sind, angeboten werden können. Die Einführung der Anteilklassen führt somit dazu, dass in Zukunft innerhalb eines einzigen Spezialfonds, wie ihn ein Master-Fonds im Rahmen eines Master-KAG-Konzeptes darstellt, unterschiedliche Interessen von Investoren berücksichtigt werden können.

Aus der neuen Gesetzeslage ergibt sich außerdem, dass die Diversifikation eines Portfolios über verschiedene Investmentmanager, Investmentstile oder Assetklassen nicht mehr an die Vergabe eines kompletten Spezialfondsmandates gebunden ist und der Austausch eines Investmentmanagers unabhängig von den Funktionen der Verwaltung und Verwahrung der im Fonds enthaltenen Wertpapiere vorgenommen werden kann.
Aus dem Aufbrechen der Wertschöpfungskette folgt die Möglichkeit, die beiden letztgenannten Tätigkeiten über alle Anlagen des Investors hinweg von einer einzigen Instanz (im Falle der Abwicklung und Verwaltung bei einer Kapitalanlagegesellschaft - der Master-KAG -, im Falle der Verwahrung der Wertpapiere bei einer Depotbank - dem Global Custodian -) ausführen zu lassen. Dies kann mit dem Master-KAG-Konzept umgesetzt werden.

2.4.2 Definitionen, Vertragsstrukturen und Orderfluss

Ein Master-KAG-Ansatz zeichnet sich trotz zahlreicher Varianten, die in der Praxis auftreten, immer durch die über alle Anlageformen des Investors zusammengeführte Fondsadministration (Abwicklungs- und Verwaltungstätigkeiten) bei einer einzigen Kapitalanlagegesellschaft, den Einsatz externer Anlageberater (Asset Manager) und eine bei einer Depotbank (Global Custodian) zusammengeführten Wertpapierverwahrung aus.[51] Abbildung 2-7 stellt den traditionellen Ansatz zur institutionellen Vermögensverwaltung mit zahlreichen Kapitalanlagegesellschaften, die gleichzeitig die Funktion des Asset Managers übernehmen, sowie zahlreichen Depotbanken dem Master-KAG-Konzept grafisch gegenüber.

Abbildung 2-7

Traditioneller Ansatz und Master-KAG-Konzept im Vergleich

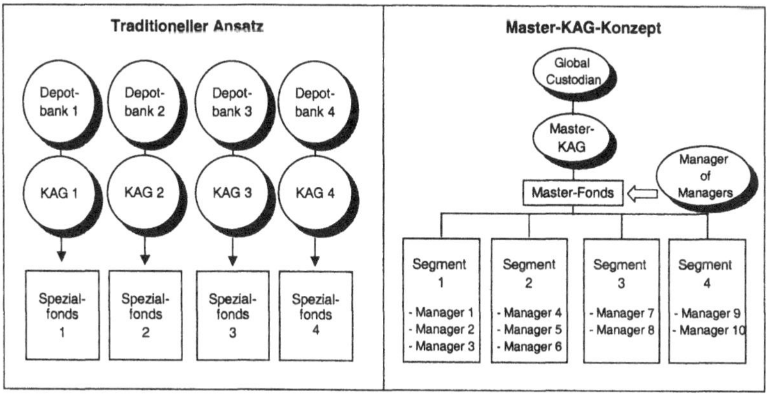

Basis des Master-KAG-Konzeptes ist ein juristischer Spezialfonds, der auch als Master-Fonds oder Hauptfonds bezeichnet wird. Er besteht aus zwei oder mehreren buchhalterisch getrennten Segmenten (Segmentfonds, Unterfonds). Jedes Segment besitzt dabei neben der eigenen Buchhaltung und Bewertung (Anteilswertermittlung) eine eigene Gewinn- und Verlustrechnung im Rahmen der Performancemessung, ein eigenes Reporting und einen eigenen Anlageberater (Asset Manager). Die für die einzelnen Segmente verpflichteten Asset Manager üben im juristischen Sinne nur eine Beratungstätigkeit aus, wobei sämtliche Kauf- und Verkaufsentscheidungen eigenständig von den Managern getroffen werden können. Mittelzuflüsse werden nach den Vorgaben des Anlegers den einzelnen Segmenten zugeordnet. Hierzu ist es nötig, für jedes Segment einzeln fiktive Anteilsbestände zu führen. Obwohl jedes Segment also weitestgehend eigenständig (wie ein getrennter Fonds) bewertet und verwaltet wird, gilt nur der Master-Fonds als juristische Bewertungseinheit.

[51] Vgl. BVI [2003], S.65.

Dieses Konzept des „echten“ Master-KAG-Ansatzes muss unterschieden werden von einem Modell, in dessen Kern nur ein sog. „virtueller Master-Fonds“ steht. Bei dieser Konstruktion werden einzelne Spezialfonds lediglich bei einer Kapitalanlagegesellschaft zusammengefasst. Im Rahmen des virtuellen Master-Fonds, der keine juristische Bewertungseinheit darstellt, erfolgt eine aggregierte und konsolidierte Gesamtbetrachtung, indem alle Positionen der einzelnen Spezialfonds zusammengeführt werden. Wie beim „echten“ Master-KAG-Ansatz werden Administration und Verwahrung von jeweils einer einzigen Kapitalanlagegesellschaft bzw. Depotbank wahrgenommen, die einzelnen Spezialfonds, die als virtueller Master-Fonds zusammengefasst werden, bleiben aber bilanziell und steuerlich separate Bewertungseinheiten, was den administrativen Aufwand stark erhöht. Daraus folgen für den Investor weitreichende Konsequenzen. Im Rahmen des „echten“ Master-KAG-Ansatzes wird nur der Master-Fonds bilanziert und steuerlich als Bewertungseinheit geführt. Daraus folgt, dass Kursgewinne und –verluste innerhalb der einzelnen Segmente konsolidiert werden und nur der Saldo im buchhalterischen Sinne als Gewinn oder Verlust anfällt. Wird nur ein virtueller Master-Fonds geführt, entfällt diese Möglichkeit zur bilanziellen und steuerlichen Konsolidierung der Anlageergebnisse.

Die Aufgabenverteilung im Rahmen eines Master-KAG-Konzeptes dokumentiert das angesprochene Aufbrechen der Wertschöpfungskette. Die Master-KAG übernimmt nur noch weitgehend administrative Aufgaben. Sie ist verantwortlich für die Konzeption der Vertragsunterlagen und die Fondsauflegung, kontrolliert Anlagegrenzen im Rahmen der Ordererteilung und übernimmt die Fondsbuchhaltung und –bewertung.[52] Auch die Anteilspreisermittlung kann nach Inkrafttreten des Vierten Finanzmarktförderungsgesetzes von der KAG durchgeführt werden. Zuvor war dies nur durch die Depotbank unter Mitwirken der KAG möglich. Des Weiteren übernimmt die Master-KAG Veröffentlichungs- und Meldepflichten sowie die Berechnung, Festlegung und Abwicklung der Ausschüttung bzw. Thesaurierung der Fondserträge. Zusätzlich überwacht sie die Depotbank. Im Gegensatz zu traditionellen Strukturen wird die Funktion der Anlageberatung bzw. des Asset Managements von der Kapitalanlagegesellschaft ausgelagert auf externe Berater (Asset Manager). Die Asset

[52] Eine Auslagerung (Outsourcing) dieser Aufgaben ist ebenfalls möglich, wobei die im BAKred-Rundschreiben 11/2001 bzw. KWG festgehaltenen Auflagen zu beachten sind.

Manager werden dabei vom Multimanager bzw. Investment Consultant für das jeweilige Fondssegment ausgewählt, überwacht und gegebenenfalls ersetzt.

Die Depotbank (Global Custodian) ist mit der Verwahrung aller Vermögensgegenstände auf Sperrkonten bzw. –depots beauftragt. Sie nimmt die Abrechnung und das Settlement aller Transaktionen vor und informiert Master-KAG bzw. Asset Manager bei anstehenden Kapitalmaßnahmen. Sie überwacht die Einhaltung von Anlagegrenzen und ist für Ausgabe und Rücknahme von Anteilen zuständig. Darüber hinaus kann auch die sonst bei der Master-KAG angesiedelte Fondsbuchhaltung und Anteilspreisermittlung von der Depotbank wahrgenommen werden.

Einen Überblick über die vertragliche Ausgestaltung eines Multimanageransatzes im Rahmen des Master-KAG-Konzeptes gibt Abbildung 2-8. Dabei fällt insbesondere auf, dass zwischen Investor und Asset Manager bzw. Multimanager keine direkte Vertragsbeziehung besteht. Stattdessen sind die Asset Manager sowie der für die Auswahl der Asset Manager und die Portfoliokonstruktion zuständige Multimanager als Berater der Kapitalanlagegesellschaft über Beratungsverträge und Guidelines vertraglich gebunden.

Abbildung 2-8

Vertragsstrukturen im Rahmen des Master-KAG-Konzepts

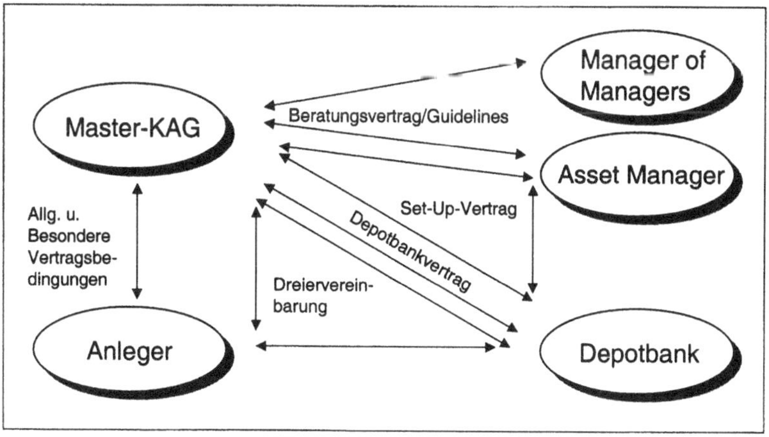

Das Vertragsverhältnis zwischen Investor und Kapitalanlagegesellschaft regeln Allgemeine und Besondere Vertragsbedingungen, in die gesetzliche Bestimmungen[53] mitaufgenommen sind. Bestandteile der Vertragsbedingungen sind u.a. Anlagegrundsätze, die bestimmen, welche Vermögensgegenstände für das Sondervermögen erworben werden dürfen, Anlagegrenzen und Vereinbarungen hinsichtlich des Erwerbs von Derivaten, der Beleihung von Wertpapieren, der Ausgabe und Rücknahme von Anteilsscheinen, der Ermittlung von Ausgabe- und Rücknahmepreisen, der Durchführung der Rechnungslegung und der Kündigung und Auflösung des Sondervermögens.

Da die Allgemeinen und Besonderen Vertragsbedingungen vom Bundesverband Investment und Asset Management anhand der gültigen Gesetze erstellt werden und somit standardisiert sind, werden investorenspezifische Änderungswünsche, wie z.B. restriktivere Anlagegrenzen für bestimmte Anlageklassen, im Rahmen von Guidelines festgehalten. Diese Guidelines sind in der Regel auch schneller abzuändern als die Vertragsbedingungen.

Die Dreiervereinbarung zwischen Investor, Master-KAG und Depotbank stellt einen Rahmenvertrag dar, der die rechtliche Grundlage des Master-Fonds bildet.

In dem Anlageberatungsvertrag bzw. den Guidelines zwischen den Asset Managern und der KAG werden Aufgaben und Pflichten beider Parteien hinsichtlich des Orderprozesses geregelt. Zusätzlich fließen die zwischen Anleger und Kapitalanlagegesellschaft vereinbarten Vertragsbedingungen mit ein, insbesondere zu beachtende Anlagerichtlinien und -höchstgrenzen.

Der Set-Up-Vertrag zwischen KAG, Asset Managern und Depotbank und der Depotbankvertrag bildet das Service-Level-Agreement, in dem die genauen Abgrenzungen der Verantwortungsbereiche innerhalb des Investmentprozesses vorgenommen werden. Dies ist besonders wichtig, da die Asset Manager im Rahmen des Orderprozesses mit externen Brokern zusammenarbeiten, die wiederum mit der Depotbank die Orderabwicklung (Settlement) vornehmen müssen. Ferner muss durch das Service-Level-Agreement zwischen den Parteien Klarheit hinsichtlich des Orderflusses und Settlementprozesses, Handelsusancen wie Wertstellung von ausgeführten Geschäften und der Verwaltung von Guthabensaldos (Cash-Management) geschaffen werden.

[53] Vgl. Anlagevorschriften der §§ 8ff. KAGG.

Die Zusammenarbeit der Prozessbeteiligten verdeutlicht sich besonders gut anhand einer Betrachtung des Orderflusses im Rahmen eines Master-KAG-Konzeptes (vgl. Abbildung 2-9). Ausgehend von einer Anlageempfehlung eines Asset Managers (Schritt 1) prüft die Kapitalanlagegesellschaft die geplante Order hinsichtlich ihrer Vereinbarkeit mit den gesetzlichen bzw. vertraglichen Bestimmungen.

Abbildung 2-9

Orderfluss im Rahmen des Master-KAG-Konzeptes

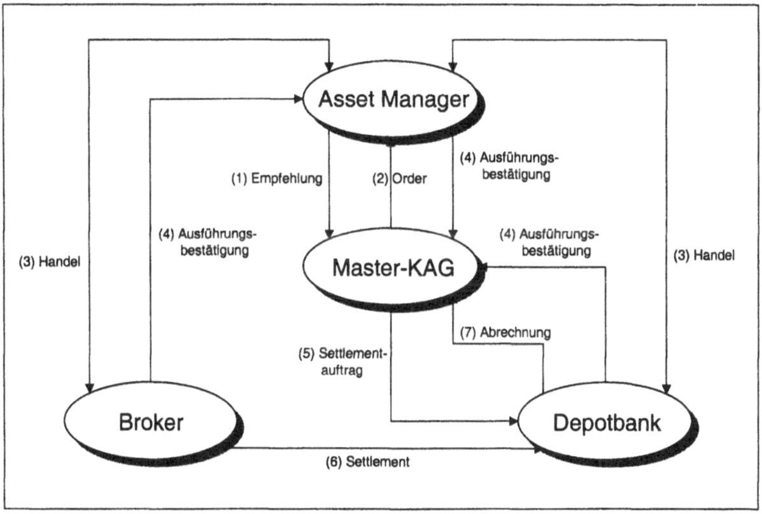

Verstößt die Empfehlung gegen eine Vereinbarung[54], wird sie seitens der Kapitalanlagegesellschaft abgelehnt. Wird die Empfehlung akzeptiert, wird sie als Order zurück an den Asset Manager gegeben (Schritt 2).[55] Der Asset Manager hat nun die Möglichkeit, die genehmigte Order an einen Broker oder an die Handelsabteilung der Depotbank weiterzuleiten (Schritt 3). Nach Ausführung der Order sendet der Broker eine Ausführungsbestätigung an den Asset Manager bzw. - bei Orderweitergabe an die Depotbank - die Depotbank eine Ausführungsbestätigung an die Kapitalanlagegesellschaft (Schritt 4). Im Falle der Orderweitergabe an den Broker gibt der Asset

[54] Dies wäre z.B. der Fall, wenn ein Asset Manager Futures-Kontrakte in das Portfolio mit aufnehmen möchte, die Investment Guidelines jedoch den Erwerb von Derivaten ausschließen.

[55] Eine direkte Weiterleitung der Order seitens der KAG an einen Broker oder die Handelsabteilung der Depotbank wäre auch denkbar. In diesen Fällen wäre die Rolle der Asset Manager auf die Generierung von Anlageempfehlungen beschränkt.

Manager die Ausführungsbestätigung dann an die Kapitalanlagegesellschaft weiter. Obwohl bei dieser Variante die Ausführungsbestätigung zusätzlich über den Asset Manager läuft, was die Weitergabe zur KAG etwas verzögert, hat dies den Vorteil, dass der Asset Manager sofort nachprüfen kann, ob die Order korrekt ausgeführt worden ist. Insofern erfolgt hierbei also eine doppelte Orderprüfung durch Asset Manager und KAG.

Ist die Order korrekt ausgeführt worden, wird seitens der KAG ein Settlementauftrag an die Depotbank erteilt (Schritt 5). Die Depotbank stimmt das Geschäft mit dem Broker ab (Schritt 6) und gibt die Abrechnung an die KAG weiter (Schritt 7).

Die Kapitalanlagegesellschaft gleicht schließlich die Abrechnung mit dem von ihr erteilten Settlementauftrag ab, danach wird das Geschäft in der Fondsbuchhaltung der KAG erfasst.

Der vorgestellte Orderweiterleitungsprozess ist dadurch gekennzeichnet, dass die Master-KAG bei der Ordererteilung zunächst prüft, ob die Empfehlungen der Asset Manager den vertraglichen Bestimmungen entsprechen, d.h. die Entscheidung, ob die Empfehlungen letztendlich umgesetzt werden, verbleibt bei der KAG. Für die Asset Manager bedeutet dies, dass jedes geplante Geschäft von der Master-KAG genehmigt werden muss. Sind bei diesem Genehmigungsprozess die Antwortzeiten zu lang[56], können, insbesondere bei Mandaten für Anlagekategorien mit hoher Marktvolatilität, negative Effekte im Hinblick auf die Portfolioperformance entstehen.

Mandate, bei denen die Ordererteilung von der vorherigen Genehmigung durch die Master-KAG unabhängig gestaltet wird, verhindern das Auftreten dieser Effekte. Die Asset Manager geben in diesem Fall keine genehmigungspflichtigen Anlageempfehlungen, sondern erteilen eigenverantwortlich ihre Orders an einen Broker. Problematisch bei einem solchen Outsourcing-Mandat stellt sich die steuerliche Behandlung[57] und die Haftungsfrage dar. Durch die eigenverantwortliche Ordererteilung der Asset Manager haften sie neben der Master-KAG für fehlerhafte Orders. Der Umfang und die Reihenfolge der Haftung ist derzeit allerdings noch nicht juristisch geklärt. In dieser Rechtsunsicherheit liegt momentan das größte Hindernis für eine verbreitete Adaption dieser Strukturvariante.

---

[56] Lange Antwortzeiten können beispielsweise bei einer Zusammenarbeit einer inländischen Master-KAG mit ausländischen Asset Managern durch Zeitverschiebung oder Kommunikationsprobleme entstehen.

[57] Während die Variante mit vorheriger Ordergenehmigung durch die Master-KAG als umsatzsteuerpflichtig gilt, gilt die Outsourcing-Variante (derzeit noch) als umsatzsteuerfrei.

2.4.3 Vorteile und Defizite

Das Master-KAG-Konzept bietet für deutsche Investoren die Möglichkeit, den Multimanageransatz zu verwirklichen und so von den in Kapitel 2.3 beschriebenen Potenzialen zu profitieren.

Durch das Master-KAG-Konzept erhält der Investor eine Bündelung seiner Kapitalanlagen, eine einheitliche Fondsbuchhaltung, ein einheitliches Reporting und eine einheitliche Performancemessung für den Master-Fonds und die einzelnen Segmente, die eine konsolidierte Performanceanalyse ermöglichen. Dabei können die einzelnen Funktionen sowohl bei Master-KAG als auch beim Global Custodian angesiedelt sein, da beide die Möglichkeit haben, den Master-Fonds als Ganzes zu analysieren.

Des Weiteren werden die Steuerung der strategischen und taktischen Asset Allocation und das Kapitalanlage-Controlling vereinfacht. Auf konsolidierter Ebene eröffnen sich beispielsweise Möglichkeiten, durch ein weiteres Segment (Overlay-Segment) die taktische Über- und Untergewichtung von Aktien zu steuern, Währungsabsicherungen vorzunehmen und ein optimiertes Cash-Management zu betreiben.[58] Hierbei ist zu beachten, dass durch diese erweiterten Möglichkeiten neue Entscheidungsebenen entstehen, für die innerhalb der getroffenen Vereinbarungen Entscheidungsprozesse definiert werden müssen. Bei der Umsetzung des Master-KAG-Konzeptes im Rahmen eines Manager-of-Managers-Ansatzes erscheint der Multimanager am besten geeignet, diese Aufgaben zu übernehmen.

Die Konsolidierung über die Segmentportfolios reduziert zusätzlich Abschreibungs- bzw. Steuerrisiken auf Seiten des Investors. Vom Investor oder Multimanager veranlasste Veränderungen in einzelnen Segmenten im Rahmen des Portfolio Rebalancing führen nicht zwangsläufig zu bilanzwirksamen Vorgängen (Abschreibungen bzw. Gewinnaufdeckungen). Negative Wertentwicklungen in einem Segment können durch positive Wertentwicklungen in einem anderen Segment kompensiert werden.

Da die Master-KAG im Rahmen der Konsolidierung der Segmente dem Investor automatisch auch konsolidierte Beteiligungsquoten mitteilt, kann der Investor auch seinen Meldepflichten gemäß Wertpapierhandelsgesetz (WpHG) einfacher

[58] Vgl. Gänsslen/Bornträger [2003], S.65.

nachkommen.[59] Zusätzlich werden Kosten für Abschlussprüfungen und Pflichtveröffentlichungen im Bundesanzeiger reduziert.[60]

Außerdem ist durch die oft degressive Gebührenstaffel vieler Broker, Kapitalanlagegesellschaften und Depotbanken die Nutzung von Skaleneffekten im Bereich der Transaktions-, Verwaltungs- und Verwahrungskosten möglich.

Durch die reine Beraterfunktion der einzelnen Asset Manager hat der Multimanager ein hohes Maß an Flexibilität bei der Auswechselung von Asset Managern, die ohne größeren zeitlichen und bürokratischen Aufwand vorgenommen werden kann. Auch eine Berücksichtigung von Asset Managern, die in Deutschland keine Kapitalanlagegesellschaft besitzen, ist im Rahmen des Master-KAG-Konzeptes möglich. Damit hat der Investor Zugang zu einem erweiterten Universum von Asset Managern. Für Asset Manager ohne KAG sinken im Gegenzug die Markteintrittsbarrieren.

Aus Sicht der Asset Manager stellt die erhöhte Flexibilität beim Austausch von Managern einen Nachteil dar, da die beratenen Vermögen und die damit verbundenen Erträge weniger stetig und schwieriger vorherzusagen sind. Vor diesem Hintergrund ist nicht ausgeschlossen, dass Asset Manager versuchen, eine zusätzliche Entlohnung als Risikoprämie zu verlangen. Obwohl also die transparenteren Kostenstrukturen als Folge des Aufbrechens der Wertschöpfungskette zu tendenziell niedrigeren Kosten für den Investoren führen sollten, ist der Gesamteffekt hierdurch unbestimmt.

Neben den beschriebenen Vorteilen existieren auch potenzielle Defizite des Master-KAG-Konzeptes. Beispielsweise erhalten Kapitalanlagegesellschaften, die zugleich Master-KAG-Geschäft und Asset Management betreiben (dies stellt in Deutschland die Regel dar), in ihrer Funktion als Master-KAG Einblick in die Strategie und Managementpraxis der Asset Manager. Aufgrund des im Bereich Asset Management bestehenden Konkurrenzverhältnisses führt diese Form der „Transparenz" zwangsläufig zu Konflikten. Eine strikte Trennung der Geschäftsbereiche Asset Management und

[59] Die Erreichung, Über- oder Unterschreitung von 5, 10, 25, 50 oder 75% der Stimmrechte an einer börsennotierten Gesellschaft sind dem BAFin und der börsennotierten Gesellschaft gemäß §21 Abs. 1 und 1a WpHG anzuzeigen.

[60] Vgl. BVI [2003], S.68.

Master-KAG, die den Asset Managern im Rahmen des Master-KAG-Konzeptes glaubhaft gemacht werden kann, ist vor diesem Hintergrund geboten.

Ein Interessenkonflikt kann entstehen, wenn die Kapitalanlagegesellschaft verlangt, neben der Administration des Master-KAG-Konzeptes auch das Asset Management für ein Segment des Master-Fonds zu betreiben. Eine solche Reintegration von Administration und Asset Management kann mit Performanceeinbußen verbunden sein (hierzu könnten beispielsweise erhöhte Umschlagshäufigkeit und zu hohe Gebühren beitragen). Dies steht im Widerspruch zur Kernidee des Master-KAG-Ansatzes.

Aufgrund nicht ausreichend entwickelter informationstechnologischer Ausstattung auf Seiten der Kapitalanlagegesellschaften, Asset Manager und Depotbanken wird die Verbreitung des Master-KAG-Konzeptes ebenfalls gehemmt. Fehlende Schnittstellen zwischen den Buchhaltungs- und Abrechnungssystemen der Prozessbeteiligten zwingen diese zu ineffizienten Schattenbuchhaltungen, erschweren die Kommunikation und mindern die Effizienz der Strukturen.[61] Die hohe Komplexität eines effizienten Schnittstellen-Managements erfordert seitens der Anbieter von Master-KAG-Konzepten zukünftig hohe Investitionen in Informationstechnologie und stellt ein zusätzliches operatives Risiko dar.

Dringend geboten erscheint derzeit auch die Klärung von noch offenen Rechts- und Steuerfragen. Hierzu zählt die Schaffung einer Möglichkeit der steuerneutralen Übertragung eines Spezialfonds in einen Master-Fonds[62] sowie die Regelung der Haftungsproblematik bei Fehlern innerhalb des Orderprozesses (insbesondere bei der in Kapitel 2.4.2 beschriebenen Outsourcing-Variante). Auch die Frage, ob von Kapitalanlagegesellschaften ausgelagerte Tätigkeiten immer als umsatzsteuerpflichtig gelten, bedarf noch einer eindeutigen gesetzlichen Regelung.[63]

---

[61] Vgl. Redhardt/Deppe [2003], S.B 2 sowie Ploemacher [2003], S.B 7.
[62] Vgl. Hammer [2003], S.18 sowie Wagner/Rockel [2003], S.18.
[63] Vgl. Wagner/Rockel [2003], S.18.

2.5 Zusammenfassung

In diesem Kapitel wurden Erscheinungsformen und Potenziale von Multimanageransätzen sowie die Umsetzung des Multimanageransatzes in Deutschland im Rahmen des Master-KAG-Konzepts analysiert.

- Unter der Bezeichnung Multimanagement werden Investmentansätze verstanden, die mehrere, von spezialisierten Investmentmanagern verwaltete Portfolios kombinieren, um risikoadjustierte Überrenditen zu erzielen.

- Die beiden, vor allem im institutionellen Bereich vorkommenden Erscheinungsformen (Multimanagerstruktur und Manager-of-Managers-Struktur) unterscheiden sich hinsichtlich der Delegation der mit der Kapitalanlage verbundenen Aufgaben an einen spezialisierten Anbieter (Multimanager). Dachfondskonzepte, die vor allem im Privatkundensektor angeboten werden, stellen nur im weitesten Sinne Multimanageransätze dar. Aufgrund zahlreicher Restriktionen und Nachteile gegenüber den originären Multimanageransätzen bieten Dachfonds eine geringere Attraktivität für den Investor.

- Zu den wichtigsten Potenzialen von Multimanageransätzen zählen die Erzielung überdurchschnittlicher risikoadjustierter Renditen und die Minimierung des Aufwands des Investors im Rahmen des Kapitalanlageprozesses. Insbesondere das Ausnutzen von Spezialisierungsvorteilen im Bereich des Portfoliomanagements führt zur Erzielung höherer Renditen. Die effiziente Kombination von spezialisierten Managern und Investmentstilen ermöglicht die Nutzung zusätzlicher Diversifikationsebenen, die die Renditeerzielung verstetigt und das Risiko auf der Ebene des Gesamtportfolios reduziert. Zentrale Annahme dabei ist, dass erfolgreiches aktives Portfoliomanagement prinzipiell möglich ist. Mit dieser Grundsatzfrage beschäftigt sich Kapitel 3 dieser Arbeit.

- Das Master-KAG-Konzept bietet Investoren in Deutschland eine Möglichkeit zur Umsetzung eines Multimanageransatzes. Das Vierte Finanzmarktförderungsgesetz und eine geänderte Rechtsauffassung der Finanzdienstleistungsaufsicht haben das Konzept auf eine rechtliche Basis gestellt. Das Master-KAG-Konzept ermöglicht dem Investor Zugang zu spezialisiertem Portfoliomanagement und reduziert durch

Vereinheitlichungen (Reporting, Performancemessung) den mit der Kapitalanlage verbundenen Aufwand. Es trägt zu einem Aufbrechen der Wertschöpfungskette des Kapitalanlageprozesses bei und führt so zu mehr Transparenz, die Interessenkonflikten vorbeugt und kostensenkend wirkt. Derzeit noch ungeklärte Haftungs- und Steuerfragen hemmen eine weitere Verbreitung und bedürfen einer Regelung durch den Gesetzgeber.

3. Aktives Portfoliomanagement und Multimanagement – Theoretischer Rahmen

3.1 Zielsetzung und Einordnung des Kapitels

Die Frage, inwieweit ein aktiver Vermögensverwaltungsansatz erfolgversprechend sein kann, gehört zu den zentralen Problemfeldern, mit denen ein Investor bei seiner Kapitalanlage konfrontiert wird, und hat entscheidenden Einfluss auf die Potenziale von Multimanageransätzen. Nur unter der Voraussetzung, dass aktives Portfoliomanagement risikoadjustierte Überrenditen erbringen kann, können Multimanageransätze geeignete Instrumente der institutionellen und privaten Vermögensverwaltung darstellen. In diesem Kapitel soll aufgrund einer Analyse von theoretischen und empirischen Erkenntnissen diese Frage beantwortet werden.

Eng verbunden damit sind Betrachtungen zur Effizienz von Wertpapiermärkten. Aus der Annahme völlig effizienter Wertpapiermärkte ergibt sich unmittelbar, dass passives Portfoliomanagement (Indexing), also ein Investment in diversifizierte Portfolios, die die verwendete Benchmark nachbilden, allen anderen Investmentstrategien ebenbürtig bzw. aufgrund der geringeren Verwaltungskosten diesen sogar überlegen wäre.

Die Kritik am Markteffizienzkonzept von Grossman/Stiglitz [1980] zeigt die Grenzen der Markteffizienz auf. Theoretische und empirische Arbeiten über die zu erwartenden bzw. erreichten Anlageergebnisse aktiver Portfoliomanager und Forschungsergebnisse zu Kapitalmarktanomalien, die nicht mit Hilfe klassischer Kapitalmarkttheorie zu erklären sind und im Rahmen von Style Investing in aktive Portfoliomanagement-Strategien umgesetzt werden können, finden ebenfalls Berücksichtigung in der Analyse.

Das „Fundamentale Gesetz des aktiven Managements“[64] beschreibt einen grundsätzlichen Zusammenhang, der eine Prognose des Potenzials der zu erwartenden Anlageergebnisse aktiver Anlagestrategien ermöglicht.

[64] Vgl. Grinold/Kahn [2000], Kapitel 6.

3.2 Aktives und passives Portfoliomanagement - Definitionen

Unter aktivem Portfoliomanagement wird ein Vermögensverwaltungsansatz verstanden, der durch Abweichungen in der Portfoliostruktur gegenüber einem zugrunde liegenden Wertmaßstab (Benchmark) auf die Erzielung einer besseren Wertentwicklung als der Benchmark ausgerichtet ist. Passives Portfoliomanagement verfolgt im Gegensatz dazu primär das Ziel, den zugrunde liegenden Wertmaßstab nachzubilden und das Abweichungsrisiko zu minimieren. Neben einer vollständigen Abbildung der Benchmark („full replication") ist hierzu auch die Nachbildung der Benchmark-Charakteristik durch eine geringere Titelanzahl („Sampling") möglich. Seit den 70er Jahren[65] hat sich Passivmanagement zu einer, insbesondere im institutionellen Bereich, ähnlich verbreiteten Vermögensverwaltungsform wie Aktivmanagement entwickelt.

Den theoretischen Ausgangspunkt für aktives Management stellt die Überzeugung dar, dass die Bewertungen von Anlagen von ihrem eigentlichen („inneren") Wert abweichen können und dass es möglich ist, durch Anwendung von Analysetechniken diese Fehlbewertungen aufzuspüren und in profitable Anlagestrategien umzusetzen. Diese Überzeugung steht damit im direkten Widerspruch zur Hypothese völlig effizienter Kapitalmärkte (EMH).[66] Zusätzlich ist mit aktivem Management regelmäßig ein erhöhter Research-Aufwand verbunden, der sich in den gegenüber passiven Strategien zumeist erhöhten Verwaltungskosten widerspiegelt.
Zu den bekanntesten Analysetechniken im Rahmen des aktiven Portfoliomanagements gehören Fundamentalanalyse und technische Analyse. Fundamentalanalyse orientiert sich im Aktienbereich vor allem an öffentlich zugänglichen Informationen wie Bilanzen, Gewinn- und Verlustrechnungen oder volkswirtschaftlichen Prognosen, mit deren Hilfe Schätzungen von zukünftigen Unternehmensgewinnen, Dividendenentwicklungen und Wachstumsaussichten vorgenommen werden. Auf dieser Basis wird ein Vergleich zwischen aktueller Bewertung (auf dem Kapitalmarkt) und innerem Wert, der anhand eines Bewertungsmodells berechnet wird, vorgenommen.
Die technische Analyse orientiert sich hingegen an historischen Daten wie Kursen oder Handelsvolumina, um daraus Prognosen für die zukünftige Wertentwicklung abzuleiten. Beiden Analyseformen gemein ist das Ziel, unterbewertete Anlagen (die im Portfolio

[65] Als erste passiv verwaltete Portfolios gelten der Samsonite Pensionsfonds und der Stage Coach Fund von Wells Fargo. Vgl. Ambachtsheer [1994], S.90.
[66] Vgl. Kapitel 3.3 dieser Arbeit.

übergewichtet werden) und überbewertete Anlagen (die im Portfolio untergewichtet werden) zu finden und das Portfolio anhand dieser Erkenntnisse zu strukturieren.

In der Realität existieren aktives und passives Portfoliomanagement nebeneinander. Mit der Verbreitung von aktivem und passivem Portfoliomanagement beschäftigen sich eine Reihe von Untersuchungen. Ambachtsheer [1994] kommt zu dem Ergebnis, dass im Jahr 1992 61% der Anlagen US-amerikanischer Pensionsfonds aktiv bzw. 39% passiv verwaltet werden. Ilkiw [1996] gibt den Anteil aktiv verwalteter Pensionsfonds in Kanada mit 85-90% an. Olma/Kelash [1999] führen eine Studie für den Markt für private Investoren in den USA durch. Hier liegt der aktiv verwaltete Anteil bei 97%. Die im Kapitel „Managerselektion" näher beschriebene FIMSS-Studie (FERI Institutional Management Segregated Accounts Survey [2001]) untersucht die Verbreitung passiven Managements im Aktienbereich bei institutionellen Investoren in Deutschland. Die Ergebnisse in Abbildung 3-1 zeigen den Anteil passiv verwalteten Vermögens, aufgeteilt nach Versicherungen, Banken, Altersversorgungsinstitutionen und Industrieunternehmen. Auffällig ist, dass insbesondere bei Banken aktives Management (95,8 % der Anlagen werden hier aktiv verwaltet) stark vorherrscht.

Abbildung 3-1

Anteil passiv verwalteten Vermögens deutscher institutioneller Anleger im Aktienbereich (Quelle: FIMSS 2001)

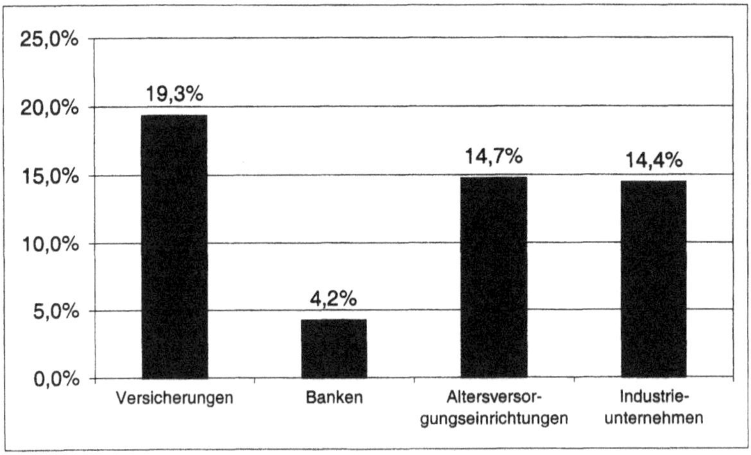

3.3 Die Moderne Portfoliotheorie, das CAPM und ihre Auswirkungen auf die Wahl des Vermögensverwaltungsansatzes

Die Moderne Portfoliotheorie, zu der auch das Capital Asset Pricing Model (CAPM) gehört, hat ihren Ursprung in den Veröffentlichungen von Harry Markowitz.[67] Durch eine quantitative Beschreibung des mit einer Kapitalanlage verbundenen Risikos[68] gelingt es Markowitz, einen Zusammenhang zwischen erwarteten Renditen und Risiko herzustellen und Diversifikationseffekte auf Portfolioebene zu beschreiben. Dabei unterscheidet er zwischen dem Risiko einer einzelnen Kapitalanlage und deren Beitrag zum Risiko des Gesamtportfolios. Neben der Gewichtung der Kapitalanlagen und deren Risiko ist zur Ermittlung des Portfoliorisikos die Richtung und Stärke des Gleichlaufs der Kapitalanlagen (Kovarianz bzw. Korrelation) maßgeblich. Markowitz zeigt, wie bei Verwendung der korrekt geschätzten Parameter (erwartete Rendite, erwartete Standardabweichung und erwartete Kovarianzen) eine Gruppe von Portfolios ermittelt werden kann, die die höchstmögliche erwartete Rendite bei gegebenem Risiko bzw. das kleinstmögliche Risiko bei gegebener erwarteter Rendite aufweist. Diese Portfolios beschreiben eine Effizienzkurve, die „efficient frontier". Für die Investoren ist es demnach ökonomisch effizient, die Auswahl ihrer Portfolios auf die auf der Effizienzkurve liegenden Portfolios zu beschränken.[69]

Tobin [1958] baut auf diesen Erkenntnissen auf und zeigt eine Möglichkeit auf, wie ein einzelner Investor das passende Portfolio wählen kann. Dabei teilt der Investor sein zu investierendes Vermögen auf eine risikolose Anlage und das risikobehaftete Markowitz-Portfolio auf. Die verschiedenen effizienten Kombinationen von risikoloser und risikobehafteter Anlage folgen einem linearen Zusammenhang zwischen erwarteter Portfoliorendite und erwartetem Portfoliorisiko. Die Aufteilung des Vermögens auf die risikolose Anlage bzw. das Markowitz-Portfolio sollte gemäß Tobin die Risikoaversion bzw. Risikotoleranz des Investors widerspiegeln, während die Auswahl des optimalen Markowitz-Portfolios unabhängig von den Risikopräferenzen des Investors sein sollte und sich anhand homogener Erwartungen der Investoren, die auch den Überlegungen von Markowitz zugrunde liegen, ergibt. Diese Erkenntnis ist als Tobins

[67] Vgl. Markowitz [1952] und [1959].

[68] Markowitz verwendet als Risikomaß die Varianz bzw. Standardabweichung der erwarteten Rendite der Kapitalanlage, d.h. die mittlere quadratische Abweichung der tatsächlichen Renditeausprägung von deren Erwartungswert.

[69] In seiner Veröffentlichung von 1959 beschreibt Markowitz auch Berechnungsalgorithmen zur exakten Bestimmung der effizienten Portfolios. Vgl. hierzu auch Elton/Gruber [1995], Kapitel 6.

Separationstheorem bekannt geworden. Unter der Annahme rationaler Investoren[70] ergibt sich ein einziges optimales Markowitz-Portfolio, in das investiert wird.[71] Alle Investoren halten somit im Bereich ihrer risikobehafteten Anlagen die enthaltenen Kapitalanlagen in gleichen Proportionen. Daraus folgt, dass sich sämtliche risikobehafteten Kapitalanlagen in diesem einen optimalen Portfolio befinden müssen, da für nicht enthaltene Kapitalanlagen keine Nachfrage bestehen würde. Dieses Portfolio stellt mithin das Marktportfolio dar, dessen Zusammenstellung allen anderen Portfoliozusammenstellungen überlegen ist.

William Sharpe, John Lintner und Jan Mossin erweitern die Überlegungen von Markowitz und Tobin zu einer Theorie der Preisbildung am Kapitalmarkt, dem Capital Asset Pricing Model (CAPM).[72] Das Modell beruht auf der Messung des Zusammenhangs zwischen den Renditen einzelner risikobehafteter Anlagen und des Marktportfolios. Dies geschieht durch das sog. Beta (β), das das relative systematische Risiko einer Anlage (das systematische Risiko einer Anlage im Verhältnis zum Marktrisiko) quantifiziert. Das Beta einer Anlage (bzw. eines Portfolios) wird als einzige Risikoquelle interpretiert und anhand historischer Daten errechnet. Es stellt insofern eine Schätzung eines zukünftigen Zusammenhangs dar. Die Grundgleichung des CAPM, anhand derer erwartete Renditen bestimmt werden können, lautet:

(1) $$E(r_i) = r_f + \beta * (E(r_M) - r_f)$$

wobei

(2) $$\beta = \frac{\sigma_{i,M}}{\sigma_M^2}$$

$E(r_i)$	= erwartete Rendite der Anlage i
r_f	= risikoloser Zinssatz
$E(r_M)-r_f$	= erwartete Risikoprämie des Marktes
$\sigma_{i,M}$	= Kovarianz zwischen Anlage i und dem Marktportfolio

[70] Unter rationalen Investoren werden Investoren verstanden, die bei gleicher erwarteter Rendite ein niedrigeres Risiko vorziehen bzw. bei gleichem Risiko eine höhere Rendite.
[71] Das optimale Portfolio ergibt sich grafisch als Tangentialpunkt der Kapitalmarktlinie (die Gerade, die alle möglichen Kombinationen aus erwarteter Portfoliorendite und erwartetem Portfoliorisiko beschreibt) mit der größten Steigung und der Effizienzkurve nach Markowitz.
[72] Vgl. Sharpe [1964], Lintner [1965a] und [1965b] sowie Mossin [1966].

σ^2_M = Varianz des Marktportfolios

Anhand von Gleichung (1) wird deutlich, dass zwischen systematischem Risiko (Beta) und der erwarteten Rendite einer Anlage ein linearer Zusammenhang besteht.

Auf Portfolioebene ist es durch Diversifikation über mehrere Anlagen nun möglich, unsystematische Risiken einzelner Anlagen zu eliminieren, so dass das Portfolio nur noch dem beschriebenen systematischen Risiko in Abhängigkeit des Marktes unterliegt. In einem ausreichend diversifizierten Portfolio sollten demnach negative Wertentwicklungen einer bestimmten Anlage durch positive Wertentwicklungen einer anderen ausgeglichen werden, sofern der Gesamtmarkt sich nicht verändert.

Das CAPM unterliegt als nur im Modellrahmen theoretisch bewiesenes Modell zahlreichen Annahmen. Zunächst wird ein vollkommener Kapitalmarkt vorausgesetzt:

1. Es existieren keine Transaktionskosten bei Kauf und Verkauf von Anlagen.
2. Die Anlagen sind beliebig teilbar.
3. Es herrscht vollständiger Wettbewerb auf dem Kapitalmarkt.
4. Die Investoren beeinflussen durch ihre Transaktionen nicht die Bewertung und damit die Rendite der Anlagen.
5. Es gibt keine Leerverkaufsrestriktionen.
6. Die Anlage bzw. Kreditaufnahme in die risikolose Anlage ist in beliebiger Höhe zum gleichen risikofreien Zinssatz möglich.
7. Alle Vermögensgegenstände sind am Kapitalmarkt handelbar.
8. Es existieren keine Steuern auf Kapitalerträge.

Bezogen auf das Verhalten der Investoren werden weitere Annahmen getroffen:

9. Die Investoren verhalten sich rational, d.h. bei gleicher erwarteter Rendite werden Anlagen mit geringerem Risiko vorgezogen bzw. bei gleichem Risiko werden Anlagen mit höherer erwarteter Rendite vorgezogen.
10. Alle Investoren haben homogene Erwartungen hinsichtlich der Rendite, des Risikos und der Korrelationen der Anlagen.

11. Alle Investoren legen bei ihren Entscheidungen ausschließlich Rendite und Risiko einer Anlage als Parameter zugrunde.
12. Die unterschiedlichen Präferenzen der Investoren spiegeln sich ausschließlich in unterschiedlicher Risikoaversion wider.
13. Die Investoren haben einen einheitlichen Planungshorizont von einer Periode.

An diesen zum Teil sehr weitgehenden Restriktionen orientieren sich die nach der Veröffentlichung des CAPM entstandenen Weiterentwicklungen und Modelltests. Brennan [1970] zeigt, dass die Modellstruktur bei Berücksichtigung von Kapitalertragssteuern erhalten bleibt. Black [1972] zeigt in seinem Beitrag, wie das Modell verändert werden muss, wenn risikolose Kreditaufnahme unmöglich ist. Mayers [1972] weist nach, dass das Modell auch bei Berücksichtigung nicht handelbarer Anlagen Bestand hat. Black/Jensen/Scholes [1972] und Fama/MacBeth [1973] führen zum ersten Mal Tests des Modells anhand historischer Daten durch. Während sie die lineare Abhängigkeit der erwarteten Renditen vom Parameter Beta bestätigen können, sprechen über die Zeit variierende Größenordnungen des linearen Zusammenhangs gegen die ursprüngliche Form des CAPM. Black/Jensen/Scholes verwenden hierzu für ihre Untersuchung eine besondere Schätzmethodik. Da bei einer Regression der Anlagen- bzw. Portfoliorenditen (auf ihre Betas) die Betas nur unter Unsicherheit geschätzt werden können, setzen die Autoren eine Zweistufen-Regression ein. Zunächst werden die Anlagen- bzw. Portfoliorenditen auf die Marktrendite regressiert, wodurch sich Schätzungen für Beta ergeben. Im zweiten Schritt werden dann Durchschnittsrenditen auf die mit der ersten Regression geschätzten Betas regressiert. Die verwendeten Schätzungen unterliegen in beiden Fällen einem statistischen Fehler, da die im zweiten Schritt als unabhängige Variablen verwendeten Betas nur abhängige Schätzungen aus der ersten Regression sind. Dies resultiert tendenziell in zu niedrigen Schätzungen für die Risikoprämie.
Merton [1973] und Williams [1977] erweitern das CAPM, indem die Annahme eines einjährigen Planungshorizontes aufgegeben und das Modell in kontinuierlicher Zeit betrachtet wird. Zu den wichtigsten Resultaten von Merton gehört, dass das ursprüngliche, statische CAPM nicht ohne weiteres auf einen dynamischen Planungshorizont übertragbar ist. Es zeigt mit seinem intertemporalen CAPM (ICAPM), dass die Nachfrage nach risikobehafteten Anlagen nicht nur durch das Rendite-Risiko-Profil der Anlagen bestimmt wird, sondern auch durch die von den Anlegern erwarteten

Veränderungen ihres Vermögens infolge makroökonomischer Einflüsse. Breeden [1979] entwickelt diesen Ansatz weiter und kommt zu dem Schluss, dass Anlagen nicht durch ihren marginalen Beitrag zum erwarteten Vermögen, sondern durch ihren marginalen Beitrag zum erwarteten Konsum der Investoren bewertet werden.
Die Auswirkungen internationalen Investments auf das CAPM untersuchen Black [1974] und Solnik [1974].
Die Kritik von Roll [1977] begründet sich darauf, dass die zur Überprüfung des CAPM im Rahmen von Testreihen verwendeten Daten stets nur vergangenheitsbezogen sind und dass das Marktportfolio im Sinne des theoretischen CAPM nicht nur einen einzelnen Wertpapiermarkt, den beispielsweise Black/Jensen/Scholes [1972] als Marktportfolio verwenden, sondern sämtliche existierenden Vermögenswerte enthält. Roll folgert entsprechend, dass, solange das Marktportfolio nicht ermittelt werden kann, ein echter Test des CAPM unmöglich ist. Stambaugh [1982] erweitert daher das Marktportfolio um festverzinsliche Wertpapiere und Immobilien, ohne jedoch einen Beweis für die Gültigkeit des CAPM zu finden. Zu ähnlichen Resultaten kommen Shanken [1987] sowie Kandel/Stambaugh [1987].
Eine weitere Gruppe von Studien befasst sich mit der Frage, ob andere Risikofaktoren Anlagerenditen beeinflussen. Zu diesen Faktoren zählen im Aktienbereich beispielsweise Bewertungskennzahlen wie das Kurs-Gewinn-Verhältnis[73], die Marktkapitalisierung bzw. Firmengröße[74] oder das Verhältnis von Buchwert zu Marktwert[75].[76]

Vertraut ein Investor nun trotz zahlreicher Annahmen und Kritikpunkte auf die Gültigkeit des CAPM, ergeben sich daraus klare Konsequenzen für die Wahl des Vermögensverwaltungsansatzes, den er verfolgen sollte.
Ohne bereits das CAPM zugrunde zu legen, kann die Rendite eines Portfolios beschrieben werden als

(3) $$r_P = \alpha_P + r_f + \beta_P (r_M - r_f)$$

[73] Vgl. Basu [1977].
[74] Vgl. Banz [1981].
[75] Vgl. Fama/French [1992].
[76] Vgl. hierzu auch Kapitel 3.4 und 3.6 dieser Arbeit.

mit:

r_P = Portfoliorendite

α_P = aktive Rendite des Portfolios

β_P = Portfoliobeta

Die Portfoliorendite wird also durch eine Marktkomponente sowie eine marktunabhängige Residualkomponente (aktive Rendite) beschrieben. Das CAPM postuliert nun, dass die erwartete Portfoliorendite ausschließlich durch die Risikoprämie des Marktportfolios und das portfoliospezifische Beta bestimmt werden. Dies bedeutet, dass die erwartete aktive Rendite des Marktportfolios, aber auch einer jeden Anlage und eines jeden Portfolios, gleich null sein muss.[77,78]

(4) $$E[r_P] = E[r_f] + \beta_P E[r_M - r_f]$$

bzw.

(5) $$E[\alpha_P] = 0$$

Argumentiert man anhand des mit der Kapitalanlage verbundenen Risikos, folgt aus dem CAPM, dass Investoren nur für systematisches (notwendiges) Risiko, also das eingegangene Marktrisiko, eine Kompensation in Form einer über dem risikolosen Zins liegenden Rendite erwarten können, unsystematisches und damit unnötiges Risiko jedoch nicht zu einer Kompensation führt. Ohne einen Informationsvorteil haben aktiv investierende Anleger demnach nicht die Möglichkeit, positive aktive Renditen zu erzielen. Da Passivinvestment (d.h. ein Investment in das Marktportfolio) für den Investor das unsystematische Risiko minimiert bzw. beseitigt und normalerweise mit niedrigeren Transaktions- und Verwaltungskosten einhergeht[79], stellt es demnach die überlegene Anlageform da.[80] Dies gilt allerdings nur solange, wie die dem CAPM zugrunde liegenden Annahmen in der Realität als zutreffend betrachtet werden können.[81] Insbesondere die Annahme homogener Erwartungen aller Investoren

[77] Vgl. Grinold/Kahn [2000], S.16.
[78] Zentrale Annahme dabei ist, dass alle Investoren homogene Erwartungen hinsichtlich der erwarteten Renditen haben und sich nur durch ihre Risikoaversion unterscheiden.
[79] Vgl. Ambachtsheer [1994], S.90.
[80] Vgl. Bogle [1998].
[81] Vgl. Wagner [1994], S.80.

erscheint zweifelhaft. Unterschiedliche Analyseverfahren im Rahmen der Vermögensverwaltung führen zu unterschiedlichen Informationen, die sich in unterschiedlichen Erwartungen ausdrücken – ein Widerspruch zur Annahme homogener Erwartungen.
Für den aktiven Portfoliomanager können dabei „konsensuale" Markterwartungen, wie das CAPM sie für die Renditen von Anlagen liefert, dennoch hilfreich sein. Der Portfoliomanager hat die Möglichkeit, sich bei den Entscheidungen hinsichtlich des Über- und Untergewichtens von Portfoliopositionen auf diejenigen Anlagen zu konzentrieren, bei denen er über fundierte Informationen bzw. Informationsvorteile verfügt.[82] Nur dort sollte er entsprechend vom Marktkonsens abweichen. Mit der Möglichkeit zur Gewinnung von Informationsvorteilen an den Wertpapiermärkten beschäftigt sich das folgende Kapitel.

3.4 Die Effizienz von Wertpapiermärkten und ihre Auswirkungen auf den Vermögensverwaltungsansatz

Zu den wichtigsten Konzepten, die im 20. Jahrhundert in der Finanzliteratur entwickelt wurden, zählt die Theorie der effizienten Märkte (Efficient Markets Theory, kurz EMT). Markteffizienz im Sinne der EMT beschreibt einen Zustand, in dem die beobachteten Marktpreise alle relevanten verfügbaren Informationen verzögerungslos und vollständig reflektieren. Markteffizienz wird somit als Informationseffizienz verstanden. Diese Form der Effizienz ist zu unterscheiden von der allokativen Effizienz, bei der in einem kompetitiven Markt dem Marktteilnehmer mit der höchsten Produktivität die knappen Ressourcen zugeteilt werden, und der operationalen Effizienz, bei der die Transaktionskosten durch den am Markt herrschenden Wettbewerb bestimmt werden.[83] Im Folgenden werden die Begriffe Markteffizienz und Informationseffizienz synonym verwendet.

Die EMT hat ihren Ursprung in Untersuchungen, die die Preisbildung auf den Wertpapiermärkten untersuchen und Preisveränderungen zu prognostizieren versuchen. Die wichtigsten dieser Untersuchungen stammen von Kendall [1953], Roberts [1959], Osbourne [1959], Fama [1965] und Samuelson [1965] und unterstützen das Random-

[82] Vgl. Chopra/Lin [1996].
[83] Vgl. Paulus [1997], S.32, und Grünenfelder [1998], S.53.

Walk-Modell für die Preisbildung an Wertpapiermärkten. „Random Walk" beschreibt dabei die Unabhängigkeit einer Rendite von der Vortagesbewegung bei einer gleichmäßigen Verteilung der Renditen über die Zeit.[84] Nach dem Random-Walk-Modell ändern sich die Bewertungen von Wertpapieren aufgrund von zufallsgesteuert eintreffenden Informationen, die zu einer unmittelbaren Bewertungsänderung beitragen und somit eine zufällig erscheinende Kursbewegung auslösen. Die fehlende Möglichkeit, diese Kursbewegungen zu prognostizieren, verhindert dabei die Erzielung von Gewinnen bzw. Überrenditen (aktiven Renditen) über die Zeit.
Die EMT baut auf diesen Erkenntnissen auf. Ein im Sinne der EMT effizienter Markt zeichnet sich dadurch aus, dass ein auf verfügbaren Informationen basierendes, aktives Portfoliomanagement keine Überrenditen erwirtschaften kann. Fama [1970] gelingt es in seiner Veröffentlichung, die bis zu diesem Zeitpunkt vorliegenden Erkenntnisse systematisch einzuordnen und die EMT weiterzuentwickeln, indem er verschiedene Stufen der Markteffizienz beschreibt.

Die schwache Form der Markteffizienz ist dadurch gekennzeichnet, dass die an den Wertpapiermärkten beobachteten Preise (Kurse) sämtliche Informationen, die anhand von Marktinformationen wie der historischen Kurs- oder Umsatzentwicklung ableitbar sind, reflektieren und auf dieser Basis somit keine Überrenditen zu generieren sind.
Bei der mittelstarken Form der Markteffizienz, die die schwache Form mit einschließt, sind sämtliche öffentlich-zugänglichen Informationen, also auch durch Analyseverfahren (Research) erzeugte Informationen, in den Preisen eskomptiert.
Die starke Form der Markteffizienz, die die beiden anderen Formen mit einschließt, besagt, dass die am Markt beobachteten Preise zusätzlich auch nicht-öffentliche Informationen (private Informationen, Insiderinformationen) reflektieren.

Zusätzlich beschreibt Fama [1970] Voraussetzungen, die einen effizienten Kapitalmarkt ermöglichen. Allen Marktteilnehmern müssen alle Informationen kostenlos zur Verfügung stehen. Alle Marktteilnehmer haben homogene Erwartungen bezüglich der erwarteten Renditeverteilung auf Basis einer Information. Außerdem müssen die Transaktionskosten null betragen.

---

[84] Vgl. Elton/Gruber [1995], S.410.

Die Untersuchungen zu diesen Definitionen und den sehr weitgehenden Anforderungen für einen effizienten Kapitalmarkt unterstützen generell nur die schwache und mittelstarke Form der Markteffizienz.[85] Fama selbst kommt in seiner Veröffentlichung von 1991, die einen Überblick zu den durchgeführten Untersuchungen gibt, zu diesem Schluss.[86]

Im Widerspruch zur vollständigen Informationseffizienz, auch im Sinne der schwachen Form nach Fama, stehen Forschungsergebnisse auf dem Gebiet der Anomalienforschung. In diesen Untersuchungen wird überprüft, inwieweit Renditeprozesse nicht rein vom Zufall beeinflusst werden bzw. die Bewertungen von Anlagen nicht im Einklang mit Kapitalmarktmodellen, die sich an das Konzept der EMT anlehnen, stehen.

Basu [1977] interpretiert die Ergebnisse seiner Untersuchung als Beleg für Marktineffizienzen. Er analysiert die Kurs-Gewinn-Verhältnisse der Aktien von 1400 börsennotierten Gesellschaften zwischen 1956 und 1971 und kann zeigen, dass die Gruppe der Aktien mit niedrigem Kurs-Gewinn-Verhältnis eine jährliche Überrendite von 7% gegenüber den Aktien mit hohem Kurs-Gewinn-Verhältnis erzielt. Banz [1981] weist eine solche Überrendite für kleine Aktiengesellschaften nach. Im Zeitraum von 1931 bis 1975 erzielen die Aktien der 50 kleinsten Gesellschaften eine Überrendite von 1% pro Monat gegenüber den Aktien der 50 größten Gesellschaften. Fama/French [1992] bestätigen die Erkenntnisse von Basu [1977] und Banz [1981] und zeigen, dass Marktkapitalisierung und das Verhältnis des Buchwertes einer Aktie zu dessen Marktwert einen Einfluss auf die zu erwartende Rendite aufweisen. Die Erkenntnisse von Fama/French stehen damit auch zum CAPM im Widerspruch und haben maßgeblich zur Verbreitung von Style Investing als Form der Umsetzung von Anomalien in aktive Portfoliomanagementstrategien beigetragen. Mit Investmentstilen und Style Investing beschäftigt sich Kapitel 3.6 dieser Arbeit.

Eine weitere Renditeanomalie weist Ritter [1991] nach. Mit einer Stichprobe von 1526 Neuemissionen im Zeitraum von 1975 bis 1984 kann er zeigen, dass eine Strategie, bei der die jeweiligen neu emittierten Titel am Ende des ersten Handelstages gekauft werden, eine deutlich niedrigere Rendite als ein Investment in verschiedene Bench-

[85] Zu den Untersuchungen, die nur die mittelstarke und schwache Form der Markteffizienz unterstützen, gehören die Arbeiten von Ball/Brown [1968], Fama/Fisher/Jensen/Roll [1969] und Scholes [1972].
[86] Eine intuitive Kritik der Veröffentlichung von Fama [1991] findet sich bei Bernstein [1999], der selbst das Vorliegen der schwachen Form der Markteffizienz bezweifelt.

markportfolios erbracht hätte. Die Schwierigkeit einer solchen Untersuchung besteht darin, dass die Messung einer Überrendite immer auch von der Wahl der Benchmark abhängig ist. Gefundene Anomalien können daher auf Marktineffizienzen oder aber auf fehlerhaft spezifizierte Benchmarkmodelle zurückzuführen sein.
Saisonalitätsanomalien beobachten Rozeff/Kinney [1976], French [1980], Keim [1983], Reinganum [1983a], Ariel [1987] und Harris [1986]. Zu diesen Anomalien gehören Renditemuster, die sich an bestimmten Wochentagen (day-of-the-week-Effekt), am Monatsanfang oder –ende (turn-of-the-month-Effekt) oder in bestimmten Monaten (month-of-the-year-Effekt) zeigen.
Shiller [1981] untersucht in seiner Studie Preisbewegungen von Wertpapieren und Dividendenzahlungen in einem über 100jährigen Zeitraum (1871 bis 1979). Er verzeichnet eine signifikante Differenz zwischen den Marktbewertungen und dem sich als Barwert der Dividendenzahlungen ergebenden Bewertungen. Seine Folgerung, dass die beobachteten Marktbewertungen die vorhandenen Informationen nicht vollständig reflektieren und somit dem Konzept der Markteffizienz entgegenstehen, muss aber insofern relativiert werden, als dass die Untersuchung neben der Gültigkeit der EMT auch die Validität des Bewertungsmodells (Dividendenmodells) überprüft und demnach die Hypothese informationseffizienter Märkte nicht mit abschließender Sicherheit falsifiziert werden kann.
DeBondt/Thaler [1985] beschäftigen sich mit der Voraussagbarkeit von Renditen, die gemäß der EMT nicht gegeben sein dürfte. Sie können in ihrer Stichprobe zeigen, dass Aktien, die über eine drei- bis fünfjährige Periode sich unterdurchschnittlich gegenüber dem Gesamtmarkt entwickelt haben, in der folgenden Periode entsprechend überdurchschnittliche Entwicklungen aufweisen. Als Erklärung geben sie eine Überreaktion des Marktes, die zu einer längerfristigen Fehlbewertung führt, an. Jegadeesh/Titman [1993] kommen zu ähnlichen Resultaten.

Eine fundamentale Kritik am theoretischen Konzept der EMT liefern Grossman/Stiglitz [1980] in ihrem Beitrag zur Unmöglichkeit informationseffizienter Märkte.[87] Dabei stellen sie das gedankliche Gerüst der Theorie und damit auch deren Auswirkungen auf die für den Investor optimale Form der Vermögensverwaltung (die Optimalität des passiven Managementansatzes) völlig in Frage. Nach der Auffassung von Grossman/Stiglitz kann es auf informationseffizienten Märkten keinen

[87] Vgl. hierzu auch Grossman [1995].

Gleichgewichtszustand geben. Sie argumentieren, dass sich ein Markt nur durch Ineffizienzen überhaupt im Gleichgewicht befinden kann. Die formale Ableitung dieser These ergibt sich aus der Annahme rationaler Investoren. Rationale Investoren sind nur bereit, für Informationen eine Gegenleistung zu erbringen, wenn dies ihren erwarteten Nutzen erhöht. Sie verlangen also eine Kompensation für den im Rahmen der Informationsbeschaffung und –analyse entstandenen Aufwand.

Definiert man nun ein wirtschaftliches Gleichgewicht als einen Zustand, in dem die Gewinne aller „informierten" Marktteilnehmer gleich null sind, und nimmt man an, dass Informationsbeschaffung mit Kosten verbunden ist, können nicht alle Märkte im Gleichgewicht sein, weil die „informierten" Marktteilnehmer dann immer einen Verlust hinnehmen würden. Ein Gleichgewicht wäre nur denkbar, wenn nicht rationale Investoren (Noise-Trader) beim Handel Verluste in Kauf nehmen würden, die den Informationskosten der „informierten" Investoren entspricht.

Würden die Marktpreise alle verfügbaren Informationen reflektieren, könnten „informierte" Marktteilnehmer also keine Gewinne erzielen. Infolgedessen würden die „informierten" Marktteilnehmer aufhören, Informationen zu beschaffen, zu analysieren und zu handeln. Auf diese Weise würde ein sich selbst zerstörendes, degeneratives Gleichgewicht entstehen. Ist an einem bestimmten Punkt kein Marktteilnehmer mehr „informiert", bestünde wieder ein Anreiz, sich zu informieren bzw. zu handeln, weil die Preise keine Informationen mehr reflektieren.

Diese Schlussfolgerung stellt ein starkes Argument für die Koexistenz von aktivem und passivem Portfoliomanagementansatz dar. Würden alle Marktteilnehmer einen passiven Managementansatz verfolgen, bestünde für den einzelnen Marktteilnehmer ein maximaler Anreiz, aktives Management zu betreiben. Umgekehrt würde keinerlei Attraktivität von aktivem Management ausgehen, würden alle Marktteilnehmer einen aktiven Managementansatz verfolgen und dadurch den Markt völlig informationseffizient machen.[88]

Die Argumentation von Grossman/Stiglitz verdeutlicht, warum Fama [1970] bei seinen Definitionen der Markteffizienz annehmen muss, dass Informationen kostenlos sein müssen, wenn alle Informationen sich in den Preisen widerspiegeln sollen. Ein Preissystem, wie es Kapitalmärkte verkörpern, erfüllt seine Funktion jedoch nur dann,

[88] Vgl. hierzu auch Minor [2001], S.49, sowie Ellis [2000], S.12ff.

wenn die Informationsbeschaffung mit Kosten verbunden ist.[89] Die Annahme der EMT, dass alle Märkte, auch der für Informationen, sich stets im Gleichgewicht befinden und keine Arbitragegewinne möglich sind, ist somit unhaltbar, wenn Informationsbeschaffung und –verarbeitung (d.h. die Arbitragefunktion) nicht mit Kosten verbunden sind.

Die Erkenntnisse von Grossman/Stiglitz [1980] geben daneben auch Hinweise darauf, wie Multimanager-Portfolios konstruiert werden sollten. Insbesondere die Einsicht, dass Wertpapiermärkte einen unterschiedlich ausgeprägten Grad der Informationseffizienz aufweisen können und somit aktives Portfoliomanagement unterschiedlich attraktiv sein kann, führt zu Multimanagerportfolios, die für als besonders effizient geltende Marktsegmente Manager mit passivem Managementansatz verpflichten, während „ineffizientere" Marktsegmente von Portfoliomanagern mit aktivem Managementansatz verwaltet werden. Eine Umsetzung einer solchen „Strategie der ineffizienten Nischen" stellt der im Kapitel 5.2 beschriebene Hybridansatz im Rahmen der Konstruktion von Multimanagerportfolios dar.

3.5 Die Arithmetik aktiven Managements und empirische Studien zum Erfolg aktiven Portfoliomanagements

Analysen hinsichtlich der Erfolgspotenziale aktiven Portfoliomanagements haben eine lange Tradition in der Finanzliteratur. Die meisten dieser Untersuchungen sind empirischer Natur und testen die Theorie der effizienten Märkte, nach der aktives Management aufgrund vollständiger Informationseffizienz von vornherein dem passiven Managementansatz unterlegen ist.

Einen logisch abgeleiteten, ohne zahlreiche Prämissen wie das CAPM oder die Theorie der effizienten Märkte auskommenden Ansatz stellen die Überlegungen von Sharpe [1991] dar, die als „Arithmetik des aktiven Managements" betitelt sind. Danach muss die Rendite, die eine aktiv verwaltete Vermögenseinheit durchschnittlich erbringt, vor Abzug von Verwaltungs- und Transaktionskosten genau der Rendite entsprechen, die eine passiv verwaltete Vermögenseinheit durchschnittlich erbringt.

Sharpe begründet dies durch die Definition der Rendite des Gesamtmarktes bzw. Marktportfolios (r_M) als Summe der volumengewichteten Renditen, die aktiv bzw.

[89] Vgl. Hayek [1945], S.525ff.

passiv verwaltete Vermögenseinheiten erzielen ($w_{aktiv}*r_{aktiv}$ bzw. $w_{passiv}*r_{passiv}$):

(6) $$w_{aktiv} * r_{aktiv} + w_{passiv} * r_{passiv} = r_M$$

Da die Rendite einer passiv verwalteten Vermögenseinheit definitionsgemäß der Rendite des Marktportfolios entspricht, muss auch die Rendite einer aktiv verwalteten Vermögenseinheit der Rendite des Marktportfolios entsprechen.
Eine Betrachtung dieses Zusammenhangs nach Kosten führt zu dem Schluss, dass die Rendite, die eine aktiv verwaltete Vermögenseinheit durchschnittlich erbringt, geringer sein muss als die Rendite, die eine passiv verwaltete Vermögenseinheit durchschnittlich erbringt. Dies liegt daran, dass aktive Verwaltung aufgrund des höheren Aufwands für Informationsbeschaffung und –analyse mit höheren Kosten verbunden ist.
Sharpe führt auch Gründe an, warum dies in empirischen Untersuchungen nicht immer sichtbar wird. Werden passiv verwaltete Portfolios durch Sampling[90] konstruiert, kann deren Renditeprofil von dem des Marktes bzw. des Benchmarkportfolios abweichen. Ähnliche Effekte auf Seiten der aktiv verwalteten Portfolios können durch die Aufnahme benchmarkfremder Titel in das Portfolio entstehen. Untersuchungsimmanente Gründe für Abweichungen von dem erwarteten Zusammenhang können in der nicht vollständigen Definition aktiver Anlegergruppen (z.B. der Nichtberücksichtigung von Privatanlegern), dem Phänomen des Survivorship Bias[91], das oftmals mit zu hoch ausgewiesenen aktiven Renditen einhergeht, und in nicht volumengewichteten Analysen liegen.
Zu beachten ist, dass die Argumentation von Sharpe nur auf *durchschnittlich* erzielbare Renditen abzielt und keine Effizienzhypothese für die Kapitalmärkte voraussetzt. Daher steht sie nicht im Widerspruch zu Grossman/Stiglitz [1980]. In beiden Ansätzen ist es also denkbar, dass talentierte aktive Manager in der Lage sind, risikoadjustierte Überrenditen zu erzielen.

Die Ergebnisse empirischer Untersuchungen, die überprüfen, inwieweit der durchschnittliche aktive Portfoliomanager in der Lage ist, Überrenditen gegenüber dem Marktportfolio bzw. der Benchmark zu erzielen, entsprechen mehrheitlich den von Sharpe erwarteten Resultaten. Dabei sind diese Untersuchungen von Persistenzstudien

---

[90] Vgl. Kapitel 3.2 dieser Arbeit.
[91] Vgl. Kapitel 4.4.2 dieser Arbeit.

zu unterscheiden, die analysieren, ob aktive Manager, die in einer historischen Periode Überrenditen erzielt haben, dies auch in der Folgeperiode vermögen. In Kapitel 4 wird eine im Rahmen dieser Arbeit durchgeführte Persistenzstudie beschrieben und ein ausführlicher Literaturüberblick zu dieser Untersuchungsform gegeben.

Zu den ersten Studien zum durchschnittlichen Anlageerfolg aktiver Portfoliomanager bzw. von aktiv verwalteten Investmentfonds zählen die Veröffentlichungen von Friend/Brown/Herman/Vickers [1962][92], Treynor [1965], Sharpe [1966] und Jensen [1968].[93] Die Studien kommen übereinstimmend zu dem Ergebnis, dass aktiv verwaltete Investmentfonds im Durchschnitt geringere risikoadjustierte Renditen als die zugrunde liegende Benchmark erzielen und (mit Ausnahme der erstgenannten) dass es einen Zusammenhang zwischen der Höhe der Verwaltungs- und Transaktionskosten der Fonds und ihrer negativen aktiven Rendite gibt. Jensen [1968] führt in seiner Untersuchung das Jensen's Alpha ein. Dabei handelt es sich um ein Maß für die Überrendite eines Portfolios, welches sich als Achsenabschnitt einer an die Grundgleichung des CAPM[94] angelehnten Regression ergibt.[95]
Shawky [1982], Chang/Lewellen [1984] und Henriksson [1984] kommen zu ähnlichen Ergebnissen, während McDonald [1974], Mains [1977] sowie Kon/Jen [1979] für den durchschnittlichen aktiv verwalteten Investmentfonds eine positive, wenn auch geringe Überrendite verzeichnen. Shawky weist für den Zeitraum von 1973 bis 1977 in seiner Stichprobe eine durchschnittliche Überrendite von null nach Abzug aller Kosten nach. Dieses Ergebnis entspricht somit exakt den Überlegungen von Sharpe [1991].
Ippolito [1989] untersucht 143 Investmentfonds zwischen 1965 und 1984 und weist auch nach Kosten Überrenditen für den durchschnittlichen Investmentfonds nach. Elton/Gruber/Das/Hlavka [1993] können die Erkenntnisse von Ippolito jedoch entkräften. Sie zeigen, dass die scheinbaren Überrenditen in der Untersuchung auf die Performance benchmarkfremder Titel in den Portfolios der aktiven Manager zurückzuführen sind.[96]

---

[92] Friend/Brown/Herman/Vickers [1962] untersuchen 152 Investmentfonds im Zeitraum von 1953 bis 1958 und kommen zu dem Ergebnis, dass aktiv verwaltete Fonds eine risikoadjustierte Unterperformance erzielen. Einen Zusammenhang zwischen Umschlagshäufigkeit der Anlagen und den in Rechnung gestellten Kosten der Fonds können die Autoren nicht nachweisen.
[93] Die drei letztgenannten Studien beschäftigen sich insbesondere vor dem Hintergrund des kurz zuvor entwickelten CAPM mit dieser Fragestellung.
[94] Vgl. Gleichung (3) in dieser Arbeit.
[95] Das Jensen's Alpha wird im Rahmen der in dieser Arbeit durchgeführten Persistenzstudie ebenfalls als Performancemaß eingesetzt.
[96] Vgl. Elton/Gruber/Das/Hlavka [1993], S.4ff.

Nach der Veröffentlichung von Brown/Goetzmann/Ibbotson/Ross [1992], die nachweisen, dass Survivorship Bias einen messbaren Einfluss auf die Ergebnisse von Performancestudien haben können, zeigt Malkiel [1995] mit Hilfe einer Datenbank, die auch während der Untersuchungsperiode von 1982 bis 1991 geschlossene oder fusionierte Investmentfonds enthält und somit frei von Survivorship Bias ist, dass nach Kosten die durchschnittliche jährliche Unterperformance aktiver Investmentfonds gegenüber dem Benchmarkindex S&P 500 183 Basispunkte beträgt.
Daniel/Grinblatt/Titman/Wermers [1997] untersuchen mehr als 2500 US-amerikanische Aktienfonds zwischen 1975 und 1994 anhand ihrer Portfoliopositionen und beziehen neben der Benchmarkrendite auch weitere Faktoren (Marktkapitalisierung, Momentum bzw. Bewertung der im Portfolio befindlichen Gesellschaften), die sich aus dem im nächsten Kapitel beschriebenen Konzept der Investmentstile ergeben, mit in ihre Schätzmodelle ein. Im Bereich der Investmentfonds, die vor allem in Titel mit hoher Marktbewertung (Kurs-Gewinn-Verhältnis) investieren (Growth bzw. Aggressive-Growth-Funds), ermitteln sie eine durchschnittliche jährliche Überrendite von 100 bis 150 Basispunkten. Zu den Limitierungen dieser Studie zählt, dass die Ergebnisse nicht auf tatsächlich erzielten Renditen beruhen, sondern anhand der vierteljährlich beobachteten Portfoliopositionen berechnet werden.

Abschließend sei eine in der Literatur bisher nur unzureichend vertretene Art von Performancestudien erwähnt, die sich mit der Frage auseinandersetzen, inwieweit erfolgreiches aktives Management durch Zufallseinflüsse bzw. besondere Fähigkeiten der Portofoliomanager erklärt wird. Marcus [1990] überprüft in seiner Untersuchung mit einer statistischen Simulation, ob die von erfolgreichen Investmentfonds erzielten Überrenditen noch mit Glück erklärt werden können oder statistisch signifikant sind und damit auch der Theorie der effizienten Märkte widersprechen. Im Falle des in den 80er Jahren besonders erfolgreichen Fidelity Magellan Funds weist er nach, dass die Größenordnung der erreichten Überrendite des Fonds nicht mehr mit Zufall zu erklären ist.[97] Kosowski/Timmermann/White/Wermers [2001] analysieren die Performance von 1734 Investmentfonds im Zeitraum von 1962 bis 1994. Die verwendete Datenbank ist dabei frei von Survivorship Bias. Mit Hilfe einer Bootstrap- Analyse, einer nichtparametrischen Analysetechnik, die ohne Annahmen über die Form der

[97] Die Wahrscheinlichkeit der Erzielung der tatsächlich erreichten Überrendite in einem Zufallsmodell liegt bei null.

Verteilungskurve der Überrenditen auskommt, weisen sie ebenfalls Überrenditen einzelner aktiv verwaltete Portfolios nach, die nicht mit Glück erklärt werden können. Insofern bestätigen diese beiden Studien, dass ein erfolgreiches aktives Portfoliomanagement möglich ist und zusätzlich, dass der Erfolg auch systematischer Natur sein kann.

3.6 Aktives Management und Investmentstile

Einen weiteren Hinweis auf die Existenz von Erfolgspotenzialen aktiver Portfoliomanagementstrategien liefern empirische Erkenntnisse zu Investmentstilen. Nach einigen Definitionen und einer Beschreibung von Investmentstilen werden empirische Ergebnisse zahlreicher Untersuchungen zu Performanceunterschieden von Investmentstilen analysiert. Abschließend wird die Frage erörtert, inwieweit auch die Theorie der effizienten Märkte durch das Vorhandensein von Investmentstilen widerlegt werden kann bzw. wodurch empirisch nachweisbare Performanceunterschiede erklärt werden können.
Während dieses Unterkapitel die Existenz von Investmentstilen im Widerspruch zum klassischen Kapitalmarktmodell CAPM betrachtet, wird die Bedeutung von Investmentstilen bzw. Style Investing für die Konstruktion von Multimanagerportfolios im fünften Hauptkapitel analysiert.

3.6.1 Definitionen und Ansätze für Investmentstile

Investmentstile können als Segmente (insbesondere) des Aktienmarktes aufgefasst werden, die bestimmte Charakteristika aufweisen und über mehrere Markt- und Konjunkturzyklen bestehen bleiben.[98] Die Existenz von Investmentstilen steht somit im Widerspruch zur Theorie des CAPM, das allein das mit einer Anlage verbundene systematische Risiko (gemessen als Beta) als bewertungsbestimmenden Faktor ansieht.
Die systematische Aufteilung von Vermögen auf einzelne Investmentstile mit dem Ziel, eine risikoadjustierte Überrendite zu erzielen, stellt eine weit verbreitete aktive

---

[98] Vgl. Bernstein [1995], S.3.

Portfoliomanagement-Strategie dar und wird als Style Investing bezeichnet.[99] Style Investing stellt insofern einen bewussten Verzicht auf Diversifikationspotenziale dar. Entscheidend dabei ist, dass ein bestimmtes Auswahlmerkmal für die Portfoliozusammenstellung als Attribut für die Performance des Portfolios angesehen wird, das es ermöglicht, Bewertungsanomalien auszunutzen.

Die im Bereich des Portfoliomanagements bekanntesten und am häufigsten aufgegriffenen Investmentstilpaare werden von Sharpe [1992] als Value Stocks und Growth Stocks sowie Large bzw. Medium Stocks (Large Caps) und Small Stocks (Small Caps) definiert.[100] Die Zuordnung von Aktiengesellschaften zu den Kategorien Value und Growth erfolgt dabei anhand von Bewertungskennzahlen wie dem Kurs-Gewinn-Verhältnis (Price-Earnings-Ratio) oder dem Verhältnis von Buchwert und Marktwert des Eigenkapitals der Aktiengesellschaft (Book-to-Market-Ratio).[101] Das Kurs-Gewinn-Verhältnis (KGV) stellt den Quotienten aus Aktienkurs und erwartetem Gewinn pro Aktie dar. Ein hohes KGV signalisiert somit eine im Verhältnis zum erwarteten Gewinn vergleichsweise hohe Bewertung, die zumeist auf ein hohes erwartetes zukünftiges Gewinnwachstum hinweist. Diese hohen Wachstumserwartungen an die Gewinne der Aktiengesellschaft charakterisieren die Aktie als Growth-Aktie. Niedrige Kurs-Gewinn-Verhältnisse weisen auf geringere Wachstumserwartungen hin und charakterisieren entsprechend Value-Aktien.

Eine hohe Book-to-Market-Ratio signalisiert, dass das Eigenkapital einer Aktiengesellschaft vergleichsweise niedrig bewertet ist, und kennzeichnet somit Value-Aktien, während eine niedrige Book-to-Market-Ratio von einer hohen Bewertung zeugt und Growth-Titel kennzeichnet.

[99] Eine Form des Style Investings stellen Style-Rotation-Strategien dar. Dabei wechseln Investoren zwischen verschiedenen Investmentstilen anhand von Indikatoren, die die relative Performance der einzelnen Investmentstile zueinander prognostizieren und sich vor allem an makroökonomischen Größen wie der Steigung von Zinsstrukturkurven, der Inflation oder dem prognostizierten Wirtschaftswachstum einer Volkswirtschaft orientieren. Vgl. hierzu z.B. Kao/Shumaker [1999]. Erfolgspotenziale von Style-Rotation-Strategien untersuchen neben Kao/Shumaker [1999] Levis/Liodakis [1999], Copeland/Copeland [1999], Asness/Friedman/Krail/Liew [2000] sowie Ahmed/Lockwood/Nanda [2002].

[100] Vgl. Sharpe [1992], S. 10ff.

[101] Weitere Bewertungskennzahlen stellen das Verhältnis von Eigenkapital und Cash-Flow einer Aktiengesellschaft (Price-Cash-Flow-Ratio), das Verhältnis von Eigenkapital und Umsatz (Price-to-Sales-Ratio) sowie das Verhältnis von Eigenkapital und ausgeschütteter Dividende (Price-Dividend-Ratio; der Kehrwert dieser Kennzahl entspricht der Dividendenrendite) dar. Eine ausführliche Darstellung der einzelnen Kennzahlen findet sich bei Bernstein [1995], der zusätzlich nachweist, dass zwischen den einzelnen Bewertungskennzahlen meist relativ hohe Korrelationen (>0,9) bestehen (S.55). Lediglich die Dividendenrendite ist weniger stark mit den übrigen Kennzahlen korreliert.

Die Aufteilung von Aktien in die Stilkategorien Large Cap bzw. Small Cap wird anhand der Marktkapitalisierung vorgenommen. Höher kapitalisierte Gesellschaften werden als Large Caps, niedriger kapitalisierte Gesellschaften als Small Caps bezeichnet.

Weitere Ansätze für Investmentstile stellen der Momentum-Ansatz und der Contrarian-Ansatz dar.[102] Beide orientieren sich ausschließlich an historischen Entwicklungen von Aktienkursen. Eine historische Überrendite kennzeichnet dabei positives Momentum, also relative Stärke. Bei einem Momentum-Ansatz beschränkt sich die Auswahl der Aktien auf Titel mit relativer Stärke, bei einem Contrarian-Ansatz auf Titel mit relativer Schwäche.

3.6.2 Empirische Ergebnisse

Untersuchungsergebnisse, die zeigen, dass fundamentale oder technische Charakteristika von Aktiengesellschaften bzw. deren Aktien einen signifikanten Einfluss auf die erwarteten und realisierten Renditen haben, widersprechen dem CAPM. Zu diesen Ergebnissen zählt die Beobachtung des sog. „Size-Effekts". Dabei handelt es sich um das Phänomen, dass die Aktien niedriger kapitalisierter Aktiengesellschaften systematisch höhere Durchschnittsrenditen erbringen als die Aktien höher kapitalisierter Gesellschaften.

Banz [1981] zeigt im Zeitraum zwischen 1931 und 1975, dass die Renditen der Aktien kleiner Gesellschaften nach Risikoadjustierung mit dem CAPM signifikant über den Renditen der Aktien größerer Gesellschaften liegen. Reinganum [1983b] weist die Gültigkeit des Size-Effekts für sämtliche Dezile, die nach der Marktkapitalisierung der Gesellschaften gebildet werden, in seiner Untersuchung für den Zeitraum 1963 bis 1980 nach. Fama/French [1992] unterteilen im Zeitraum 1963 bis 1990 alle an den US-amerikanischen Börsen NYSE, AMEX und NASDAQ gehandelten Aktien ebenfalls nach ihrer Marktkapitalisierung in Dezile, wobei jedes Dezil nochmals in zehn anhand der Betafaktoren der Aktien bestimmte Unterportfolios unterteilt wird. Die entstehenden 100 Portfolios werden jährlich neu zusammengestellt, um eventuellen Veränderungen von Betafaktoren oder Marktkapitalisierungen Rechnung zu tragen. Fama/French

---

[102] Vgl. DeBondt/Thaler [1985] und [1987], Lakonishiok/Shleifer/Vishny [1994], Meier/Bertolotti [1995], S.107f., Chan/Jegadeesh/Lakonishok [1996] und [1999], Rouwenhorst [1998] sowie Schiereck/DeBondt/Weber [1999].

verzeichnen einen deutlichen negativen Zusammenhang zwischen der Aktienrendite und der Größe der Aktiengesellschaft, während der Risikofaktor Beta keinerlei nachweisbaren Einfluss auf die Aktienrendite ausübt.[103]

Der Size-Effekt ist dennoch nicht unumstritten. Knez/Ready [1997] weisen in ihrer Untersuchung unter Verwendung des gleichen Datensatzes wie Fama/French [1992] nach, dass der Size-Effekt vor allem auf sehr hohe positive Renditen weniger Aktien zurückzuführen ist. Nachdem diese Aktien mit extrem positiver Rendite aus dem Datensatz entfernt werden, verschwindet der Size-Effekt völlig. Zusätzlich wird gezeigt, dass sich das Ausmaß des Size-Effektes in der näheren Vergangenheit deutlich reduziert hat.[104] Arshanapalli/Coggin/Doukas/Shean [1998] ermitteln anhand einer Index-Datenbank Renditeunterschiede für an unterschiedliche Investmentstile angelehnte Strategien. Sie bilden Portfolios aus einer Long-Position des Small-Cap-Index und einer Short-Position des Large-Cap-Index und berechnen für verschiedene Anlageregionen annualisierte Renditen für den Zeitraum von 1975 bis 1996. Die Ergebnisse zeigt Tabelle 3-1. Obwohl sich weltweit Hinweise für einen Size-Effekt zeigen, sind die Untersuchungsergebnisse besonders in Europa sehr uneinheitlich. Während sich in Großbritannien ein etwas stärkerer Size-Effekt einstellt, kommt es beispielsweise in Deutschland und Italien zu einer Umkehrung des Size-Effekts.

Zusätzlich erschwerend für die Umsetzung einer auf der Marktkapitalisierung der Aktiengesellschaften aufbauenden Strategie kommt hinzu, dass der Markt für kleinere Aktiengesellschaften, insbesondere in Europa, weniger liquide als der Markt für größere Aktiengesellschaften (Blue Chips) ist und es aufgrund höherer Bid/Ask-Spreads bzw. höherer Transaktionskosten in vielen Fällen schwierig ist, bestehende Renditeunterschiede gewinnbringend zu nutzen.[105]

Insbesondere institutionellen Investoren bleiben Investments in Small Caps oft versagt, da bereits kleine Ordervolumina signifikante Preisveränderungen auslösen können und damit die Attraktivität der Investments negativ beeinträchtigen.

[103] Vgl. hierzu auch Fama [1995].

[104] Vor diesem Hintergrund ist auch die bis heute andauernde Diskussion darüber zu bewerten, inwieweit der Size-Effekt auf Fehlern bei der Datenauswahl oder der Berechnung beruht.

[105] Eine Untersuchung zu diesem Aspekt führen Stoll/Whaley [1983] durch. Sie zeigen, dass eine längere Haltedauer der Anlagen im Bereich Small Caps die Ausnutzung des Size-Effekts begünstigen.

Tabelle 3-1

Annualisierte Rendite und Standardabweichung der Small-Large-Portfolios (Quelle: Arshanapalli et al. [1998])

	Rendite p.a.	Standardabw. p.a.
Welt	2,15%	4,77%
Nordamerika	2,42%	6,20%
Europa	0,11%	4,65%
Pacific	1,45%	9,44%
USA	2,51%	6,57%
Japan	0,89%	10,53%
Großbritannien	1,36%	8,06%
Deutschland	-1,66%	8,44%
Frankreich	0,95%	8,39%
Italien	-4,39%	10,44%
Spanien	-2,30%	12,94%
Schweiz	-2,37%	7,48%

Ein anderer Effekt, der in empirischen Untersuchungen nachgewiesen wird, stellt einen Zusammenhang zwischen den unternehmensspezifischen Bewertungskennzahlen aus dem vorigen Kapitel und den Aktienrenditen her. Es handelt sich dabei um den Value-Effekt, der sich in einer langfristigen Überrendite von Value-Aktien (z.B. Aktien mit niedrigem Kurs-Gewinn-Verhältnis oder einem hohen Buchwert-Marktwert-Verhältnis) widerspiegelt. Fama/French [1992] weisen diesen Zusammenhang für beide Bewertungskennzahlen analog der Vorgehensweise beim Size-Effekt nach. In einer multivariaten Analyse wird nur für das Buchwert-Marktwert-Verhältnis der Zusammenhang bestätigt. Zu ähnlichen Ergebnissen kommen die Untersuchungen von Rosenberg/Reid/Lanstein [1985] und Capaul/Rowley/Sharpe [1993].

Fama/French [1998] erweitern die Untersuchungen zum Value-Effekt auf den internationalen Kontext. Mit Hilfe von Indexzeitreihen (MSCI-Indizes) werden die Überrenditen von Value-Portfolios gegenüber Growth-Portfolios im Zeitraum von 1975 bis 1995 in 13 Ländern berechnet. Als Bewertungskennzahlen kommen die Earnings-to-Price-Ratio (der Kehrwert des Kurs-Gewinn-Verhältnisses), das Buchwert/Marktwert-

Verhältnis (Book-to-Market-Ratio), das Verhältnis von Cashflow und Marktkapitalisierung (der Kehrwert der Price-to-Cash-Flow-Ratio) sowie die Dividendenrendite zum Einsatz.

Value-Aktien zeichnen sich dabei durch eine, relativ betrachtet, hohe Earnings-to-Price-Ratio, ein hohes Buchwert/Marktwert-Verhältnis, eine hohe Cash-Flow-to-Price-Ratio bzw. eine hohe Dividendenrendite aus. Der Aktienmarkt eines Landes wird dabei so aufgeteilt, dass die 30 Prozent der kapitalisierungsgewichteten Aktien mit den höchsten Ausprägungen der Bewertungskennzahlen als Value-Aktien und die 30 Prozent der Aktien mit den niedrigsten Ausprägungen der Bewertungskennzahlen als Growth-Aktien klassifiziert werden. Tabelle 3-2 zeigt die gemessenen Überrenditen der Value-Portfolios anhand der vier Bewertungskennzahlen. Unabhängig von der Bewertungskennzahl erzielen die Value-Portfolios in zwölf von 13 Ländern positive Überrenditen gegenüber den Growth-Portfolios.

Tabelle 3-2

Annualisierte Überrenditen der Value-Portfolios (Quelle: Fama/French [1998])

	Book-to-Market-Ratio	Earnings-to-Price-Ratio	Cash-Flow-to-Price-Ratio	Dividendenrendite
USA	6,79%	6,71%	6,66%	3,73%
Japan	9,85%	7,47%	9,29%	9,54%
Großbritannien	4,62%	2,65%	3,89%	2,90%
Frankreich	7,64%	6,98%	6,86%	8,88%
Deutschland	2,75%	0,55%	8,13%	-0,43%
Italien	-5,99%	-5,37%	10,69%	-2,61%
Niederlande	2,30%	5,11%	-0,19%	0,41%
Belgien	4,39%	2,22%	4,44%	2,91%
Schweiz	3,49%	1,54%	2,53%	2,18%
Schweden	8,02%	8,19%	4,58%	4,83%
Australien	12,32%	9,67%	14,29%	7,79%
Hong Kong	7,16%	4,99%	9,09%	0,35%
Singapur	9,67%	2,09%	5,39%	2,46%

Mit Ausnahme der Berechnungen auf Basis der Bewertungskennzahl Dividendenrendite, die im Falle von Deutschland zu einer negativen Überrendite des Value-Portfolios führt, ergibt sich ein Value-Effekt für zwölf der Aktienmärkte, wobei der

Effekt auch innerhalb Europas unterschiedlich stark ausfällt. Ähnliche Untersuchungen bezüglich des Value-Effektes, wie die von Capaul/Rowley/Sharpe [1993], Arshanapalli/Coggin/Doukas [1998] sowie Arshanapalli /Coggin/Doukas/Shean [1998], bestätigen die Ergebnisse, wobei jeweils kürzere Untersuchungszeiträume betrachtet werden. Senchack/Martin [1987] zeigen in ihrer Untersuchung von 450 amerikanischen Unternehmen anhand der Price-to-Sales-Ratio, dass Value-Aktien (Aktien mit niedriger Price-to-Sales-Ratio) risikoadjustierte Überrenditen erbringen und bestätigen somit ebenfalls den Value-Effekt.

Jaffe/Keim/Westerfield [1989] bestimmen im Zeitraum von 1951 bis 1986 den Einfluss von Marktkapitalisierung und Kurs-Gewinn-Verhältnis auf die Renditen amerikanischer Aktien. Insofern werden sowohl Size- als auch Value-Effekt untersucht. Beide Effekte werden bestätigt; zusätzlich stellen die Autoren fest, dass der Value-Effekt in sämtlichen Monaten des Jahres feststellbar ist, während der Size-Effekt nur im Januar auftritt. Insofern wird ein Zusammenhang zu anderen Kapitalmarktanomalien[106] hergestellt. Peters [1991] führt Value- und Growth-Indikatoren zusammen und verwendet die Price-Earnings-Growth-Ratio (PEG-Ratio), zu deren Berechnung das Kurs-Gewinnverhältnis durch das erwartete Gewinnwachstum dividiert wird. Es gelingt ihm, innerhalb des Growth-Segments eine weitere Klassifizierung vorzunehmen. Im Zeitraum von 1982 bis 1989 ergeben sich für Growth-Aktien mit niedriger PEG-Ratio deutliche Überrenditen gegenüber dem gesamten Growth-Segment sowie gegenüber dem S&P500-Index.

Bezüglich des bereits erwähnten Momentum-Stils, bei dem insbesondere in Titel mit historisch überdurchschnittlichen Renditen investiert wird, existieren ebenfalls empirische Erkenntnisse. Meier/Bertolotti [1995] erhalten für Momentum-Strategien, die die in den vergangenen zwölf Monaten „erfolgreichen" Aktien in das Portfolio integrieren, signifikant positive Überrenditen in den folgenden sechs Monaten, wobei diese Effekte in den USA und Großbritannien am stärksten ausgeprägt sind. Rouwenhorst [1998] bestätigt diese Ergebnisse für zwölf europäische Länder. Die schwächsten, aber noch positiven Momentum-Effekte zeigen sich dabei für Schweden, die Schweiz und Deutschland. DeBondt/Thaler [1985] und [1987] betrachten längere Testperioden und finden negative Momentum-Effekte. Die durch ihre Ergebnisse unterstützte Hypothese der Überreaktion von Finanzmärkten zählt zu den Ansätzen aus

---

[106] Vgl. Kapitel 3.4 dieser Arbeit.

dem Bereich der Behavioral Finance, die als Begründung für die empirisch nachgewiesenen Anomalien dienen können und im Folgenden näher betrachtet werden.

3.6.3 Gründe für Performanceunterschiede zwischen Investmentstilen

Zu den Ursachen für die empirisch nachgewiesenen Renditeanomalien, die im vorigen Kapitel näher betrachtet worden sind, existieren mehrere Erklärungsansätze.[107] Die erwähnten Investmentstileffekte können entweder durch Zufallsereignisse, durch Risikoprämien, die vom verwendeten Bewertungsmodell nicht korrekt erfasst werden, oder durch Marktineffizienzen, die zu tatsächlichen Renditeunterschieden führen, entstehen bzw. erklärt werden.

Die Erklärungsvariante der Stileffekte durch Zufallsereignisse besagt, dass Datenfehler, statistische Fehler oder die gezielte Auswahl von Daten anhand des vorgegebenen gewünschten Ergebnisses (Data Mining) dafür verantwortlich sind, dass sich scheinbare Zusammenhänge zwischen Bewertungskennzahlen und Renditen bzw. Renditeunterschieden ergeben. Insofern dürfte es über mehrere Untersuchungen hinweg nicht zu identischen, sich wiederholenden Ergebnissen kommen. Die relativ klare Dokumentation des Value-Effekts weltweit sowie des Size-Effekts in den USA und Großbritannien entkräften diese Argumentation jedoch weitgehend.
Eine weitere Theorie zum Einfluss des Zufalls auf die Existenz von Stileffekten bezieht sich insbesondere auf Studien, in denen versucht wird, die Gesamtheit von Aktien eines Investmentstils aus Datenbanken herauszufiltern. Dabei werden zumeist, sei es durch den Auswahlprozess für die Aktien oder den Aufbau der Datenbank bedingt, Aktiengesellschaften, die in Konkurs gegangen und deren Aktien infolgedessen nicht mehr notiert werden, nicht mehr berücksichtigt. Verglichen mit dem im folgenden Kapitel näher betrachteten Survivorship Bias bei Managerdatenbanken kann diese Problematik als Survivorship Bias auf Aktienebene bezeichnet werden. Falls sich die Konkursquote bei Small Caps (bzw. Value-Aktien) höher als bei Large Caps (bzw. Growth-Aktien) darstellt, könnte der angesprochene Survivorship Bias die beobachteten Durchschnittsrenditen verzerren und somit zu einem nur scheinbaren Size-Effekt (bzw. Value-Effekt) beitragen. Kothari/Shanken/Sloan [1995] überprüfen den Einfluss dieser

[107] Vgl. Lofthouse [2001], Kapitel 13.

Verzerrung auf die Größenordnung der Stileffekte. Dabei kann allerdings nur ein kleiner Teil der gemessenen Renditeunterschiede durch Survivorship Bias erklärt werden, so dass auch dieser Erklärungsansatz größtenteils entkräftet wird.

Die Erklärung von Stileffekten über den Risikoprämien-Ansatz bezieht sich auf das zur Bestimmung von Renditedifferenzen verwendete Kapitalmarktmodell. Das CAPM ist nach dieser Argumentation nicht in der Lage, die Risiken der untersuchten Aktien korrekt zu erfassen. Value- und Size-Effekt können beispielsweise dadurch erklärt werden, dass Value-Aktien (bzw. Small Caps) ein im Vergleich zu Growth-Aktien (bzw. Large Caps) höheres Risiko, das durch das Bewertungsmodell nicht erfasst wird, aufweisen und sich deshalb auch dauerhaft durch eine höhere Rendite auszeichnen. Die zahlreichen empirischen Untersuchungen, die die beobachteten Stileffekte über verschiedene Perioden und auf vielen Märkten dauerhaft nachweisen, unterstützen vor allem diese Erklärungsvariante. Insbesondere die Erkenntnisse von Fama/French [1992], die zeigen, dass das Beta als der Maßstab für das systematische Risiko aus dem CAPM die gemessenen Renditen nicht zu erklären vermag, haben dazu beigetragen, dass Rendite und Risiko im Rahmen von Untersuchungen zu Investmentstilen nicht mehr über einfache CAPM-Modelle (mit einem einzigen Risikofaktor), sondern über Multifaktormodelle, die sich an die von Ross [1976] entwickelte Arbitrage-Pricing-Theorie (APT) anlehnen, gemessen werden. In diesen Modellen bestimmen erwartete Renditen auf eine von vornherein nicht beschränkte Anzahl von Faktorrisikoprämien die erwartete Rendite einer Aktie. Als Faktoren, die die Grundform der APT nicht spezifiziert, werden häufig volkswirtschaftliche Indikatoren (Wachstumsprognosen, Zinssätze, Inflationserwartungen) oder auch die zur Identifizierung von Investmentstilen verwendeten Bewertungskennzahlen verwendet. Fama/French [1993] erklären in ihrem Modell die erwarteten Aktienrenditen durch die Differenzrendite eines Marktportfolios und einer risikofreien Anlage, die Differenzrendite eines Small-Cap-Portfolios und eines Large-Cap-Portfolios (anhand der Marktkapitalisierung bestimmt) und die Differenzrendite eines Growth-Portfolios und eines Value-Portfolios, die anhand des Buchwert/Marktwert-Verhältnisses bestimmt werden.[108] Die Aufnahme der beiden zusätzlichen Risikofaktoren beruht auf der Argumentation, dass Aktiengesellschaften mit niedrigem Buchwert/Marktwert-Verhältnis sich in höherer Konkursgefahr als

---

[108] Ein ähnliches Faktormodell wird auch im Rahmen der empirischen Untersuchung in Kapitel 4 dieser Arbeit verwendet.

Aktiengesellschaften mit hohem Buchwert/Marktwert-Verhältnis befinden. Eine höhere Konkursgefahr ist gemäß Fama/French besonders bei kleineren Unternehmen (Small Caps) zu verzeichnen, die aufgrund ihrer mangelnden Profitabilität erst zu kleinen Unternehmen geworden sind.

Nach diesem Erklärungsansatz verlangen Investoren folglich sowohl für Value-Aktien wie auch für Small Caps größere Risikoprämien, die zu den im Rahmen des Size- bzw. Value-Effekts auftretenden Renditeunterschieden führen. Die durchgeführten empirischen Untersuchungen von Fama/French [1993] und [1996] bestätigen, dass das vorgeschlagene Modell erfolgreich die gemessenen Renditen und damit den Size- und den Value-Effekt erklären kann[109], wobei das Modell jedoch nicht in der Lage ist, auch Momentum-Effekte zu erklären.

Die dritte Möglichkeit, Stileffekte zu erklären, beruht auf der Annahme, dass die den Untersuchungen zugrunde liegenden Märkte nicht vollständig effizient sind und es aufgrund von Fehlern in der Auswertung und Verarbeitung von Informationen zu Fehlbewertungen kommen kann. Dieser Erklärungsansatz ist somit an die Erkenntnisse der Behavioral Finance angelehnt, die Renditeanomalien durch nicht rationales Verhalten der Investoren zu erklären versucht. Die vorgestellten Ansätze aus dem Bereich der Behavioral Finance sind dabei jeweils speziell für die Erklärung bestimmter Anomalien entwickelt worden und bilden keinen zusammenhängenden Modellrahmen wie z.B. das CAPM.

Den Ausgangspunkt zur Erklärung des Value-Effektes bildet die Überzeugung, dass sich Investoren bzw. Analysten bei der Ermittlung der erwarteten Wachstumsraten für ein Unternehmen zu stark auf historische Wachstumsraten stützen und somit hohe historische Wachstumsraten in die Zukunft fortschreiben, ohne sich an einem langfristigen Durchschnitt zu orientieren.[110] Im Ergebnis werden dadurch die erwarteten Wachstumsraten von Growth-Aktien zu hoch und die erwarteten Wachstumsraten von Value-Aktien zu niedrig veranschlagt. Da die Aktienkurse diese verzerrten Erwartungen reflektieren, kommt es im Falle von tatsächlichen Wachstumsraten, die bei Growth-Aktien dann niedriger als erwartet ausfallen, zu geringeren als den erwarteten Renditen, bei Value-Aktien entsprechend zu höheren Renditen. Diese Argumentationsweise steht im Widerspruch zur Theorie der effizienten Märkte und auch zu risikobasierten

[109] In der Untersuchung von 1996 dienen zur Bildung der Value- und Growth-Portfolios auch das Kurs-Gewinn-Verhältnis und die Cash-Flow-to-Price Ratio, was die Ergebnisse jedoch nicht verändert.
[110] Vgl. Daniel/Hirshleifer/Subrahmanyam [2001].

Bewertungsansätzen, da Investoren in diesem Fall durch Value-Strategien größere Renditen erzielen können, ohne ein erhöhtes Risiko tragen zu müssen. Lakonishok/Shleifer/Vishny [1994] überprüfen diese Theorie anhand US-amerikanischer Aktien im Zeitraum von 1968 bis 1989.[111] Zu diesem Zweck werden jährlich Value- und Growth-Portfolios (die Autoren bezeichnen letztere als Glamour-Portfolios) gebildet, in einer Untersuchungsreihe anhand des Buchwert/Marktwert-Verhältnisses, in einer anderen anhand der Cash-Flow-to-Price-Ratio und des historischen Umsatzwachstums. Ein Vergleich der historischen Wachstumsraten des Gewinns und des Cash-Flows (Durchschnitt der vergangenen fünf Jahre) mit den in den folgenden fünf Jahren erzielten Wachstumsraten dokumentiert, dass die durchschnittlichen Wachstumsraten der Growth-Portfolios in beiden Untersuchungsreihen jeweils deutlich absinken und die Wachstumsraten der Value-Portfolios jeweils deutlich zunehmen. Dies stellt ein Anzeichen dafür dar, dass das unreflektierte Übertragen von historischen Wachstumsraten auf die Zukunft zu dem beschriebenen Über- bzw. Unterschätzen der Wachstumsraten führt. Die Untersuchungen werden abgeschlossen mit einer Analyse der Fragestellung, inwieweit Value-Aktien gemäß des Risikoprämien-Ansatzes zur Erklärung des Value-Effekts ein höheres Risiko aufweisen. Ein eventuell höheres Risiko sollte sich darin äußern, dass in wirtschaftlichen Abschwungphasen, in denen der Grenznutzen des Vermögens der Investoren vergleichsweise hoch ist[112], Value-Aktien eine geringere Rendite als im Durchschnitt erzielen. Vor diesem Hintergrund werden vier Rezessionsphasen[113] in den USA untersucht. Es zeigt sich, dass in allen Rezessionsphasen außer der Rezessionsphase in 1980 Value-Strategien höhere Renditen als Growth-Strategien erbringen und auch bei fallenden Aktienmärkten jeweils besser als Growth-Strategien abschneiden, was im Widerspruch zum Risikoprämienansatz steht.

Eine Fortsetzung der Untersuchung auf der gleichen Daten- und Methodenbasis stellt die Veröffentlichung von La Porta/Lakonishok/Shleifer/Vishny [1997] dar. Sie weisen anhand einer Analyse der Renditen von Value-Aktien nach der Veröffentlichung von Unternehmensnachrichten, die Wachstumsraten für Gewinne und Umsatz enthalten,

[111] In der Untersuchung wird zunächst das Vorhandensein des Value-Effekts im verwendeten Datensatz nachgewiesen und gezeigt, dass Value-Aktien im Durchschnitt eine niedrigere Marktkapitalisierung aufweisen als Growth- bzw. Glamour-Aktien, d.h. der Size-Effekt den Value-Effekt nicht ursächlich bedingt.

[112] Vgl. Lakonishok/Shleifer/Vishny [1994], S.1564.

[113] Das National Bureau of Economic Research weist folgende Perioden als Rezessionsphasen in den USA aus: 12/1969 bis 11/1970, 11/1973 bis 03/1975, 01/1980 bis 07/1980 sowie 07/1981 bis 11/1982. Vgl. Lakonishok/Shleifer/Vishny [1994], S.1567.

nach, dass Investoren durch die Unternehmensnachrichten systematisch positiv überrascht werden, was sich in höheren Renditen widerspiegelt.
Kritiker des auf Marktineffizienzen beruhenden Ansatzes mögen einwenden, dass ein dauerhafter, nicht auf unterschiedlichen Risikoprämien beruhender Value-Effekt durch Arbitragegeschäfte verschwinden müsste. Die Gegenposition dazu ergibt sich nach Lofthouse [2001] aus dem der Behavioral Finance entliehenen Konzept der Repräsentativität, das besagt, dass Menschen Ereignisse als repräsentativ für eine bestimmte, bekannte Ereignisklasse kategorisieren und ihre eigene Kategorisierung überbewerten. Auf den Kontext der Investmentstile übertragen, bedeutet dies, dass beobachtete bzw. historisch hohe Gewinnwachstumsraten als solche Kategorisierungskriterien verwendet und auch auf die Zukunft übertragen werden. Als Folge werden insbesondere Growth-Aktien von den Investoren für attraktiv gehalten, während Value-Aktien nicht berücksichtigt werden.
Das zweite Argument besagt, dass insbesondere professionelle Portfoliomanager dazu neigen, ähnliche, an attraktiv erscheinenden Growth-Aktien orientierte Strategien zu verfolgen, um nicht für eventuelle Fehler zur Verantwortung gezogen werden zu können, die besonders offensichtlich wären, wenn stark (von anderen Portfoliomanagern) abweichende Strategien realisiert würden. Dieses Verhaltensmuster wird auch als Herding bezeichnet.[114]

Ein Erklärungsmodell für die Überrendite von Aktien niedrig kapitalisierter Unternehmen gegenüber Aktien höher kapitalisierter Unternehmen (Size-Effekt) stellt der „Neglected Firm Effect" dar. Niedrig kapitalisierte Gesellschaften (Small Caps) werden nach dieser Theorie weit weniger intensiv analysiert als höher kapitalisierte, da bei externen Analysefirmen die Kosten der Wertpapieranalyse durch Kommissionen aus dem zu erwartenden Ordervolumen gedeckt werden. Ein bei Small Caps besonders niedriges erwartetes Ordervolumen begrenzt das zur Verfügung stehende Research-Budget von vornherein und führt zu einer Vernachlässigung der Small-Cap-Aktien. Somit stehen dem Investor vergleichsweise wenige Informationen über kleine Unternehmen zur Verfügung. Dadurch erhöht sich das für den Investor mit der Anlage in Small Caps verbundene Risiko, insbesondere auch das systematische, nicht diversifizierbare Risiko, wodurch eine höhere Rendite von Small Caps zu begründen wäre. Beard/Sias [1997] überprüfen diesen Ansatz anhand von mehr als 7000

[114] Vgl. hierzu Grinblatt/Titman/Wermers [1995], Chevalier/Ellison [1998] und [1999].

Aktiengesellschaften im Zeitraum von 1982 bis 1995 und bestätigen ihn insofern, als dass Gesellschaften, die nicht durch Wertpapieranalysten beobachtet werden, Überrenditen gegenüber beobachteten Unternehmen aufweisen.

3.7 Das Fundamentale Gesetz des aktiven Managements und seine Bedeutung für Multimanageransätze

Obwohl anhand der bisherigen Ergebnisse gezeigt worden ist, dass die prinzipielle Möglichkeit besteht, erfolgreich aktives Portfoliomanagement zu betreiben, ist die Fragestellung, inwieweit der zu erwartende Erfolg eines aktiven Portfoliomanagers quantifiziert bzw. prognostiziert werden kann, noch nicht näher betrachtet worden. Das Fundamentale Gesetz des aktiven Managements[115] postuliert einen Zusammenhang von Prognosequalität und Prognosehäufigkeit, der den potentiellen Erfolg aktiver Strategien determiniert.

Ausgangspunkt bzw. Zielgröße ist ein Performancemaß, das die aktive Rendite eines Portfolios ins Verhältnis zu dem mit der Erzielung der aktiven Rendite verbundenen Risiko (Tracking Error) setzt. Treynor/Black [1973] bezeichnen diesen Quotienten als Appraisal Ratio. Synonym wird die Bezeichnung Information Ratio verwendet.[116] Im Gegensatz zur Verwendung der aktiven Rendite als Performancemaß ermöglicht die Information Ratio eine Betrachtung der Leistungen des aktiven Portfoliomanagers auf risikoadjustierter Basis. Eine solche Betrachtung erscheint besonders sinnvoll, da ohne Abweichungen von der vorgegebenen Benchmark, d.h. ohne die Inkaufnahme von Risiken, keine positiven aktiven Renditen erzielt werden können. Dabei muss unterschieden werden, ob die Information Ratio (IR) eines Portfolios ex post oder ex ante betrachtet wird. Die ex-post-Information Ratio beurteilt die von einem Portfoliomanager erzielten Ergebnisse und kann anhand realisierter Werte für die annualisierte aktive Rendite (α) und deren annualisierte Standardabweichung der aktiven Rendite (Tracking Error) berechnet werden.[117]

(7) Information Ratio (ex post) $$IR = \frac{\alpha}{TE} = \frac{\alpha}{\sigma(\alpha)}$$

[115] Vgl. Grinold/Kahn [2000], Ch. 6, Grinold [1989], Grinold/Kahn [1992] sowie Thomas [2000].

[116] Vgl. Goodwin [1998].

[117] Da die aktive Rendite mit dem Faktor t (Zeit) und die Standardabweichung der aktiven Rendite mit dem Faktor $\sqrt{t}$ wächst, nimmt die ex-post-Information Ratio ebenfalls mit dem Faktor $\sqrt{t}$ zu.

Während die ex-post-Information Ratio also erzielte und damit historische Anlageergebnisse beurteilt, kann die ex-ante-Information Ratio als Maß für das Erfolgspotenzial einer aktiven Strategie angesehen werden. Sie ergibt sich als Quotient der Erwartungswerte für die beiden Größen (jeweils annualisiert).

(8) Information Ratio (ex ante) $$IR = \frac{E[\alpha]}{E[TE]} = \frac{E[\alpha]}{E[\sigma(\alpha)]}$$

Im Rahmen des Fundamentalen Gesetzes des aktiven Managements gelingt es, die ex-ante-Information Ratio durch zwei andere Parameter zu beschreiben, um so eine Beurteilung des Potenzials aktiver Strategien vornehmen zu können. Die Formel für den Zusammenhang lautet:

(9) $$IR = IC * \sqrt{BR}$$

Sie besagt, dass das Potenzial eines Managers, eine risikoadjustierte Überrendite (IR) zu erzielen, von seiner Prognosefähigkeit (IC) und der Prognosehäufigkeit (BR) abhängt. Die Prognosefähigkeit wird dabei durch den Informationskoeffizienten (Information Coefficient) gemessen, der die Korrelation zwischen den durch den aktiven Manager vorgenommenen Prognosen und den tatsächlichen Realisierungen misst. Der IC bewertet mithin das Können des Portfoliomanagers bei der Voraussage von aktiven Renditen und liegt als Korrelation zwischen -1 und 1. BR (=Breadth) gibt die Anzahl unabhängiger aktiver Prognosen an, die der Portfoliomanager in Investmententscheidungen (Über- bzw. Untergewichtungen) pro Jahr umsetzt, und stellt somit ein Maß für die Diversifikation der getroffenen Entscheidungen dar.[118]

Die folgende Abbildung veranschaulicht den Zusammenhang für Strategien, die jeweils eine Information Ratio von 0,5 aufweisen.

[118] Eine Untersuchung zum Einfluss der Anzahl diversifizierter Anlageentscheidungen auf die Stetigkeit aktiver Portfoliorenditen erfolgt bei Stewart [1998]. Stewart zeigt, dass zahlreiche diversifizierte Über- und Untergewichtungen (Wetten) die Stetigkeit positiver aktiver Renditen erhöhen und bestätigt dieses Ergebnis anhand zweier Testportfolios mit 175 bzw. 1527 Portfolios im Zeitraum von 1978 bis 1996.

Abbildung 3-2

Fundamentales Gesetz des aktiven Managements (Quelle: Grinold/Kahn [2000])

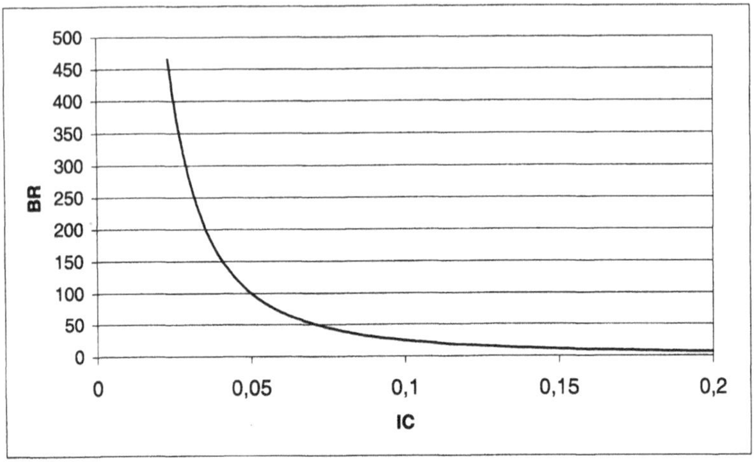

Da sämtliche auf dem Graphen liegenden Kombinationen aus Prognosefähigkeit und Prognosehäufigkeit den gleichen erwarteten Erfolg (gemessen als Information Ratio) implizieren, ist es möglich, verschiedene Portfoliomanagement-Strategien miteinander zu vergleichen und Anforderungen an die Fähigkeiten des Portfoliomanagers zu formulieren. Ein auf Markttiming spezialisierter Portfoliomanager, der im Rahmen der Vermögensverwaltung am Anfang und zur Mitte eines jeden Quartals anhand volkswirtschaftlicher Daten die Entwicklung seines Benchmarkportfolios prognostiziert und danach sein zu verwaltendes Portfolio ausrichtet, trifft beispielsweise acht unabhängige Voraussagen pro Jahr (BR = 8). Um eine Information Ratio von 0,5 erreichen zu können, benötigt er einen Informationskoeffizienten (eine Prognosefähigkeit) von ca. 0,18. Verfolgt ein Portfoliomanager, der sich auf Titelselektion spezialisiert hat[119], dagegen ein relativ großes Universum von 100 Aktien und gibt für jede Aktie eine Quartalsprognose ab, die er in Über- bzw. Untergewichtungen überführt, beträgt seine Prognosehäufigkeit 400. Um eine Information Ratio von 0,5 zu erzielen, würde er lediglich eine Prognosefähigkeit von rund 0,025 benötigen.

[119] Ein solcher Portfoliomanager kann auch als Stock Picker bezeichnet werden.

Die Wirkungen einer erhöhten Prognosehäufigkeit auf den Gesamterfolg einer Strategie zeigt auch ein Beispiel aus dem Bereich des Glücksspiels, das es zugleich erlaubt, die Gültigkeit der Formel des Gesetzes zu überprüfen.[120] Beim Roulette beträgt die erwartete Überrendite α für die Bank bei einem Einsatz von einer Vermögenseinheit auf Rot oder Schwarz:

(10) $$E[\alpha]=\frac{19}{37}*1+\frac{18}{37}*(-1)\approx 0{,}027027$$

Dabei wird vorausgesetzt, dass ein grünes Feld (Zero) auf der Roulettescheibe existiert und die Bank bei Zero alle Einsätze gewinnt.

Die erwartete Standardabweichung der durchschnittlichen aktiven Rendite bei einmaliger Durchführung des Spiels beträgt:

(11) $$E[\sigma(\alpha)]=\sqrt{E[\alpha^2]-[E[\alpha]]^2}$$

$$=\sqrt{\left(\frac{19}{37}*1^2+\frac{18}{37}*(-1)^2\right)-\left(\frac{1}{37}\right)^2}=\sqrt{1-\left(\frac{1}{37}\right)^2}\approx 0{,}999635$$

Für die Information Ratio als Quotient der beiden Parameter ergibt sich daraus folgend ein Wert von 0,02704. Anhand der Berechnungsformel des Fundamentalen Gesetzes beträgt die Information Ratio 0,02703 (die „Prognosefähigkeit" beträgt 1/37, die „Prognosehäufigkeit" 1).

Wird das Spiel nun eine Million Mal wiederholt, bleibt E[α] gleich groß, während die Standardabweichung drastisch sinkt (mit dem Faktor $\frac{1}{\sqrt{n}}=\frac{1}{\sqrt{1000000}}=0{,}001$). Die Information Ratio steigt dadurch auf 27,04. Die Berechnungsformel des Gesetzes liefert mit IC = 1/37 und BR = 1000000 einen Wert von 27,03. Neben den Möglichkeiten, die eine Erhöhung der Anzahl der durchgeführten Spiele (Prognoseumfang im Kontext des Portfoliomanagements) bietet, demonstriert der außerordentlich hohe Wert für die Information Ratio auch die hohe Profitabilität eines Kasinos aus Sicht des Betreibers.

Aus den Betrachtungen ergeben sich wichtige Implikationen für den Portfoliomanagementprozess. Vorausgesetzt, der Portfoliomanager verfügt über

[120] Vgl. Grinold/Kahn [2000], S.150f.

Prognosefähigkeiten (IC>0), lohnt es sich, so viele unabhängige Prognosen wie möglich vorzunehmen und in Portfolioentscheidungen umzusetzen, sofern die Prognosefähigkeit dadurch nicht absinkt. Market-Timing-Strategien erscheinen bei gegebener, konstanter Prognosequalität aufgrund der geringen Prognosehäufigkeit weniger erfolgversprechend als Stock-Picking-Strategien. Nur durch höhere Prognosequalität können Market-Timing-Strategien entsprechend im Vergleich zu Stock-Picking-Strategien ähnlich erfolgversprechend sein. Im Rahmen von Stock-Picking-Strategien (mit hoher Prognosehäufigkeit) ist generell nur eine vergleichsweise geringe Prognosequalität nötig, um eine signifikante risikoadjustierte Überrendite zu erzielen.

Bei der Interpretation des Fundamentalen Gesetzes des aktiven Managements muss beachtet werden, dass dem postulierten Zusammenhang mehrere Annahmen zugrunde liegen. Zunächst muss davon ausgegangen werden, dass Portfoliomanager über bestimmte Fähigkeiten, die durch den Informationskoeffizienten quantifizierbar gemacht werden können, verfügen und dass diese Fähigkeiten für sämtliche Über- und Untergewichtungen gleich groß sind.[121]

Des Weiteren wird vorausgesetzt, dass sämtliche Prognosen unabhängig voneinander erfolgen. Dies bedeutet, dass sich ein Portfoliomanager nicht mehrmals an derselben Information bzw. an mehreren miteinander korrelierten Informationen orientiert und auf dieser Basis Über- bzw. Untergewichtungen vornimmt. Diese Annahme ist sehr weitgehend. Monatliche Anpassungen eines Portfolios auf Basis einer Jahresprognose für die Entwicklung eines bestimmten Industriezweiges stellen beispielsweise im Sinne des Fundamentalen Gesetzes keine zwölf unabhängigen Prognosen dar. Eine Prognose zur gesamtwirtschaftlichen Entwicklung und eine Prognose zur Entwicklung eines konjunktursensitiven Unternehmens bilden zwei miteinander korrelierte Informationen, die ebenfalls nicht zwei unabhängige Prognosen im Sinne des Fundamentalen Gesetzes darstellen.
Auch für Multimanager, die ein Portfolio konstruieren, das aus von mehreren Portfoliomanagern verwalteten Unterportfolios besteht, hat die Annahme unabhängiger Prognosen Auswirkungen. Im Sinne des Fundamentalen Gesetzes ist es für den

[121] Grinold/Kahn [2000] zeigen, wie unterschiedliche Niveaus von Prognosefähigkeit und Prognosehäufigkeit die Information Ratio des Gesamtportfolios beeinflussen (vgl. S.157). Die Gesamt-IR eines Portfolio ergibt sich für n Strategien als $IR = \sqrt{\sum_{i=1}^{n} IR_i^2}$.

Multimanager wichtig, Portfoliomanager zu selektieren, deren Prognosen möglichst unkorreliert sind. Dies wird insbesondere durch die in Kapitel 2 und 5 dieser Arbeit beschriebene Stildiversifikation erreicht, bei der Portfolios, die unterschiedliche Investmentstile verkörpern, kombiniert werden.

Schließlich impliziert das Fundamentale Gesetz des aktiven Managements auch, dass die Umsetzung von Prognosen in Portfolios optimal, d.h. ohne Restriktionen, erfolgt. Die berechnete Information Ratio stellt somit das bestmögliche Anlageergebnis dar, was die Portfoliostrategie erbringen kann. Sämtliche Restriktionen, denen sich ein Portfoliomanager gegenüber sieht, mindern den potenziellen Erfolg seiner Strategie. Das Verbot von Leerverkäufen oder die Auferlegung von maximalen Investitionsquoten bzw. maximalen Abweichungen von der Benchmark stellen solche, in der Praxis verbreiteten Einschränkungen dar. Clarke/deSilva/Wander [2002] sowie Clarke/deSilva/Thorley [2002] entwickeln vor diesem Hintergrund das Fundamentale Gesetz des aktiven Managements weiter und führen den sog. Transfer Coefficient (TC) in die Berechnungsformel ein. Abbildung 3-3 veranschaulicht die Bedeutung des Transfer Coefficients bei der Generierung von aktiven Renditen.

Abbildung 3-3

Zusammenhang zwischen Prognosen, aktiven Gewichtungen und realisierten Renditen (Quelle: Clarke/deSilva/Thorley [2002])

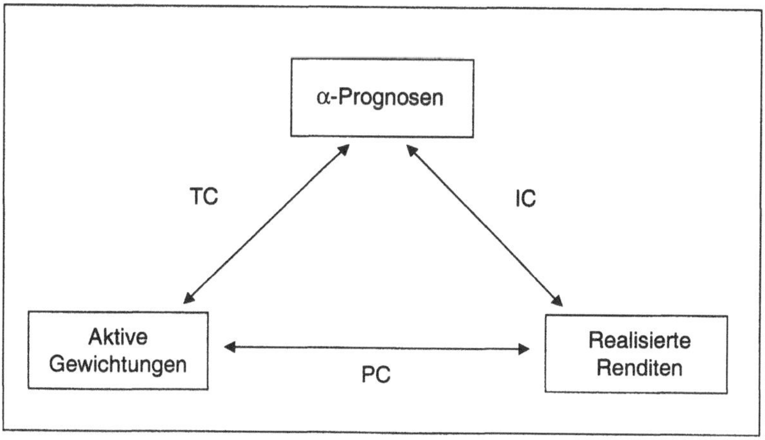

Der Transfer Coefficient misst die Korrelation zwischen den Renditeprognosen des Portfoliomanagers und den tatsächlich im Portfolio vorgenommenen aktiven Gewichtungen und stellt damit ein Maß für die stringente Umsetzung der Prognosen in aktive Gewichtungen dar. Ein Transfer Coefficient von 1 liegt vor, wenn der Portfoliomanager keinerlei Restriktionen beachten muss und seine Informationen somit optimal umsetzen kann.

Der Informationskoeffizient (IC) als Korrelation zwischen Prognosen und realisierten Renditen ist bereits aus der Grundform des Fundamentalen Gesetzes bekannt. Der Performance Coefficient (PC) beschreibt die Korrelation zwischen aktiven Gewichtungen und realisierten Renditen und entspricht ungefähr dem Produkt aus Transfer Coefficient und Informationskoeffizienten.[122] Die erweiterte Form des Fundamentalen Gesetzes des aktiven Managements lautet daher:

(12) $$IR = IC * TC * \sqrt{BR}$$

Für den Fall eines Transfer Coefficients kleiner eins wird demnach das Erfolgspotenzial einer aktiven Strategie (gemessen als Information Ratio) reduziert. Clarke/deSilva/Thorley [2002] testen die Erweiterung des Fundamentalen Gesetzes anhand einer Monte-Carlo-Simulation, in die verschiedene Restriktionen (Verbot von Short-Positionen, Neutralität des Portfolios hinsichtlich der Marktkapitalisierung bzw. Dividendenrendite im Vergleich zur Benchmark, Beschränkungen des Umsatzvolumens sowie Kombinationen dieser Restriktionen) aufgenommen werden, und ermitteln die in der Tabelle 3-3 aufgeführten Transfer Coefficients.

Die errechneten Werte beziehen sich jeweils auf ein aktives Risiko des Gesamtportfolios von 5% p.a. und sind jeweils deutlich niedriger als im „optimalen" Fall ohne Restriktionen. Die Kombination von Restriktionen wirkt sich in nochmals niedrigeren Koeffizienten aus.

Ein höheres aktives Risiko führt bei weiteren Untersuchungen in allen Fällen erwartungsgemäß zu niedrigeren Transfer Coefficients. Dies liegt daran, dass die Restriktionen sich bei größerem Risiko (Abweichen von der Benchmark) eher in den Portfoliopositionen widerspiegeln als bei nur geringem Abweichen von der Benchmark.

---

[122] Zur Herleitung dieses Zusammenhangs sowie der Erweiterung des Fundamentalen Gesetzes vgl. Clarke/deSilva/Thorley [2002], S.64.

Tabelle 3-3

Transfer Coefficients für verschiedene Restriktionen

(Quelle: Clarke/deSilva/Thorley [2002])

Restriktionen	Transfer Coefficient
Keine	0,98
Verbot von Short-Positionen	0,58
Verbot von Short-Positionen und Neutralität hinsichtlich der Marktkapitalisierung	0,47
Beschränktes Umsatzvolumen (50%)	0,73
Beschränktes Umsatzvolumen (25%)	0,49
Verbot von Short-Positionen, Neutralität hinsichtlich der Marktkapitalisierung und Dividendenrendite, beschränktes Umsatzvolumen (50%)	0,31

Vor dem Hintergrund der Erkenntnisse von Clarke/deSilva/Thorley [2002] lassen sich auch die Ergebnisse einer Untersuchung von Oertmann/Zimmermann [1997] erklären. Sie testen das Fundamentale Gesetz anhand einer Strategie, bei der die erwartete Kursentwicklung des Schweizer Aktienmarktes durch Veränderungen der Zinsstrukturkurve prognostiziert wird. Die Autoren bestätigen in der Tendenz den durch das Fundamentale Gesetz in seiner Grundform postulierten Zusammenhang, verzeichnen aber wesentlich geringere Information Ratios im Vergleich zu den mit der Formel berechneten Information Ratios. Während dieser Unterschied von den Autoren nicht vollständig begründet werden kann, zeigt eine Analyse der untersuchten Anlagestrategie im Hinblick auf die erweiterte Form des Fundamentalen Gesetzes, dass die Strategie einer Restriktion, nämlich einem Verbot von Leerverkäufen, unterliegt, was den Transfer Coefficient und somit auch die gemessenen Information Ratios reduziert und die Ergebnisse der Untersuchung erklärbar macht.

Darüber hinaus ist es möglich, das Fundamentale Gesetz des aktiven Managements auf die Multimanagerbene zu übertragen. Unter den Voraussetzungen, dass Portfoliomanager voraussagbar positive aktive Renditen generieren können und der Multimanager in der Lage ist, d.h. die Fähigkeit (gemessen als Informationskoeffizient) besitzt, diese potenziell erfolgreichen Manager zu identifizieren, kann er durch eine Erhöhung der Anzahl unkorrelierter Prognosen - in Bezug auf die von den Portfoliomanagern zu erwartenden Anlageergebnisse - sein Erfolgspotenzial (gemessen als ex-ante-Information Ratio) erhöhen.
Das Gebot, möglichst unkorrelierte Prognosen zu verwenden, beeinflusst auch die Gestaltung des Prozesses zur Managerselektion. Die Kombination von quantitativen und qualitativen Selektionskriterien im Rahmen der Managerselektion stellt eine Quelle für unkorrelierte Prognosen hinsichtlich der erwarteten Anlageergebnisse der einzelnen Portfoliomanager dar. Mit Ansätzen zur quantitativen und qualitativen Managerselektion beschäftigt sich das 4. Hauptkapitel.

3.8 Zusammenfassung

In diesem Kapitel wurde anhand einer theoretischen Analyse nachgewiesen, dass und unter welchen Voraussetzungen aktives Portfoliomanagement prinzipiell erfolgreich, d.h. passivem Portfoliomanagement überlegen, sein kann. Auch die Frage, welche Konsequenzen sich aus einem grundsätzlichen Zusammenhang im Hinblick auf das Erfolgspotenzial aktiver Portfoliomanagement-Strategien für die Auswahl und Kombination von Portfoliomanagern im Rahmen von Multimanageransätzen ergeben, wurde beantwortet.

- Aktives und passives Portfoliomanagement existieren in der Realität nebeneinander. In der Modellwelt des CAPM und der Theorie der effizienten Kapitalmärkte erscheint passives Portfoliomanagement, d.h. die Nachbildung des Marktportfolios, als der optimale Managementansatz. Fundamentale Kritik an beiden Konzepten führt zu der Schlussfolgerung, dass aktives Portfoliomanagement erfolgreich sein kann, sofern der Investor bzw. der von ihm ausgewählte Portfoliomanager über Informationen, die relevant für die Renditeentwicklung seiner Anlagen sind, und über die Fähigkeit verfügt, die Informationen zu analysieren und effizient in Portfolios umzusetzen..

- Abhängig vom Effizienzgrad verschiedener Wertpapiermärkte erscheint eine Kombination von aktivem und passivem Portfoliomanagement auch im Rahmen von Multimanageransätzen sinnvoll.

- Investmentstile stellen Segmente des Aktienmarktes dar, deren erwartetes Rendite-Risikoprofil anhand fundamentaler und technischer Charakteristika bestimmt werden kann. Zu den empirisch nachgewiesenen Anomalien, die der Theorie des CAPM entgegenstehen und die Basis vieler aktiver Portfoliomanagement-Strategien bilden, zählen der Size- und der Value-Effekt. Gründe für die signifikanten Performanceunterschiede zwischen den verschiedenen Investmentstilen können in Zufallseinflüssen, einer nicht vollständigen Erfassung der Rendite-Risiko-Profile von Aktien durch das CAPM sowie in Marktineffizienzen liegen.

- Das Fundamentale Gesetz des aktiven Managements, das auf Grinold/Kahn zurückgeht und durch Clarke/deSilva/Thorley [2002] weiterentwickelt wurde, demonstriert einen Zusammenhang zwischen dem Erfolgspotenzial einer aktiven Portfoliomanagement-Strategie, der Prognosefähigkeit eines Portfoliomanagers sowie der Prognosehäufigkeit. Verfügt der Portfoliomanager über einen positiven Informationskoeffizienten, lohnt es sich, so viele unabhängige Prognosen wie möglich vorzunehmen und in Portfolioentscheidungen umzusetzen, sofern die Prognosefähigkeit dadurch nicht absinkt.

- Unter den Voraussetzungen, dass Portfoliomanager voraussagbar positive aktive Renditen generieren können und der Multimanager in der Lage ist, d.h. die Fähigkeit besitzt, diese potenziell erfolgreichen Manager zu identifizieren, kann er durch eine Erhöhung der Anzahl unkorrelierter Prognosen - in Bezug auf die von den Portfoliomanagern zu erwartenden Anlageergebnisse - sein Erfolgspotenzial erhöhen.

4. Managerselektion

4.1 Zielsetzung und Einordnung des Kapitels

In diesem Kapitel sollen Methoden und Kriterien für die im Rahmen von Multimanageransätzen erforderliche Auswahl von Investmentmanagern untersucht werden. Quantitative und qualitative Selektion werden unterschieden, eine Literaturanalyse zu Persistenzstudien und eine umfangreiche empirische Untersuchung zur quantitativen Selektion durchgeführt. Abschließend werden Möglichkeiten zur Organisation der Managerselektion als ein Prozess, der quantitative und qualitative Elemente kombiniert, aufgezeigt.

Abbildung 4-1 gibt einen Überblick über die Rahmenbedingungen, mit denen sich der Investor bzw. Multimanager bei der Managerauswahl konfrontiert sieht. Die Aussagen, die die Abbildung zu verdeutlichen sucht, können als direktes Ergebnis der Untersuchungen in Kapitel 3 angesehen werden.

Abbildung 4-1

Rahmenbedingungen bei der Managerselektion

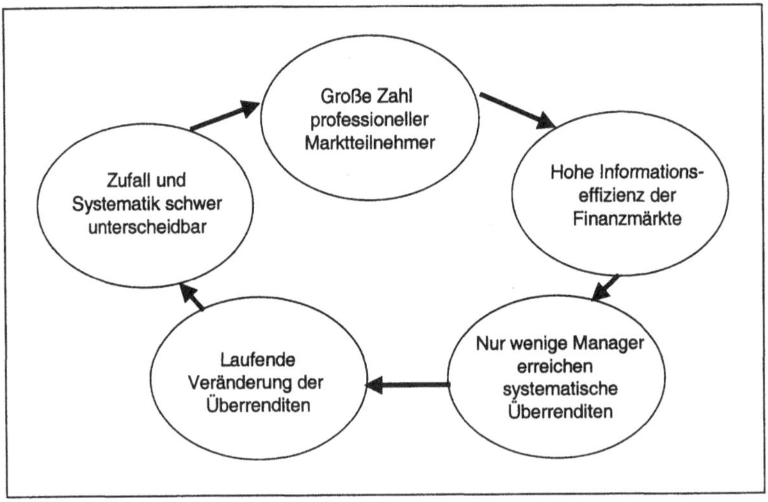

Die Problematik der Managerselektion liegt in der Grundstruktur des Marktes für Portfoliomanagement begründet. Berücksichtigt man, dass an den Finanzmärkten eine große Zahl professioneller Marktteilnehmer agiert, die durch Research und Arbitragegeschäfte für eine hohe (wenn auch nicht vollständige) Informationseffizienz der Finanzmärkte sorgen, ist der Investor bzw. Multimanager zunächst damit konfrontiert, dass nur wenige Portfoliomanager systematische und langfristige Überrenditen erzielen.[123]

Zur Überprüfung dieser argumentativen Folgerung wurde eine Kontrolluntersuchung mit Hilfe der Datenbank InvestBaseplus durchgeführt, in der sämtliche in Deutschland, Österreich und der Schweiz zugelassene, Privatanlegern zugängliche Investmentfonds (Publikumsfonds) erfasst sind. Die Datenbank wurde außerdem für die ausführliche empirische Untersuchung zur quantitativen Selektion verwendet.[124] Die durchschnittlichen Jahresrenditen sämtlicher Investmentfonds mit Anlageschwerpunkt „Aktien Deutschland" bzw. „Aktien Europa" wurden für den Dreijahreszeitraum von Oktober 1999 bis Oktober 2002 sowie für den Fünfjahreszeitraum von Oktober 1997 bis Oktober 2002 bestimmt und mit den Renditen der jeweiligen Benchmarks (MSCI Germany für Aktien Deutschland, MSCI Europe für Aktien Europa)[125] verglichen. Stellvertretend für die Ergebnisse, die sich vollständig im Anhang A.1 befinden, zeigt Abbildung 4-2 die Resultate für den Fünfjahreszeitraum in der Anlagekategorie Aktien Europa.

Es wird deutlich, dass der Durchschnitt der Fonds schlechtere Anlageergebnisse erbracht hat als der Index. Mit Ausnahme des Dreijahreszeitraumes für die Anlagekategorie Aktien Deutschland, in dem die Rendite des Fondsdurchschnittes um 0,1% über der des Index liegt, zeigen auch alle weiteren Analysen diese Tendenz. Sieht man die Anlageergebnisse des Index als Maßstab für die Anlageergebnisse einer passiven Anlagealternative an, so bestätigen die Untersuchungsergebnisse die Überlegungen von Sharpe [1991] (s. Kapitel 3.4).[126] Vor diesem Hintergrund kann also davon ausgegangen werden, dass nur wenige Manager überhaupt überdurchschnittliche Anlageergebnisse erzielen.

---

[123] Vgl. Kapitel 3.3 dieser Arbeit.

[124] Für weitere Informationen zum Aufbau der Datenbank InvestBaseplus vgl. Kapitel 4.4.1 dieser Arbeit.

[125] Beide Indizes decken jeweils 60% der Marktkapitalisierung des deutschen bzw. europäischen Aktienmarktes ab. Bei der Auswahl der Fonds für die Untersuchung wurde darauf geachtet, dass ausschließlich Fonds, die sich an dem jeweiligen MSCI-Index orientieren, einbezogen wurden. Diese Informationen konnten dabei anhand der Datenbank ermittelt werden.

[126] Hierbei ist allerdings zu bedenken, dass in der Untersuchung keine volumengewichtete Durchschnittsbildung erfolgt ist, sondern jeder Fonds gleichgewichtig in die Durchschnittsbildung einging.

Abbildung 4-2

Durchschnittliche Jahresrenditen für Publikumsfonds Aktien Europa

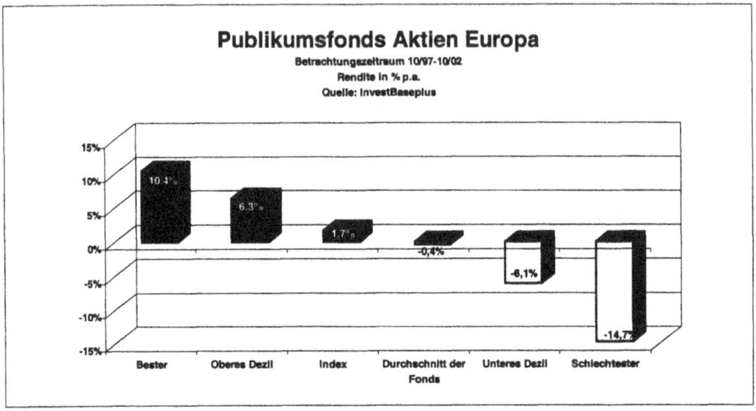

Berücksichtigt man, dass sich auch die Überrenditen der Manager ständig verändern und dass zumeist relativ kurze Stützzeiträume für die Bewertung und Auswahl von Managern zur Verfügung stehen, wird die Problematik der Aufgabe des Investors bzw. Multimanagers deutlich, Systematik und Zufall bei der Erzielung von Anlageergebnissen auseinander zu halten.[127] Diese Unsicherheit trägt wiederum zu einer Koexistenz von Managern bei, die systematisch bzw. zufällig überdurchschnittliche Anlageergebnisse erzielen. Da die eigentlich unterdurchschnittlichen Portfoliomanager in der Lage sind, kurzfristig und zufällig überdurchschnittliche Anlageergebnisse zu erreichen und Investoren nicht in der Lage sind, Systematik von Zufall zweifelsfrei zu unterscheiden, scheiden die unterdurchschnittlichen Portfoliomanager nicht zwangsläufig aus dem Markt aus. Insofern schließt sich der in Abbildung 4-1 beschriebene Zyklus.

[127] So könnte beispielsweise die Schlussfolgerung, dass in dem dreijährigen Stützzeitraum in der Anlagekategorie Aktien Deutschland der Durchschnitt der Fonds bessere Ergebnisse als der Index erbracht hat, auf Zufallseinflüssen oder auf der fehlenden Volumengewichtung beruhen. Nach Sharpe [1991] sind derartige Ergebnisse sogar definitorisch ausgeschlossen.

4.2 Quantitative Selektion

Zur Beurteilung der Fähigkeiten von Portfoliomanagern bzw. zu einer darauf beruhenden Auswahl von Portfoliomanagern stellt sich die Frage nach geeigneten Kriterien für diese Aufgabe. Unter quantitativer Selektion ist dabei die Orientierung an einem einzigen Selektionskriterium, nämlich den historischen Anlageergebnissen der Portfoliomanager, zu verstehen. Zentrale Kenngröße der historischen Anlageergebnisse ist dabei die Performance des Portfolios. Der Begriff Performance beschreibt grundsätzlich die prozentuale Wertsteigerung eines Portfolios in einem vorher definierten Zeitraum[128], wobei in der Literatur je nach Zweck und Zielsetzung der Performancemessung unterschiedliche Definitionen vorkommen.[129] Insbesondere die Berücksichtigung des Risikos, mit dem die Anlageergebnisse erzielt werden[130], wird durch diese Definition nicht berücksichtigt, allerdings existieren zahlreiche Performancemaße, die diesen Zusammenhang herstellen.

Hinsichtlich der Informationsbasis der Berechnung muss zusätzlich zwischen externer und interner Performance unterschieden werden. Externe Performancemessung betrachtet die Portfolioerträge ausschließlich auf Basis extern verfügbarer Informationen (wie Gesamtwert der Anlagen, Kapitalzuflüsse und –abflüsse, Benchmarkperformance). Mit Hilfe dieser Informationen ist die Berechnung von Rendite, Risiko- und Performancemaßen möglich. Interne Performancemessung bezieht in die Betrachtung der Portfolioerträge auch Informationen über die interne Struktur des Portfolios mit ein. Außer der Berechnung von Renditen, Risiko- und Performancemaßen kann hierbei eine Attributionsanalyse, d.h. die Zerlegung der Performance in einzelne Beiträge und Erfolgsfaktoren, durchgeführt werden.[131] Im Rahmen der empirischen Untersuchung, die das Kernstück dieses Kapitels bildet, erfolgt eine Konzentration auf Performancemaße aus dem Bereich der externen Performanceanalyse. In Kapitel 5 wird die interne Performanceanalyse nochmals aufgegriffen, zu der die Analyse der durch das Portfolio abgebildeten Investmentstile (Stilanalyse) zählt.

[128] Vgl. Zimmermann/Rudolf/Jaeger/Zogg-Wetter [1996], S.61.
[129] Vgl. Wittrock [1995]. Wittrock unterscheidet insbesondere vier Ziele der Performancemessung: 1. Messung, Analyse und Kontrolle der Wertentwicklung eines Portfolios, 2. Informationsbeschaffung zur Formulierung und Implementierung der Anlagepolitik von Investoren, 3. Ausgestaltung personeller und organisatorischer Strukturen, 4. Entwicklung von leistungs- und anreizorientierten Entlohnungssystemen.
[130] Sowohl absolut als auch relativ zu einer Benchmark.
[131] Vgl. Brinson/Fachler [1985] und Brinson/Hood/Beebower [1986].

Will man bei der Auswahl von Investmentmanagementgesellschaften die historische Performance (Track Record) als Auswahlkriterium zugrunde legen, besteht zunächst die Notwendigkeit, dass die erreichten Ergebnisse im Sinne der Vergleichbarkeit auf ähnliche Weise präsentiert werden. Besonders im institutionellen Sektor (bei Spezialfonds) stellt sich dies häufig problematisch dar. Anders als bei Publikumsfonds wird die Performance von Spezialfonds zumeist individuell präsentiert. Dabei werden unterschiedliche Berechnungsweisen verwendet und nicht immer identische Betrachtungszeiträume zugrunde gelegt. Auch länderspezifische Usancen beeinträchtigen die Vergleichbarkeit. Vor dem Hintergrund dieser mangelnden Transparenz im institutionellen Sektor orientiert sich die empirische Untersuchung in dieser Arbeit ausschließlich an Daten aus dem Bereich der Publikumsfonds (aus der Datenbank InvestBaseplus[132]). Allerdings gibt es seit der Einführung des Euro auch im institutionellen Bereich, insbesondere am deutschen Spezialfondsmarkt, verstärkte Bestrebungen, einheitliche Standards der Performancemessung einzuführen. Der folgende Exkurs skizziert die Umsetzung dieser vereinheitlichenden Richtlinien durch die 1999 von der Deutschen Vereinigung für Finanzanalyse und Anlageberatung (DVFA) vorgestellten DVFA-Performance Presentation Standards (PPS).

Die PPS wurden auf der Basis der Global Investment Performance Standards (GIPS), die als Mindestanforderungen einen weltweit gültigen Rahmen liefern, speziell für den deutschen Markt entwickelt. Eine modifizierte Form der PPS existiert seit dem 1.1.2000. Sie stellen ein Instrumentarium zur umfassenden und vor allem übersichtlichen Darstellung des Managementansatzes, der Produktpalette sowie der in der Vergangenheit erzielten Anlageergebnisse der Investmentgesellschaft bzw. des Portfoliomanagers zur Verfügung.

Bisher sind die PPS in Deutschland allerdings noch keine Pflicht. Für die Investmentgesellschaften besteht bereits jetzt die Möglichkeit, bei Einhaltung der verpflichtenden Bestimmungen der DVFA-PPS eine sog. Compliance-Erklärung mit Zertifizierung zu erhalten. Formal sind die PPS in Richtlinien und Empfehlungen untergliedert, wobei die Richtlinien obligatorisch, die Empfehlungen aber nicht verpflichtend sind. Die Standards gliedern sich in 4 Bereiche:

[132] Vgl. Kapitel 4.4.1 dieser Arbeit.

1. Bestimmung und Bewertung von Portfolios und Anlageinstrumenten
2. Berechnung von Performancewerten für Portfolios und Composites
3. Präsentation historischer Performanceergebnisse
4. Einhaltung der Standards und Bestätigung ihrer Einhaltung

Ganz wesentlich ist das Prinzip der Composites, in denen Fonds einer Gesellschaft mit vergleichbarer Anlagestrategie zusammengefasst sind und ein Ergebnis berechnet wird. Es ist entsprechend nicht die Performance einzelner Portfolios zu präsentieren, sondern die aggregierte (volumengewichtete) Performance sämtlicher Portfolios einer Gesellschaft, die mit einem vergleichbaren Managementstil verwaltet werden. Aus dem Grundsatz der Vollständigkeit folgt ferner, dass jedes verwaltete Portfolio einem Composite zugeordnet und so eine umfassende Messung der Leistungsfähigkeit der Gesellschaft in jeder Anlagekategorie ermöglicht wird. Die Angabe der Zahl der Portfolios in einem Composite, des Volumens und der Anteile am Gesamtvolumen lassen zusätzlich Rückschlüsse auf die Reputation der Kapitalanlagegesellschaft in bestimmten Kategorien zu. Hierbei ist jedoch darauf hinzuweisen, dass es keineswegs immer eindeutig ist, zu welchem Composite ein bestimmter Fonds oder Mandat zählen muss. Oft bleiben gewisse Spielräume bei der Zuordnung zu den Composites, die im Ergebnis eine vollkommen objektive Vergleichbarkeit verhindern.
Durch die Forderung nach einer auszuweisenden Performancehistorie über mindestens fünf Kalenderjahre ab dem Datum der Inanspruchnahme der Compliance-Erklärung wird einem „Cherry-Picking“ durch die Präsentation lediglich besonders erfolgreicher Jahre vorgebeugt und ein sinnvoller Vergleich zwischen den Gesellschaften ermöglicht. Die mit anzugebende Benchmark erlaubt die relative Beurteilung des Managements durch die Gegenüberstellung der erwirtschafteten Performance und lässt auch noch durch die Angabe der Abweichung von der Benchmark eine Überprüfung zu, inwieweit die vereinbarte Anlagepolitik eingehalten worden ist. So deutet dann z.B. eine breite Streuung in einem eng abgegrenzten Composite auf eine uneinheitliche Umsetzung der entsprechenden Anlagestrategie hin. Ursachen dafür können zum einen in der Abbildung unterschiedlicher Investmentstile verschiedener Fondsmanager oder aber in unklar definierten Managementprozessen innerhalb der Gesellschaft liegen.
Eine weitere wichtige Forderung der PPS ist die Aussage, ob es sich bei den angegebenen Performancewerten um eine Bruttoperformance oder eine

Nettoperformance (Performance nach Abzug der Verwaltungskosten), wie sie bei Publikumsfonds üblich ist, handelt.

Abbildung 4-3 zeigt ein Beispiel für eine Performancepräsentation nach den DVFA-PPS.

Abbildung 4-3

Performancepräsentation nach den DVFA-PPS

Jahr	Composite-Performance (in %)	Benchmark-Performance (in %)	Composite-streuung (%) min.	Composite-streuung (%) max.	Anzahl Portfolios	Volumen Ende d. Jahres (TEUR)	Anteil am Gesamtvolumen (%)
1998	-1,4	-1,8	-2,8	1,2	10	1.050.000	8
1999	13,3	13,2	8,2	16,1	8	600.000	12
2000	3,5	5,1	0,5	6,2	12	1.200.000	9
2001	4,3	1,5	1,3	8,4	17	1.897.000	14
2002	11,0	14,0	8,4	15,1	20	2.500.000	11

Beschreibung: Das Composite beinhaltet sämtliche Portfolios, die ausschließlich in deutschen Aktien anlegen.

Benchmark: MSCI Germany

Datum der Konzeption: 1. Januar 2003

Compositewährung: EUR

Erläuterung: Die Performance wurde nach Abzug von Gebühren ermittelt.

„Die XY-KAG hat die Daten, die als Basis für diese Unterlagen dienen, in Übereinstimmung mit dem DVFA-Performance Presentation Standards ermittelt und aufbereitet. Die DVFA führt weder eine Prüfung der zugrunde liegenden Daten noch deren Darstellung durch."

Die Bedeutung der historischen Anlageergebnisse der Portfoliomanager für institutionelle Investoren in Deutschland wird durch die FIMSS-Studie 2001[133] dokumentiert. Im Rahmen dieser Studie werden insgesamt 205 der wichtigsten deutschen institutionellen Investoren mit einem Anlagevolumen von insgesamt mehr als einer Billion Euro befragt.[134] Auf einer Skala von 1 (=unwichtig) bis 4 (=sehr wichtig) wurde die bisherige Performance als Erfolgsfaktor im Portfoliomanagement im Durchschnitt aller befragten Investoren mit einem Wert von 2,71 beurteilt.[135] Eine vergleichbare Untersuchung von Greenwich Associates aus dem Jahre 1998 kommt zu einem ähnlichen Ergebnis.[136] Die historischen Anlageergebnisse werden somit von den Investoren als wichtiger Gradmesser für den zu erwartenden Erfolg von Portfoliomanagern erachtet.

Mit der Selektion von Portfoliomanagern anhand historischer Anlageergebnisse (gemessen durch Performancemaße) ist die Frage nach der Nachhaltigkeit von Anlageergebnissen (Persistenz) verbunden. Dabei wird zwischen positiver Persistenz und negativer Persistenz unterschieden. Positive Persistenz liegt vor, wenn Portfolios mit überdurchschnittlichen (unterdurchschnittlichen) Anlageergebnissen in der Vergangenheit auch in einer Folgeperiode überdurchschnittliche (unterdurchschnittliche) Anlageergebnisse aufweisen. Negative Persistenz bedeutet entsprechend, dass Portfolios mit überdurchschnittlichen (unterdurchschnittlichen) Anlageergebnissen in der Vergangenheit in einer Folgeperiode unterdurchschnittliche (überdurchschnittliche) Anlageergebnisse aufweisen. Persistenzuntersuchungen können hilfreich sein, historische Anlageergebnisse zu analysieren und zwischen Zufall und Systematik bei deren Erzielung durch die Portfoliomanager zu unterscheiden. Eine ausgeprägte positive Persistenz, die über einen möglichst langen Zeitraum besteht, spricht dafür, dass ein Portfoliomanager systematisch überdurchschnittliche Anlageergebnisse erzielt. Negative Persistenzeffekte unter gleichen Marktbedingungen sprechen eher für die zufällige, unsystematische Erzielung von überdurchschnittlichen Anlageergebnissen. Nur wenn es möglich ist, Portfolios anhand derartiger Persistenzeffekte zu kategorisieren, wäre die rein quantitative Managerselektion

[133] Vgl. FERI Institutional Management Segregated Accounts Survey [2001].
[134] Vgl. Ernst [2000].
[135] Eine ausführliche Darstellung der Untersuchungsergebnisse hinsichtlich der Erfolgsfaktoren im Portfoliomanagement findet sich in Kapitel 4.5 dieser Arbeit.
[136] In der Studie von Greenwich Associates wurden 161 deutsche institutionelle Investoren befragt und bisherige Investment-Resultate auf einer Skala von 0 (unwichtig) bis 5 (sehr wichtig) mit einem Wert von 4,0 eingestuft. Zu weitergehenden Ergebnissen vgl. Kapitel 4.5 dieser Arbeit.

sinnvoll. Im folgenden Unterkapitel wird aus diesem Grund eine ausführliche Literaturanalyse zu Untersuchungen der Persistenz in den Anlageergebnissen von Investmentportfolios durchgeführt.

Je längere Zeiträume durch derartige Untersuchungsreihen zur Persistenz von Anlageergebnissen betrachtet werden, desto verlässlichere Resultate ergeben sich. Dies wird auf den beiden folgenden Abbildungen deutlich. Vier fiktive Portfoliomanager, die hinsichtlich ihrer langfristigen Performance (relativ zu einer Benchmark) in vier Kategorien eingeteilt werden (sehr gut, gut, durchschnittlich und unterdurchschnittlich), werden zunächst über einen Zeitraum von drei Jahren, dann über einen Zeitraum von 20 Jahren betrachtet.

Den Kategorien sind die folgenden langfristigen Werte für die relative Performance, gemessen als Jensen's Alpha, zugewiesen.

sehr gut: $\alpha = 2{,}5$ % p.a.

gut: $\alpha = 0{,}5$ % p.a.

durchschnittlich: $\alpha = -1{,}0$ % p.a.

unterdurchschnittlich: $\alpha = -2{,}5$ % p.a.

Die Entwicklung der Benchmark ist durch die gepunktete Linie (Parallele zur Abszisse) simuliert. Neben den sich aus den angenommenen Performancewerten ableitenden Geraden, die sich bei einer Volatilität der relativen Performance von null ergeben, sind jeweils drei aus einer Normalverteilung mit Erwartungswert $\mu = \alpha$ und Standardabweichung $\sigma = 5\%$ p.a. stammende zufällige Performancepfade für die vier fiktiven Portfoliomanager mit eingezeichnet. Anhand von Abbildung 4-4, die die dreijährigen Performancepfade zeigt, wird deutlich, dass aufgrund von Zufallseinflüssen die Performance der Portfoliomanager starken Schwankungen unterliegt, die es nicht ermöglichen, allein aufgrund des Performancepfades die Portfoliomanager den einzelnen Kategorien zuzuordnen.[137] So weist beispielsweise ein Performancepfad eines unterdurchschnittlichen Portfoliomanagers nach drei Jahren die drittbesten aller simulierten Anlageergebnisse aus. Erst bei Betrachtung eines wesentlich längeren Zeitraumes ist die Zuordnung anhand der erzielten Performance mit hinreichender

[137] Beckers [1997] führt in seinem Beitrag eine Monte-Carlo-Simulation durch, um Zufallseinflüsse in Performancezeitreihen beobachten zu können, und kommt ebenfalls zu dem Schluss, dass eine Managerselektion rein auf der Basis von historischen Anlageergebnissen sehr problematisch ist (S.20).

Sicherheit möglich, wie Abbildung 4-5 zeigt, die die zwanzigjährigen Performancepfade miteinander vergleicht.

Abbildung 4-4

Simulation dreijähriger Performancepfade für vier fiktive Portfoliomanager

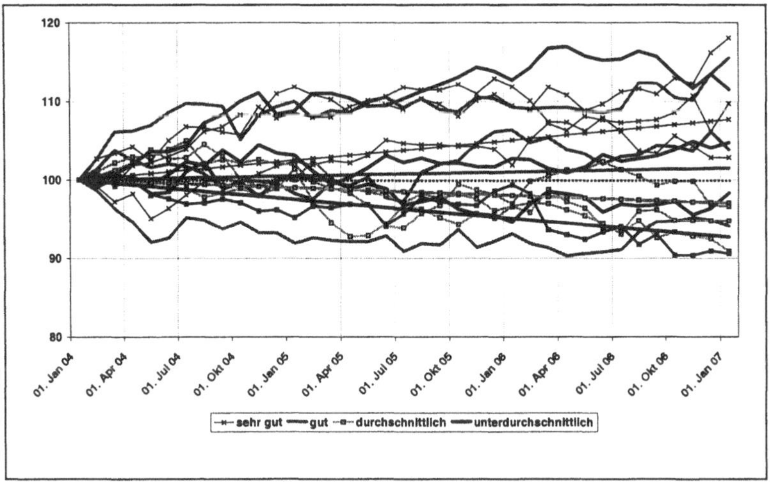

Abbildung 4-5

Simulation zwanzigjähriger Performancepfade für vier fiktive Portfoliomanager

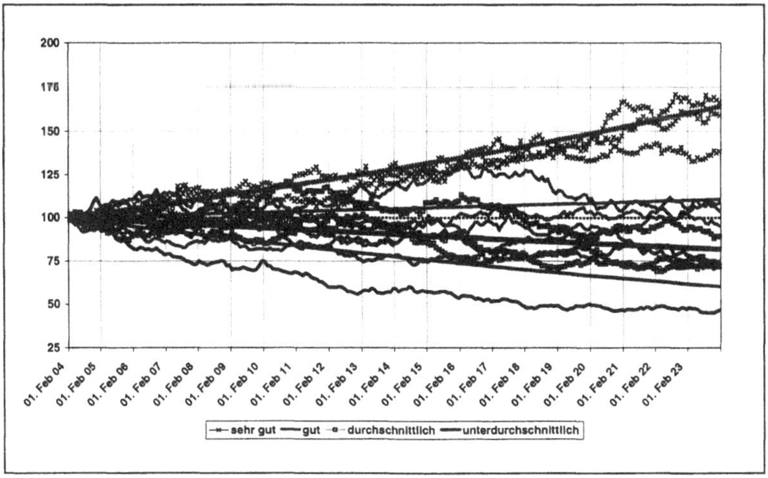

Erst nach mehr als sieben Jahren ist im Beispiel erkennbar, welcher Kategorie der Portfoliomanager tatsächlich zugeordnet werden sollte.

Zuverlässige Untersuchungen zur Performance von Portfoliomanagern bzw. zur Persistenz dieser Performance erscheinen demnach nur bei Betrachtung eines hinreichend langen Stützzeitraumes möglich.

Erschwerend kommt dabei aber hinzu, dass die Verlässlichkeit der verwendeten Performancedaten im Zeitablauf zwar zunimmt, die Vergleichbarkeit (Stabilität) der performancegenerierenden Faktoren im personellen und organisatorischen Bereich des Portfoliomanagers (als Beispiele wären hier der Investmentprozess oder das Personal auf Seiten des Portfoliomanagers zu nennen) jedoch im Zeitablauf abnimmt. Die folgende Abbildung 4-6 veranschaulicht diesen Zusammenhang.

Abbildung 4-6

Statistische Verlässlichkeit von Performancedaten und Stabilität von performancegenerierenden Faktoren im Zeitablauf

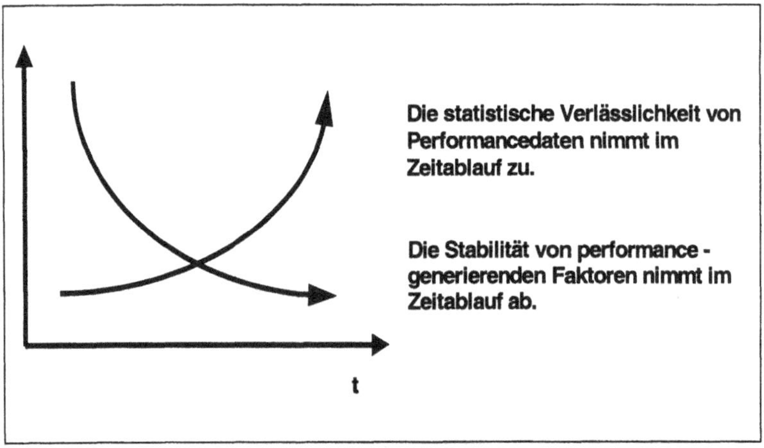

Um sinnvoll mit Performance- und Persistenzstudien rein quantitativ Portfoliomanager zu bewerten bzw. zu selektieren, ist eine Wahl der Länge der betrachteten Perioden folglich von entscheidender Bedeutung. Perioden von unter drei Jahren und von über zehn Jahren sind hierfür aus den genannten Gründen wenig geeignet. Unter Berücksichtigung dieser Überlegungen ist die im Kapitel 4.4 beschriebene empirische

Untersuchung (Persistenzstudie) konzipiert.[138] Zunächst folgt jedoch ein ausführlicher Literaturüberblick zu empirischen Persistenzstudien.

4.3 Literaturüberblick zu Persistenzstudien

Nachdem bereits in Kapitel 3 dieser Arbeit empirische Untersuchungen beschrieben wurden, die sich mit der Frage beschäftigen, inwieweit der durchschnittliche Portfoliomanager systematisch Überrenditen erzielt und inwieweit aktives Portfoliomanagement sinnvoll betrieben werden kann, konzentriert sich dieser ausführliche Literaturüberblick auf Untersuchungen, deren expliziter Fokus es ist nachzuweisen, ob und inwieweit eine Verbindung zwischen historischer und zukünftiger Performance eines Investmentportfolios (d.h. eine Persistenz in der Performance) besteht.[139] Die Untersuchungsergebnisse werden im Folgenden jeweils beschrieben. Bei ausgewählten Studien wird auch die verwendete Testmethodik näher betrachtet.

Eine der ersten Persistenzstudien stellt die Untersuchung von Carlson [1970] dar. Er untersucht bis zu 83 amerikanische Publikumsfonds (Mutual Funds), die in Aktien investieren, über einen Zeitraum von 1948 bis 1967. Dabei vergleicht er zunächst aufeinander folgende Zehnjahreszeiträume, ohne jedoch Persistenz in der Performance nachweisen zu können. Aus der Betrachtung absoluter und risikoadjustierter Renditen ergibt sich, dass Persistenz schwieriger anhand von risikoadjustierten Renditen nachzuweisen ist. Zusätzlich wird auch die Performance der in Hälften bzw. Quartile aufgeteilten Fonds in aufeinander folgenden Fünfjahresperioden betrachtet, wobei die Ergebnisse nur unwesentlich von zufälligen abweichen. Allerdings ergeben sich Anhaltspunkte dafür, dass bei Fonds mit unterdurchschnittlichen Anlageergebnissen eher Persistenzeffekte nachweisbar sind als bei Fonds mit überdurchschnittlichen Anlageergebnissen.

---

138 In der Persistenzstudie werden ausschließlich Untersuchungsperioden von fünf bis acht Jahren gewählt.

139 In der Literatur werden oftmals sich auf die Anlageergebnisse des durchschnittlichen Portfoliomanagers beziehende Studien (vgl. Kapitel 3.5 dieser Arbeit) als Rechtfertigung der These, es existierten keine nachweisbaren Persistenzeffekte hinsichtlich der Performance von Investmentportfolios, fälschlicherweise zitiert, zumal diese Studien nicht die Persistenz an sich messen. Der Literaturüberblick in diesem Kapitel konzentriert sich ausschließlich auf Studien, die explizit die Persistenz messen.

Kritzman [1983] sowie Dunn/Theisen [1983] finden in ihren Untersuchungen keine Hinweise auf Persistenz in der Performance. Kritzman untersucht jeweils über mindestens zehn Jahre die 32 Renten-Investmentportfolios von AT&T, Dunn/Theisen analysieren 201 institutionelle Portfolios im Zeitraum von 1973 bis 1982.

Lehman/Modest [1987] testen 130 Mutual Funds zwischen 1968 und 1982 und finden positive Persistenz, allerdings nur für unterdurchschnittlich abschneidende Fonds, die negative Jensen's Alphas aufweisen. In dieser Untersuchung werden Korrelationen zur Bestimmung eines Zusammenhangs zwischen historischer und zukünftiger Performance verwendet, was sich in der Literatur nur selten findet.

Grinblatt/Titman [1989] untersuchen 157 Aktien-Publikumsfonds, greifen dabei die Methodik von Carlson [1970] auf und entwickeln diese weiter. Zunächst werden die Bruttorenditen der Fonds approximiert. Dadurch sind Schätzungen hinsichtlich der Größenordnung von Survivorship Bias[140], Tranksaktionskosten und Überrenditen möglich. Weiterhin wird eine selbst entwickelte Acht-Faktor-Portfolio-Benchmark genutzt, um ausschließen zu können, dass passive Strategien die Anlageergebnisse der Fonds beeinflussen. Besonders bei Fonds mit geringem Anlagevolumen aus den Stilkategorien „Growth" und „Aggressive Growth" zeigen sich unter Verwendung risikoadjustierter Renditen positive Persistenzeffekte in einigen Fünfjahreszeiträumen, die sich allerdings nach Abzug der Kosten abschwächen.

Brown/Goetzmann/Ibbotson/Ross [1992] analysieren Kontingenztabellen mit Hilfe von χ^2-Unabhängigkeitstests[141] zwischen 1976 und 1987, die anhand der in zwei aufeinander folgenden Perioden erzielten Performance gereiht sind, und finden deutliche Hinweise auf positive Persistenz, die insbesondere von den unterdurchschnittlich abschneidenden Fonds induziert wird. Sie zeigen weiterhin, dass Fonds mit unterdurchschnittlichen historischen Anlageergebnissen eine größere Wahrscheinlichkeit aufweisen, geschlossen zu werden und vom Markt zu verschwinden, was zu Survivorship Bias in Performance- und Persistenzstudien führt und die Ergebnisse hinsichtlich des Vorliegens von Persistenz maßgeblich beeinflusst. Die Studie kann somit als ein wichtiger Ausgangspunkt für eine weitere Diskussion der Frage, welche spezifischen

[140] Vgl. Kapitel 4.4.2 dieser Arbeit.
[141] Vgl. Kapitel 4.4.5 dieser Arbeit.

Auswirkungen Survivorship Bias auf Performance- bzw. Persistenzuntersuchungen hat, gelten. In Kapitel 4.4.2 dieser Arbeit werden weitere Studien zum Einfluss von Survivorship Bias analysiert.

Grinblatt/Titman [1992] untersuchen 279 Investmentfonds im Zeitraum von Ende 1974 bis Ende 1984. Sie vergleichen Steigungskoeffizienten aus Regressionen von Jensen's Alphas zweier aufeinander folgender Perioden (1974 bis 1979 und 1980 bis 1984) und finden deutliche Hinweise auf positive Persistenz. Im Einzelnen kommen sie zu dem Resultat, dass Fonds für jedes Prozent Überrendite in der Formationsperiode 0,28% Überrendite in der Testperiode erzielen. Daraus folgern Grinblatt/Titman, dass historische Anlageergebnisse zur Fondsselektion nützliche Informationen für den Investor enthalten.

Hendricks/Patel/Zeckhauser [1993] untersuchen 165 growth-orientierte Aktienfonds ohne Ausgabeaufschlag anhand vierteljährlicher Performancedaten zwischen 1974 und 1988. Die Untersuchung ist dabei weitgehend frei von Survivorship Bias. Sie weisen signifikant positive Persistenz für über- und unterdurchschnittlich abschneidende Fonds über einem Zeitraum von mindestens einem Jahr nach. Investmentstrategien auf dieser Basis erbringen gemäß weiterer Untersuchungen einen drei- bis vierprozentigen Mehrertrag gegenüber traditionellen Benchmarks bzw. einen Mehrertrag von sechs Prozent gegenüber einer risikoadjustierten Benchmark. Es zeigt sich außerdem, dass die Persistenzeffekte für Fonds mit unterdurchschnittlichen Anlageergebnissen stärker ausgeprägt sind als für Fonds mit überdurchschnittlichen Anlageergebnissen.

Grinblatt/Titman [1993] beziehen in ihre Untersuchung von 155 Mutual Funds von Ende 1974 bis März 1985 Portfoliopositionen der einzelnen Fonds mit ein, bilden Dezilportfolios anhand historischer Anlageergebnisse und beobachten die Performance in der darauf folgenden Periode. Sowohl die höchsten risikoadjustierten Überrenditen wie auch die stärksten Anzeichen für positive Persistenz in der Performance finden sich wie in der Untersuchung von 1989 (Grinblatt/Titman [1989]) in der Kategorie „Aggressive Growth". Auch bei unterdurchschnittlich abschneidenden Fonds zeigen sich positive Persistenzeffekte.

Goetzmann/Ibbotson [1994] analysieren Kontingenztabellen für insgesamt 728 Fonds im Zeitraum von 1976 bis 1988 mit dem Ergebnis, dass sowohl historische Anlageergebnisse wie auch die Reihung der Fonds nach diesen Ergebnissen Hinweise auf die zukünftige Performance der Fonds geben können. Des Weiteren zeigen sich insbesondere bei überdurchschnittlich abschneidenden Fonds, die eine höhere Volatilität aufweisen, stärkere Persistenzeffekte.

Bauman/Miller [1994] untersuchen 608 institutionelle Portfolios im Zeitraum von 1972 bis 1991 und finden ausschließlich in Perioden, die einem kompletten Börsenzyklus entsprechen, Anhaltspunkte für positive Persistenz.

Kahn/Rudd [1995] untersuchen neben der Existenz von Persistenzeffekten in einer Stichprobe von 300 Aktien- und 195 Rentenfonds im Zeitraum von 1983 bis 1994 auch die Ursachen für Persistenz, indem sie die Anlageergebnisse um Stil-Effekte und Kosten bereinigen. Es werden Kontingenztabellen und Regressionsansätze zur Analyse verwendet. Für die betrachteten Aktienfonds zeigen sich keinerlei Hinweise auf Persistenz in der Performance, lediglich bei den Rentenfonds zeigen sich schwache Persistenzeffekte, die allerdings unter Berücksichtigung von Transaktions- und Verwaltungskosten verschwinden. Insofern sind die gefundenen Persistenzeffekte nicht in eine gewinnbringende Strategie umsetzbar. Diese Ergebnisse bestätigen die Untersuchungen von Kahn/Rudd [1997a und b], die weitere Zeiträume und auch institutionelle Portfolios betrachten.

Volkman/Wohar [1995] betrachten 332 zufällig ausgewählte Fonds im Zeitraum 1980 bis 1989 und finden in einigen Untersuchungsperioden, insbesondere für Fonds mit mittlerer Größe, signifikant positive Persistenzeffekte. Für kleinere und sehr große Fonds zeigen sich negative Persistenzeffekte. Durch die zufällige Auswahl der Fonds wird der Einfluss von Survivorship Bias in dieser Studie reduziert.

Malkiel [1995] verwendet für seine Untersuchung aller amerikanischer Aktienfonds im Zeitraum von 1971 bis 1991 eine von Survivorship Bias freie Datenbank. Neben Kontingenztabellen analysiert er eine Momentum-Strategie, bei der jeweils in den Fonds mit den im vorausgehenden Jahr besten Anlageergebnissen investiert wird. Nur in den 70er Jahren ergeben sich Hinweise auf Persistenz, die in den 80er Jahren verschwinden.

Brown/Goetzmann [1995] untersuchen 372 bis 829 Fonds im Zeitraum von 1976 bis 1988. Sie benutzen Kontingenztabellen, ein CAPM-Alpha sowie ein Dreifaktor-Alpha, zu dessen Bestimmung die Renditen von im Standard&Poor's 500 Index enthaltenen Titeln, die Renditen von im Standard&Poor's 500 Index nicht enthaltenen Titeln sowie Bondrenditen explizit berücksichtigt werden.[142] Hinweise auf positive Persistenz ergeben sich bei unterdurchschnittlich abschneidenden Fonds, negative Persistenz wird bei Betrachtung von einjährigen Formationsperioden nachgewiesen. Dieses Ergebnis wird von den Autoren mit der Unfähigkeit der Investoren, unterdurchschnittliche Fonds leer zu verkaufen, erklärt.

Bakaric/Bitschnau [1996] untersuchen 227 Investmentfonds aus Deutschland, Frankreich, Großbritannien und der Schweiz über einen Zeitraum von 1985 bis 1995 und finden nur für Jensen's Alphas Persistenzeffekte. Unter Verwendung von unadjustierter Rendite und Sharpe-Ratio finden sich keine Anhaltspunkt für Persistenz in den Anlageergebnissen. Die Studie zählt zu den wenigen mit europäischem Fokus.

Gruber [1996] betrachtet 270 amerikanische Aktienfonds im Zeitraum von 1985 bis 1994 und findet sehr ausgeprägte Persistenzeffekte, die nicht allein durch die Höhe der Verwaltungskosten der einzelnen Fonds erklärt werden können.

Elton/Gruber/Blake [1996a] benutzen eine Stichprobe von 188 Fonds, die in Dezile nach der Performance des vorausgegangenen Jahres eingeteilt werden. Unter Verwendung eines Vierfaktor-Alpha-Modells finden sie auch nach einer Risikoadjustierung starke Persistenzeffekte, die durch überlegene Fähigkeiten der Manager bei der Auswahl von Wertpapieren sowie die Größenordnung der Verwaltungs- und Transaktionskosten erklärt werden können.

Ferson/Schadt [1996] verwenden in ihrer Untersuchung von 67 Fonds im Zeitraum von 1968 bis 1990 auf öffentlich verfügbare Informationen (Zinsen, Dividendenrenditen) konditionierte Erwartungswerte für die Performancemaße und ermitteln auf dieser Basis

[142] Die Berücksichtigung dieser drei Faktoren beruht auf Resultaten von Elton/Gruber/Das/Hlavka [1993].

Korrelationen zwischen Formations- und Testperioden, die zwischen 0,14 und 0,29 liegen und damit Hinweise auf positive Persistenz liefern.

Sauer [1997] untersucht 235 Investmentfonds im Zeitraum von 1980 bis 1992 und findet nur schwache Hinweise auf Persistenz. Insbesondere innerhalb einzelner stilbezogener Fondskategorien, in die die Fonds eingeteilt werden, finden sich keinerlei Hinweise auf Persistenz in den Anlageergebnissen. Es wird gefolgert, dass historische Performance keine nützlichen Informationen enthält.

Phelps/Detzel [1997] betrachten 87 Mutual Funds, die in Aktien investieren, zwischen 1983 und 1994 und zeigen, dass nach Adjustierung der Anlageergebnisse um Stil-Effekte keine nachweisbare Persistenz existiert.

Carhart [1997] untersucht 1892 Aktienfonds im Zeitraum von 1962 bis 1993. Die sehr umfangreiche Studie verwendet CAPM-, Dreifaktor-, und Vierfaktormodelle für die Überrenditen und bezieht so systematisches Risiko (β), Marktkapitalisierung (Size), Bewertung (Value/Growth) und Momentum mit ein. Carhart schätzt, dass die Fonds in den oberen, sich nach den Anlageergebnissen geordneten Dezilen eine ca. 3,5% p.a. höhere Rendite als die Fonds im unteren Dezil erzielen, wobei dieser Unterschied insbesondere auf die schlechte Performance der Fonds innerhalb des unteren Dezils zurückzuführen ist. Eine Long-Short-Strategie auf dieser Basis erbringt laut Carhart eine Rendite von 8% p.a., von der 4,6% p.a. durch Size- und Momentum-Effekte, 1,0% p.a. durch Unterschiede in den Transaktionskosten und 0,7% p.a. durch Unterschiede in den Verwaltungskosten erklärt werden.

Fletcher [1997] analysiert eine zufällige Auswahl von 101 britischen Fonds (Unit Trusts) aus den Investmentstilkategorien Growth, General und Income (Value) und verwendet deren risikoadjustierte Renditen. Fletcher teilt die Fonds in fünf hinsichtlich der historischen Fünfjahres- bzw. Zweijahresperformance unterteilte Porfolios ein und vergleicht deren Performance in den folgenden Jahren, findet jedoch keine Anzeichen für eine Persistenz in der Performance.

Brown/Draper/McKenzie [1997] untersuchen im Zeitraum von 1981 bis 1990 bis zu 602 britische Pensionsfonds und können positive Persistenzeffekte, wenn auch nur sehr schwache, in mehreren Untersuchungszeiträumen nachweisen.

Wermers [1997] untersucht zwischen 400 und 2700 amerikanische Mutual Funds im Zeitraum von 1974 bis 1994 auf ähnliche Weise wie Grinblatt/Titman [1993]. Die Stichprobe ist dabei frei von Survivorship Bias. Insbesondere von den Portfoliomanagern eingesetzte Momentum-Strategien sind nach den Erkenntnissen von Wermers für Persistenzeffekte in Performancestudien verantwortlich. Nach Bereinigung der Daten um Momentum-Effekte verschwinden Hinweise auf positive Persistenz.

Quigley/Sinquefield [2000] bilden ebenfalls Dezilportfolios hinsichtlich der historischen relativen Performance für alle 752 britischen Unit Trusts, die zwischen 1978 und 1997 existierten, und ermitteln die Rendite für folgende Perioden. Dabei zeigt sich, dass die Renditen der Fonds des oberen Dezils sich nicht signifikant von der Durchschnittsrendite aller Fonds unterscheiden, Fonds aus den unteren Dezilen allerdings persistent unterdurchschnittliche Anlageergebnisse erzielen.

Porter/Trifts [1998] untersuchen 791 Fonds im Zeitraum von 1986 bis 1995 und finden lediglich bei Fonds mit unterdurchschnittlichen Anlageergebnissen Persistenzeffekte. Außerdem ergibt sich anhand der betrachteten Stichprobe, dass erfahrene Portfoliomanager keine signifikant besseren Ergebnisse als unerfahrene Portfoliomanager erzielen.

Christopherson/Ferson/Glassmann [1998] untersuchen 185 Portfolios im Zeitraum von 1979 bis 1990. Ähnlich wie Ferson/Schadt [1996] verwenden sie konditionierte Erwartungswerte für die Performancemaße und weisen positive Persistenz, insbesondere bei Portfolios mit unterdurchschnittlichen Anlageergebnissen, nach. Dabei beeinflusst allerdings Survivorship Bias die Untersuchungsergebnisse.

Lunde/Timmermann/Blake [1999] untersuchen 2300 britische Unit Trusts im Zeitraum von 1972 bis 1995 und vergleichen ebenfalls anhand historischer Anlageergebnisse (36-Monatsperioden) gebildete Portfolios in Folgeperioden. Die Fonds werden in Quartilportfolios aufgeteilt, die Performance über die folgenden 36 Monate analysiert und sogenannte Übergangswahrscheinlichkeiten (Wahrscheinlichkeiten dafür, dass ein Fonds sich nach der Folgeperiode in einem bestimmten Quartil befindet) als Persistenzmaß berechnet. Dabei ergeben sich die höchsten Wahrscheinlichkeiten (33,2% bzw. 35,5%) für Fonds, die sich in der historischen wie auch der folgenden Periode im oberen bzw. unteren Quartil befinden, was für positive Persistenz spricht. Die Autoren verzichten jedoch dabei auf die Bestimmung der statistischen Signifikanz. Bei ausschließlicher Berücksichtigung der Fonds, die während der gesamten betrachteten Perioden existieren, schwächen sich die angesprochenen Effekte etwas ab. In einer Untersuchung auf der gleichen Datengrundlage (Blake/Timmermann [1998]) wird zwischen verschiedenen Stilkategorien unterschieden und auch die Signifikanz der gefundenen Ergebnisse überprüft. Insbesondere in den Kategorien Aktien Growth und Aktien Smaller Companies liegen Hinweise auf positive Persistenz vor.

Allen/Tan [1999] finden ebenfalls Hinweise auf Persistenz bei ihrer Untersuchung von 131 britischen Fonds. Sie wenden vier verschiedene Testmethoden an (Kontingenztabellen, χ^2-Unabhängigkeitstests, Regressionsanalyse von Jensen's Alphas und Berechnungen auf der Basis von Spearman-Rangkorrelationskoeffizienten). Dabei können sie Persistenz für ein- und zweijährige Zeiträume nachweisen. Vor diesem Hintergrund wird argumentiert, dass es sinnvoll sei, in erfolgreiche Fonds zu investieren, da sie in der folgenden Periode mit einer hohen Wahrscheinlichkeit wieder zu den erfolgreichen Fonds gehören (S. 585).

Carpenter/Lynch [1999] simulieren über 33 Jahre hinweg Fondsrenditen und Persistenztests unter Betrachtung verschiedener renditegenerierender Prozesse und Kriterien für das Weiterbestehen von Fonds und bestätigen die Ergebnisse empirischer Untersuchungen, die Persistenz in der Performance nachweisen.

Jain/Wu [2000] untersuchen die Fragestellung, ob erfolgreiche Fonds, die in Zeitschriften (Barron's bzw. Money Magazine) beworben werden, nach einer Periode mit überdurchschnittlicher Performance auch in der folgenden Periode überdurchschnittlich abschneiden. Sie untersuchen insgesamt 294 Fonds im Zeitraum von 1994 bis 1996. Der Vergleich der Performance vor und nach den Werbemaßnahmen zeigt, dass die Performance nach der Werbemaßnahme im Durchschnitt signifikant unter der Benchmarkperformance liegt. Daraus wird gefolgert, dass überdurchschnittliche Performance vor der Werbemaßnahme nicht auf besondere Fähigkeiten der Portfoliomanager zurückzuführen ist und die überdurchschnittlichen Anlageergebnisse nicht persistent sind. Die Performance unterdurchschnittlich abschneidender Fonds wird nicht betrachtet.

Pleschiutschnig [2000] untersucht zwischen 1988 und 1998 109 bis 333 Investmentfonds europäischer Provenienz, deren Anlageschwerpunkt europäische Aktien darstellen. Er verwendet χ^2-Unabhängigkeitstests, Querschnittsregressionen und Oktilportfolios, die aufgrund historischer Anlageergebnisse formiert werden (Formationsperiode) und deren Performance in der darauf folgenden Periode (Testperiode) verglichen werden. Nur für sechsmonatige Formations- und Testperioden ergeben sich signifikante Hinweise auf Persistenz.

Wermers [2001] untersucht bis zu 277 amerikanische Fonds zwischen 1975 und 1994 anhand ihrer Brutto- und Nettorenditen. Fonds mit überdurchschnittlichen Anlageergebnissen im Vorjahr erzielen nach Wermers im Folgejahr eine ca. fünf Prozent höhere Performance als Fonds mit unterdurchschnittlichen Anlageergebnissen bzw. gegenüber dem Marktindex eine zwei Prozent höhere Performance. Zudem verzeichnen die „Gewinner" des Vorjahres Mittelzuflüsse zwischen 20 und 30%, die „Verlierer" des Vorjahres hingegen Abflüsse zwischen zwei und sechs Prozent. Ein Performanceunterschied zwischen „Gewinnern" und „Verlierern" bleibt mindestens zwei Jahre lang erhalten. Insofern liefert die Studie von Wermers starke Hinweise auf positive Persistenz.

Eine übersichtliche Zusammenfassung dieser Literaturanalyse zeigt Tabelle 4-1. Um die Ergebnisse zu kategorisieren, erfolgt eine Aufteilung der Studien in drei Gruppen: Studien mit starken Hinweisen auf positive Persistenz, Studien mit „gemischten" Resultaten[143] und Studien mit nur schwachen oder keinen Hinweisen auf positive Persistenzeffekte. Des Weiteren wird die Provenienz der betrachteten Fonds bzw. Portfolios unterschieden.

Anhand der Tabelle wird deutlich, dass die Bilanz der Untersuchungsergebnisse über die vergangenen 30 Jahre hinweg uneindeutig ausfällt. Viele Studien erbringen nur

[143] Darunter sind Studien zu verstehen, die beispielsweise nur in ausgewählten Untersuchungsperioden positive Persistenzeffekte oder nur positive Persistenz für Portfolios mit unterdurchschnittlichen Anlageergebnissen nachweisen.

wenige Anhaltspunkte für Persistenz, oft ist Persistenz auch nur in bestimmten Zeiträumen oder bei Betrachtung bestimmter Anlagekategorien signifikant nachweisbar. Auffällig ist, dass häufig stärkere Hinweise auf Persistenz bei Portfolios mit unterdurchschnittlichen Anlageergebnissen gefunden werden. Dies trifft für Untersuchungen von Publikumsfonds wie auch von institutionellen Portfolios zu.

Tabelle 4-1

Ergebnisse von Persistenzuntersuchungen zwischen 1970 und 2001

Hinweise auf pos. Persistenz	Provenienz	Untersuchungen
Stark	USA	Brown/Goetzmann/Ibbotson/Ross [1992], Grinblatt/Titman [1992], Hendricks/Patel/Zeckhauser [1993], Grinblatt/Titman [1993], Goetzmann/Ibbotson [1994], Gruber [1996], Elton/Gruber/Blake [1996a], Ferson/Schadt [1996], Carpenter/Lynch [1999], Wermers [2001]
	UK	Blake/Timmermann [1998], Lunde/Blake/Timmermann [1999], Allen/Tan [1999]
gemischt	USA	Carlson [1970], Lehman/Modest [1987], Grinblatt/Titman [1989], Bauman/Miller [1994], Kahn/Rudd [1995], Volkman/Wohar [1995], Brown/Goetzmann [1995], Carhart [1997], Kahn/Rudd [1997a,b], Wermers [1997], Porter/Trifts [1998], Christopherson/Ferson/Glassmann [1998]
	UK	Brown/Draper [1997], Quigley/Sinquefield [2000]
	Europa	Bakaric/Bitschnau [1996], Pleschiutschnig [2000]
schwach/keine	USA	Kritzman [1983], Dunn/Theisen [1983], Malkiel [1995], Sauer [1997], Phelps/Detzel [1997], Jain/Wu [2000]
	UK	Fletcher [1997]

Die Vergleichbarkeit der Studien kann aufgrund des recht unterschiedlichen Instrumentariums von Methoden und unterschiedlicher betrachteter Performancemaße ohnehin nur eingeschränkt sein. Weiterhin fällt auf, dass nur sehr wenige Studien existieren, die Märkte außerhalb der USA und Großbritanniens abdecken. Vor diesem Hintergrund ergänzt die Untersuchung des deutschen Fondsmarktes für die deutsche und europäische Anlagekategorien, wie sie im nächsten Kapitel beschrieben wird, das Spektrum vorhandener Studien auf sinnvolle Weise.

4.4 Empirische Untersuchung zur quantitativen Selektion

Vor dem Hintergrund der in den zahlreichen Persistenzstudien gewonnenen Ergebnisse, die nicht zweifelsfrei belegen können, dass Persistenzeffekte in der Performance von Investmentportfolios nachweisbar sind und somit eine quantitative Selektion von Portfoliomanagern auf dieser Basis möglich ist, soll in diesem Unterkapitel eine Persistenzstudie durchgeführt werden, die sich insbesondere bezüglich zweier Eigenschaften von den im Rahmen der Literaturanalyse betrachteten Untersuchungen unterscheidet. Zum einen erfolgt in dieser Studie eine Konzentration auf in Deutschland zugelassene Investmentfonds (Publikumsfonds) in den Anlagekategorien Aktien Deutschland und Aktien Europa (insofern hat die Untersuchung auch einen europäischen Fokus), zum anderen wird ein Testinstrumentarium eingesetzt, das im letzten Unterkapitel nur unzureichend vertreten ist. Insbesondere die verwendete Panelschätzmethodik (vgl. Kapitel 4.4.4) für die Performancemaße zählt zu den Besonderheiten der Untersuchung.

4.4.1 Datenbasis

Als Datengrundlage für die Untersuchung stand die Fondsdatenbank InvestBaseplus, die von der Firma FERI Trust GmbH als Fondsinformationssystem zur Analyse und Auswahl von Investmentfonds entwickelt worden ist, zur Verfügung. Darin werden derzeit rund 5000 in Deutschland, Österreich oder der Schweiz zugelassene Publikumsfonds, mehrere hundert Marktindizes und die dazugehörigen Währungen erfasst. Die Index- und Währungsdaten werden täglich, die Fondsdaten monatlich aktualisiert.

Die Persistenzstudie wird für alle im Dezember 2002 in Deutschland zugelassenen Publikumsfonds mit Anlageschwerpunkt Aktien Deutschland bzw. Aktien Europa im Zeitraum 1993 bis 2002 durchgeführt. Die Konzentration auf diese beiden Anlagekategorien erfolgte insbesondere vor dem Hintergrund, eine möglichst große homogene Stichprobe zu erhalten. Eine komplette Liste der untersuchten Fonds befindet sich im Anhang A.

4.4.2 Einfluss von Survivorship Bias

Bei der Untersuchung ist zu beachten, dass die Fondsstichprobe dem Phänomen des Survivorship Bias unterliegt. Darunter versteht man Verzerrungen in Performance- bzw. Persistenzstudien, die dadurch zustande kommen, dass Investmentfonds, die vom Markt verschwinden, meist komplett aus den Fondsdatenbanken entfernt werden, wie es auch in der verwendeten Datenbank InvestBaseplus der Fall ist.

Als Ursache für das Verschwinden eines Fonds kommen zahlreiche Gründe in Frage. Fonds, die wiederholt unterdurchschnittliche Anlageergebnisse aufweisen, verschwinden beispielsweise eher vom Markt als andere.[144] Weiterhin kann auch das Absinken des zur Verfügung stehenden Anlagevolumens unter eine kritische Größe (was oft eine Konsequenz von unterdurchschnittlichen Anlageergebnissen darstellt)[145] sowie eine Fusion zweier Fonds nach dem Zusammenschluss zweier Fondsgesellschaften zum Verschwinden eines Fonds führen.

Zu den Konsequenzen von Survivorship Bias gehört eine empirisch nachgewiesene systematische Überschätzung der durchschnittlichen Performance der betrachteten Fonds.[146] In den hierzu vorliegenden Untersuchungen werden jeweils von Survivorship Bias betroffene und davon freie Datensätze miteinander verglichen. Die gemessenen Unterschiede in der beobachteten durchschnittlichen Performance liegen dabei zwischen 0,1% p.a. (Grinblatt/Titman [1989]) und 1,9% p.a. (Blake/Timmermann [1998]).

Die Auswirkungen von Survivorship Bias auf Persistenzuntersuchungen (vgl. Kapitel 4.3 dieser Arbeit) sind insbesondere in den vergangenen zehn Jahren intensiv untersucht worden. Brown/Goetzmann/Ibbotson/Ross [1992] kommen zu unterschiedlichen Ergebnissen (überschätzte, zu starke bzw. unterschätzte, zu schwache Persistenz), je nachdem, ob einperiodige oder mehrperiodige Ausschlusskriterien für die verschwindenden Fonds benutzt werden. Grinblatt/Titman [1992], Hendricks/Patel/Zeckhauser [1993], Brown/Goetzmann [1995], Carpenter/Lynch [1999] und Lunde/Timmermann/Blake [1999] zeigen, dass Survivorship Bias eher zu

[144] Die Ergebnisse der Studien von Ippolito [1992], Gruber [1996] und Jain/Wu [1999] bestätigen diese These. Gruber [1996] analysiert auch Fälle, in denen unterdurchschnittliche Performance nicht zum Verschwinden der Fonds führt und kommt zu dem Schluss, dass unzureichende Überwachung der Fondsperformance durch den Anleger sowie steuerliche Gründe dafür verantwortlich sein können.

[145] Eine diese Art des Verschwindens provozierende Strategie beschreibt Malkiel [1995]. Dabei werden von der Fondsgesellschaft mehrere kleine Fonds mit gleichem Anlageziel, die von verschiedenen Portfoliomanagern verwaltet werden, aufgelegt. Nur diejenigen Fonds, die in der Folgezeit überdurchschnittliche Anlageergebnisse erzielen, werden entsprechend weitergeführt und vermarktet, die übrigen Fonds werden vom Markt genommen.

[146] Vgl. Grinblatt/Titman [1989], Blake/Elton/Gruber [1993], Brown/Goetzmann [1995], Malkiel [1995], Elton/Gruber/Blake [1996b], Carhart [1997], Wermers [1997] und Blake/Timmermann [1998].

unterschätzter Persistenz führt. Dabei analysieren Grinblatt/Titman [1992] die Fragestellung völlig ohne quantitative Annahmen. Geht man nämlich davon aus, dass diejenigen Investmentfonds, die wiederholt negativ abschneiden (dies entspricht positiver Persistenz in der Fondsperformance), deswegen vom Markt verschwinden, vergrößert sich der Anteil der Fonds mit nicht persistenten Ergebnissen in der von Survivorship Bias betroffenen Stichprobe, was zum Unterschätzen der Persistenz der Performance führt.

Vor diesem Hintergrund muss also davon ausgegangen werden, dass die Persistenz der Fondsperformance in der vorliegenden Stichprobe tendenziell unterschätzt wird, d.h. auf den konkreten Untersuchungskontext bezogen, sich die historischen Anlageergebnisse besser zur Selektion der Investmentmanager eignen, als dies durch die Ergebnisse zum Ausdruck kommt. Hierbei ist jedoch festzuhalten, dass das Ausmaß von Survivorship Bias, dem die verwendete Stichprobe im Rahmen der Persistenzstudie in dieser Arbeit unterliegt, kleiner ist als bei den beschriebenen Untersuchungen des amerikanischen und britischen Kapitalmarktes (bei denen jährliche Schließungsquoten von bis zu 15% auftreten). Dies liegt daran, dass nur relativ wenige Investmentfonds in den beiden betrachteten Anlagekategorien vom Markt verschwunden sind.

Die folgende Tabelle 4-2, zeigt zum einen die Anzahl der Fonds in den beiden Anlagekategorien, die zum jeweiligen Zeitpunkt existierten *und* bis heute existieren, sowie zum anderen die im jeweiligen Jahr geschlossenen Fonds.

Tabelle 4-2

Fondsstichprobe und Schließungen im Zeitablauf (Quelle: FERI Trust)

	Aktienfonds Deutschland	Aktienfonds Deutschland Schließungen	Aktienfonds Europa	Aktienfonds Europa Schließungen
1993	47	1	75	0
1994	58	0	80	1
1995	64	2	91	2
1996	69	1	100	1
1997	76	2	111	1
1998	86	1	137	2
1999	87	1	144	4
2000	90	2	147	3
2001	98	6	148	10
2002	101	4	149	8

Vor dem Hintergrund der geringen jährlichen Schließungsquoten (keine der Schließungsquoten liegt über sieben Prozent) wird daher für die empirische Untersuchung von einer Berücksichtigung des Survivorship Bias abgesehen.

4.4.3 Berechnungsgrundlagen und Vorgehensweise

Im Rahmen der Untersuchung sollen Persistenzeffekte in zwei Anlagekategorien (Aktien Deutschland und Aktien Europa) mit Hilfe von zwei verschiedenen Performancemaßen (aktive Rendite und Information Ratio) in drei unterschiedlichen Testverfahren (χ^2-Unabhängigkeitstest, Korrelationstest und Test auf identische Erwartungswerte) nachgewiesen werden. Ausgangspunkt für die beiden Performancemaße ist die von den einzelnen Investmentfonds erzielte Rendite $r_{P,i}$, die sich ergibt als:

(13)
$$r_{P,i} = \ln\left(\frac{RP_{2,i} * (1 + X_{m,i})}{RP_{1,i}}\right)$$

$$X_{m,i} = \left(1 + \sum_{j=1}^{m-1} X_{j,i}\right) * \frac{D_{m,i}}{K_{m,i}}$$

mit:

$RP_{1,i \text{ bzw.} 2,i}$ = Rücknahmepreise des Fonds i am Anfang ($RP_{1,i}$) bzw. Ende des Monats ($RP_{2,i}$)

$X_{m,i}$ = iterativ gerechneter Reinvestitionsfaktor unter der Berücksichtigung, dass innerhalb des Berechnungszeitraums (ein Monat) die Dividenden D_j zu den Kursen K_j reinvestiert werden

Die Fondsrenditen werden also aufgrund von Rücknahmepreisen (Nettoinventarwerten[147]) und unter Berücksichtigung der Reinvestition von Dividenden vor Steuern berechnet. Die während des Berechnungszeitraumes erfolgten Ausschüttungen werden am Tag der Ausschüttung als zum Anteilswert wieder angelegt betrachtet. Dies entspricht der sogenannten BVI-Methode des Bundesverbandes Investment und Asset Management e.V. (BVI). Da die Rücknahmepreise sämtlicher betrachteter

[147] Unter Nettoinventarwerten werden die Inventarwerte nach Abzug aller Kosten (z.B. Verwaltungskosten, Verwahrungskosten, Transaktionskosten) verstanden.

Investmentfonds in Euro notiert werden, entfällt eine Währungsumrechnung. Ausgabeaufschläge werden nicht berücksichtigt.

Die Verwendung stetiger Renditen wird in der Literatur als vorteilhaft, insbesondere was ihre Verteilungseigenschaften und den rechentechnischen Umgang betrifft, dargestellt.[148] Die Annahme einer Normalverteilung der Renditen, die bei stetigen Renditen eher erfüllt ist als bei diskreten, ist insbesondere wichtig für zwei der drei durchgeführten Testverfahren.[149] Des Weiteren rechtfertigen normalverteilte Renditen die Verwendung der Standardabweichung als Risikomaß. Aus diesem Grund stellen sämtliche Renditen, die in dieser Untersuchung berechnet wurden, stetige Renditen dar.

Das erste Performancemaß ist Alpha (α_P), die aktive Rendite, die jeweils durch eine Regressionsschätzung ermittelt wird, das zweite Performancemaß die ex-post-Information Ratio (IR), also der Quotient aus annualisierter aktiver Rendite und annualisiertem aktivem Risiko (Tracking Error).
Als Grundlage für die Schätzung werden zwei unterschiedliche Modelle betrachtet.[150]

Modell 1 (CAPM-Modell):

(14) $$r_P - r_f = \alpha_P + \beta_{P,B} * (r_B - r_f) + \varepsilon_P$$

mit:

r_P = Rendite des Fonds

r_f = risikoloser Zins/Geldmarktverzinsung (Anlagekategorie Aktien Deutschland: SSB Money Market Index Germany, Anlagekategorie Aktien Europa: 3-Monats-Euribor)

α_P = aktive Rendite des Fonds (im Falle des CAPM-Modells: Jensen's Alpha)

$\beta_{P,B}$ = Sensitivität der Fondsrendite gegenüber dem Benchmarkportfolio (Anlagekategorie Aktien Deutschland: MSCI Germany, Anlagekategorie Aktien Europa: MSCI Europe)

148 Vgl. Steiner/Bruns [1996], S.48f.
149 Vgl. Fama [1976], S.30f.
150 Die Wahl dieser Modelle erfolgt vor dem Hintergrund des statistischen Prinzips der Sparsamkeit der Modellierung (parsimony). Es soll versucht werden, mit möglichst wenigen Variablen zwei allgemeingültige Modelle, die möglichst unabhängig von den in den Untersuchungsperioden geltenden Marktbedingungen sind, zu entwickeln.

r_B = Rendite des Benchmarkportfolios

ε_P = Residuum der Regression

Modell 2 (Vier-Faktor-Modell):

(15) $$r_P - r_f = \alpha_P + \beta_{P,B} * (r_B - r_f) + \beta_{P,Size} * r_{Size} + \beta_{P,Val} * r_{Val} + \beta_{P,MM} * r_f + \varepsilon_P$$

mit:

$\beta_{P,Size}$ = Sensitivität der Fondsrendite gegenüber der Renditedifferenz eines Large-Cap-Index (Anlagekategorie Aktien Deutschland: DAX30, Anlagekategorie Aktien Europa: Dow Jones Stoxx50) und eines Small-Cap-Index (Anlagekategorie Aktien Deutschland: MSCI Germany Small Cap, Anlagekategorie Aktien Europa: MSCI Europe Small Cap)

r_{Size} = Renditedifferenz eines Large-Cap-Index (Anlagekategorie Aktien Deutschland: DAX30, Anlagekategorie Aktien Europa: Dow Jones Stoxx50) und eines Small-Cap-Index (Anlagekategorie Aktien Deutschland: MSCI Germany Small Cap, Anlagekategorie Aktien Europa: MSCI Europe Small Cap)

$\beta_{P,Val}$ = Sensitivität der Fondsrendite gegenüber der Renditedifferenz eines Growth-Index (Anlagekategorie Aktien Deutschland: MSCI Germany Growth, Anlagekategorie Aktien Europa: MSCI Europe Growth) und eines Value-Index (Anlagekategorie Aktien Deutschland: MSCI Germany Value, Anlagekategorie Aktien Europa: MSCI Europe Value)

r_{Val} = Renditedifferenz eines Growth-Index (Anlagekategorie Aktien Deutschland: MSCI Germany Growth, Anlagekategorie Aktien Europa: MSCI Europe Growth) und eines Value-Index (Anlagekategorie Aktien Deutschland: MSCI Germany Value, Anlagekategorie Aktien Europa: MSCI Europe Value)

$\beta_{P,MM}$ = Sensitivität der Fondsrendite gegenüber einer Geldmarktverzinsung (Anlagekategorie Aktien Deutschland: SSB Money Market Index Germany, Anlagekategorie Aktien Europa: 3-Monats-Euribor)

Beim ersten Modell handelt es sich um ein Ein-Faktor-CAPM-Modell. Das Benchmarkportfolio[151] stellt diesen Faktor dar. Das zweite Modell ist ein Vier-Faktor-Modell. Neben dem Benchmarkportfolio werden zwei Stilportfolios, darunter ein Portfolio, das die Renditeunterschiede zwischen Aktien mit hoher und geringer Marktkapitalisierung erfasst, und ein Portfolio, das die Renditeunterschiede zwischen Value- und Growth-Aktien erfasst, sowie die jeweilige Geldmarktverzinsung als Faktoren mit aufgenommen. Dieses Modell lehnt sich somit an das Drei-Faktor-Portfolio von Fama und French [1993 und 1996] sowie das Vier-Faktor-Modell von Elton/Gruber/Blake [1996b] an. Zur Berechnung der Renditen des Marktkapitalisierungsstilportfolios dient im Falle der Anlagekategorie Aktien Deutschland die Differenz der Renditen des Deutschen Aktienindex (DAX30) und des MSCI Germany Small Cap Index[152], im Falle der Anlagekategorie Aktien Europa die Differenz der Renditen des Dow Jones Stoxx50 und des MSCI Europe Small Cap Index. Zur Berechnung des Bewertungsstilportfolios dient im Falle der Anlagekategorie Aktien Deutschland die Differenz der Renditen des MSCI Germany Growth Index und des MSCI Germany Value Index, im Falle der Anlagekategorie Aktien Europa die Differenz der Renditen des MSCI Europe Growth Index und des MSCI Europe Value Index.[153] Die Aufnahme der Geldmarktverzinsung als Faktor im Vier-Faktor-Modell erfolgt aus dem Grund, dass viele Fonds Markttiming betreiben und deshalb oft größere Kassenbestände halten. Durch die Aufnahme der beschriebenen drei weiteren Faktoren werden die gemessenen Anlageergebnisse stiladjustiert. Damit ist es möglich, die reinen Titelselektionsfähigkeiten der Portfoliomanager (Fähigkeit zum Stockpicking) zu messen.

[151] In der Anlagekategorie Aktien Deutschland bildet der Morgan Stanley Capital International (MSCI) Germany Index, in der Anlagekategorie Aktien Europa bildet der MSCI Europe Index das Benchmarkportfolio. Um die Vergleichbarkeit der Fonds zu gewährleisten, wurde bei der Auswahl der Fonds aus der Datenbank darauf geachtet, dass auch von Seiten der Fondsgesellschaften diese Indizes als Benchmark angegeben werden.

[152] Die MSCI Small Cap Indizes werden in einem mehrstufigen Prozess konstruiert. Die aufgenommenen Aktiengesellschaften müssen zunächst eine Marktkapitalisierung zwischen 200 und 1500 Mio. USD und eine streubesitzadjustierte Marktkapitalisierung von mindestens 100 Mio. USD aufweisen. Danach werden die einzelnen Titel bestimmten Industriegruppen zugeordnet und diejenigen Titel mit dem höchsten Traded Value Ratio ausgewählt. Diese Prozedur hat vor allem die Aufgabe, den Index industrieneutral aufzubauen und im jeweiligen Industriesegment mindestens 40% der Marktkapitalisierung abzudecken. Die Small Cap Indizes werden seit Januar 1993 berechnet. Vgl. dazu MSCI Methodology Book: MSCI Small Cap Equity Index Methodology [2001].

[153] Die Value- und Growth-Indizes werden von MSCI durch Reihung der einzelnen Aktiengesellschaften nach ihrem Verhältnis von Marktkapitalisierung und Buchwert (Price/Book-Value-Ratio) zusammengestellt. Dabei werden alle Titel nach ihrem Price/Book-Value-Ratio in aufsteigender Reihenfolge sortiert und die Marktkapitalisierungen aufsummiert. Bis 50% der gesamten Marktkapitalisierung erreicht sind, werden alle Titel dem Value-Index zugeordnet, alle übrigen Titel dem Growth-Index zusortiert. Vgl. dazu MSCI Methodology&Index Policy [1998].

Um einen Zusammenhang zwischen historischen und zukünftigen Anlageergebnissen nachweisen zu können, ist es nötig, die jeweilige Untersuchungsperiode innerhalb des Untersuchungszeitraumes (Januar 1993 bis Dezember 2002) in zwei Unterabschnitte zu unterteilen, die sog. Formationsperiode (FP) und die Testperiode (TP).[154] Die folgende Abbildung 4-7 verdeutlicht diese Definitionen:

Abbildung 4-7

Unterteilung des Untersuchungszeitraumes

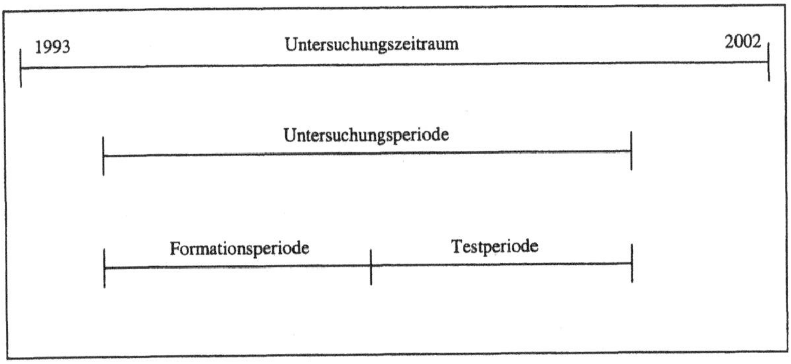

Ziel der Untersuchungen ist es zu überprüfen, ob zwischen den Anlageergebnissen der Fonds in zwei aufeinander folgenden Zeiträumen (der Formations- und der Testperiode) ein Zusammenhang besteht (Persistenz). Der Übergang von der Formationsperiode zur Testperiode entspricht somit einem simulierten Gegenwartspunkt, von dem aus die Zukunft (die Testperiode) beobachtet werden kann.

Insgesamt werden 14 Untersuchungsperioden betrachtet. Die Länge der Untersuchungsperioden liegt dabei zwischen fünf und acht Jahren. Folglich werden ausschließlich Fonds betrachtet, die mindestens seit 1998 bestehen und somit eine mindestens fünfjährige Performancehistorie aufweisen. Eine Länge von mindestens fünf Jahren für die Untersuchungsperiode wird gewählt, um die statistische Aussagefähigkeit der Ergebnisse nicht zu gefährden. Die Begrenzung der Untersuchungsperiodenlänge auf maximal acht Jahre erscheint im Hinblick auf die Stabilität der performancegenerierenden Faktoren sinnvoll. Insofern folgt der Untersuchungsaufbau und die Wahl der einzelnen Periodenlängen konsequent der Argumentation in Kapitel 4.2.

---

[154] Die Nomenklatur der einzelnen Zeiträume erfolgt analog zu Pleschiutschnig [2000].

Die Formationsperiodenlänge wird zwischen zwei, drei und fünf Jahren variiert, die Testperiodenlänge jeweils auf drei Jahre festgelegt. Dies erfolgt insbesondere vor dem Hintergrund, dass statistisch signifikant nachweisbare und gleichzeitig für Investoren nutzbare Persistenzeffekte, die nicht nur zufällig sind, nur dann gefunden werden können, wenn der Anlagezeitraum hinreichend groß ist. Andere Untersuchungen wie die von Pleschiutschnig [2000] beziehen auch wesentlich kürzere Testperiodenlängen mit ein und finden dabei auch Persistenzeffekte, beachten aber diese beiden Argumente nicht.

Aufgrund dieser Konstruktionsregeln ergeben sich die in Tabelle 4-3 aufgeführten 14 Untersuchungsperioden.

Tabelle 4-3

Untersuchungsperioden der empirischen Persistenzstudie

Nr.	Untersuchungsperiode	Formationsperiode	Testperiode
1	1993-1997	1993-1994	1995-1997
2	1993-1998	1993-1995	1996-1998
3	1993-2000	1993-1997	1998-2000
4	1994-1998	1994-1995	1996-1998
5	1994-1999	1994-1996	1997-1999
6	1994-2001	1994-1998	1999-2001
7	1995-1999	1995-1996	1997-1999
8	1995-2000	1995-1997	1998-2000
9	1995-2002	1995-1999	2000-2002
10	1996-2000	1996-1997	1998-2000
11	1996-2001	1996-1998	1999-2001
12	1997-2001	1997-1998	1999-2001
13	1997-2002	1997-1999	2000-2002
14	1998-2002	1998-1999	2000-2002

4.4.4 Panelschätzung

Bei der Regressionsschätzung der Alphas und Information Ratios tritt sowohl im CAPM-Modell wie auch im Vier-Faktor-Modell die Problematik auf, dass die Residuen der Regression nicht unabhängig voneinander sind. Die Durchführung einer linearen Einfachregression mit jedem Datensatz würde aus diesem Grund falsche Ergebnisse liefern. Trotz des erheblich größeren rechentechnischen Aufwandes wird daher für diese Untersuchung eine Panel-Schätzung mit gepoolten Daten durchgeführt (vgl. Greene

[1997], S.612ff.). Dabei wird auf das Statistik-Software-Programm eViews® zurückgegriffen. Die angesprochene Panel-Schätzung berücksichtigt, dass Datenreihen nicht unabhängig voneinander sind, und erhöht dadurch die Güte der Schätzung bzw. macht die Ergebnisse im strengen Sinne erst richtig.

Die Schätzgleichung der Regression in Vektorschreibweise lautet

(16) $$\mathbf{y}_{it} = \boldsymbol{\alpha}_i + \boldsymbol{\beta}_i^{'}\mathbf{x}_{it} + \boldsymbol{\varepsilon}_{it}$$

mit:

$\mathbf{y}_{it}$ = Vektor der Renditedifferenzen aus Fondsrenditen und Geldmarktverzinsung der Fonds i im Zeitablauf

$\boldsymbol{\alpha}_i$ = Vektor der Alphas der Fonds i

$\boldsymbol{\beta}_i$ = Vektor der Sensitivitäten der Fonds i gegenüber den Faktoren x_i im Zeitablauf

$\mathbf{x}_{it}$ = Vektor der Faktoren im Zeitablauf

$\boldsymbol{\varepsilon}_{it}$ = Vektor der Residuen der Fonds i im Zeitablauf

Je nach Wahl der Faktoren wird diese Schätzgleichung für das CAPM- und das Vier-Faktor-Modell verwendet. Bei der Schätzgleichung handelt es sich um ein sogenanntes Fixed-effects-Modell, also ein Modell, das für jedes Poolmitglied (jeden Fonds) einen unterschiedlichen, aber im Zeitablauf konstanten Achsenabschnitt α ermittelt.[155] Somit wird für jeden Fonds ein konstantes Alpha im Zeitablauf (der Formations- bzw. Testperiode) geschätzt. Die Information Ratios ergeben sich durch die Division der Alphas durch die Volatilität der Residuen aus der Schätzgleichung.

Im Anhang A befindet sich der Programmcode, der für die Modellschätzungen programmiert wurde. Das Beispiel zeigt die Schätzung für das Vier-Faktor-Modell in der Testperiode 1999-2001.

[155] Vgl. Greene [1997], S.615.

4.4.5 X²-Unabhängigkeitstests – Testverfahren und Ergebnisse

Das erste Testverfahren ist ein nichtparametrischer χ^2-Unabhängigkeitstest.[156] Der Test kommt ohne eine Verteilungsannahme für die Grundgesamtheit aus. Die Regressionsergebnisse beschreiben zwei verbundene einfache Stichproben mit den Untersuchungsmerkmalen Alpha und Information Ratio. Es soll untersucht werden, ob die in der Testperiode erzielten Alphas (α) bzw. Information Ratios (IR) unabhängig von den in der Formationsperiode erzielten α bzw. IR sind.[157]

Im Rahmen der Testdurchführung werden die Fonds für jede Untersuchungsperiode separat nach den in der Formationsperiode erzielten Anlageergebnissen (Alpha bzw. Information Ratio) gereiht. Die Fonds werden dann in disjunkte Klassen aufgeteilt. Bei einer geraden Anzahl von Fonds wird die Hälfte der Fonds mit den besseren Anlageergebnissen als „Gewinner" markiert, die andere Hälfte als „Verlierer". Bei einer ungeraden Anzahl von Fonds wird zunächst der Medianfonds gestrichen und dann analog vorgegangen. Für die Testperiode wird die gleiche Prozedur durchgeführt, so dass jeder betrachtete Fonds für Formations- und Testperiode eine Einstufung erhält. Die erhaltenen Ergebnisse können in einer Kontingenztabelle (Vierfeldertafel)[158] veranschaulicht werden. Abbildung 4-8 zeigt eine solche Vierfeldertafel. Zu beachten ist, dass bei der verwendeten Untersuchungsmethodik die Vierfeldertafel bereits durch eine einzige ermittelte Häufigkeit festgelegt ist. Dies liegt daran, dass die Randhäufigkeiten (Spalten- bzw. Zeilensummen) bei n Fonds stets n/2 betragen. Damit können bei Kenntnis einer einzigen Häufigkeit h (z.B. h_{GG} für Fonds, die in Formations- und Testperiode zu den Gewinnern zählen) die übrigen Häufigkeiten errechnet werden.

Abbildung 4-8

Vierfeldertafel

Formationsperiode	Testperiode	
	Gewinner (G)	Verlierer (V)
Gewinner (G)	h_{GG}	h_{GV}
Verlierer (V)	h_{VG}	h_{VV}

156 Vgl. Bamberg [2002], S. 202ff., und Bosch [1998], S. 384ff. Das Verfahren wird auch als Kontingenztest bezeichnet.

157 Eine ähnliche Untersuchung führen Kahn/Rudd [1995] durch.

158 Da für Formations- und Testperiode die Fonds jeweils in zwei disjunkte Klassen eingeteilt werden, handelt es sich bei dieser speziellen Kontingenztabelle mit vier gemeinsamen Häufigkeiten um eine Vierfeldertafel.

Die zu testenden Hypothesen lauten:

H_0 (Nullhypothese) :

Die Gewinner- oder Verliereriegenschaft (hinsichtlich des erzielten Alphas bzw. Information Ratios) eines Fonds in der Testperiode ist von der Gewinner- oder Verlierereigenschaft des Fonds in der Formationsperiode unabhängig.

H_1 (Alternativhypothese):

Die Gewinner- oder Verlierereigenschaft (hinsichtlich des erzielten Alphas bzw. Information Ratios) eines Fonds in der Testperiode ist von der Gewinner- oder Verlierereigenschaft des Fonds in der Formationsperiode abhängig.

Die χ^2-verteilte Teststatistik des Unabhängigkeitstests für den Stichprobenumfang n lautet (vgl. Bosch [1998], S. 387):

(17) $$v = \frac{n*(h_{GG}*h_{VV} - h_{GV}*h_{VG})^2}{(h_{GG}+h_{GV})*(h_{VG}+h_{VV})*(h_{GG}+h_{VG})*(h_{GV}+h_{VV})}$$ mit 1 Freiheitsgrad (FG)

mit:

h_{GG} = absolute Häufigkeit der „Gewinner-Gewinner"-Fonds

h_{VV} = absolute Häufigkeit der „Verlierer-Verlierer"-Fonds

h_{GV} = absolute Häufigkeit der „Gewinner-Verlierer"-Fonds

h_{VG} = absolute Häufigkeit der „Verlierer-Gewinner"-Fonds

Unter Berücksichtigung der Tatsache, dass die Randhäufigkeiten bekannt sind und die Vierfeldertafel z.B. durch die Kenntnis von h_{GG} eindeutig festgelegt ist, vereinfacht sich die Darstellung zu

(18) $$v = \frac{n*\left[(h_{GG})^2 - (\frac{n}{2} - h_{GG})^2\right]^2}{\left[\frac{n}{2}\right]^4}$$ mit 1 FG

Unter Berücksichtigung der Stichprobenumfänge erscheint die Stetigkeitskorrektur nach Yates sinnvoll. Bei Stichprobenumfängen zwischen 20 und 200 ist diese Korrektur geeignet. Sämtliche im Rahmen der Untersuchung betrachteten Stichprobenumfänge liegen in diesem Intervall. Somit lautet die korrigierte χ^2-verteilte Teststatistik

(19) $$v = \frac{n * \left[\left| (h_{GG})^2 - (\frac{n}{2} - h_{GG})^2 \right| - \frac{n}{2} \right]^2}{\left[\frac{n}{2} \right]^4} \quad \text{mit 1 FG}$$

Eine Übersicht zu den Testergebnissen für beide Anlagekategorien zeigen die Tabellen 4-4 bis 4-7. In den Tabellen 4-4 und 4-6 sind jeweils die Werte der Teststatistik angegeben, die zu den einzelnen Untersuchungsperioden (UP)[159] gehören. Dabei werden die Untersuchungsperioden, die eine identische Formationsperiodenlänge aufweisen, in Blöcken dargestellt. So ergeben sich jeweils drei Blöcke mit den Formationsperiodenlängen von zwei, drei und fünf Jahren. Die Tests werden für beide Performancemaße (α und IR) für beide Modelle (Modell 1: CAPM-Modell, Modell 2: Vier-Faktor-Modell) durchgeführt, so dass die Tabellen je vier Spalten aufweisen. Die Tabellen 4-5 und 4-7 enthalten für die einzelnen Kombinationen aus Untersuchungsperiode und Performancemaß die prozentualen Anteile der Häufigkeiten für die Merkmalsausprägung „Gewinner-Gewinner", die den prozentualen Anteilen der Häufigkeiten für die Merkmalsausprägung „Verlierer-Verlierer" entsprechen. Liegt dieser Anteil über 25%, so bedeutet dies, dass die Mehrheit der Fonds, die in der Formationsperiode zu den „Gewinnern" zählen, in der Testperiode ebenfalls „Gewinner" sind. Liegt hingegen der Anteil unter 25%, so zeigt dies, dass die Mehrheit der „Gewinner" Fonds aus der Formationsperiode in der Testperiode zu „Verlierern" wird.

In der Anlagekategorie Aktien Deutschland zeigt sich kein klares Bild. Für die Untersuchungsperioden mit einer Formationsperiodenlänge von zwei Jahren ergeben sich die höchsten Werte für die Teststatistik. Signifikante Werte für die Teststatistik ergeben sich in der Untersuchungsperiode von 1996 bis 2000 (UP 96979800) unter Verwendung des CAPM-Modells für die Performancemaße α bei 10%iger Irrtumswahr-

159 Die ersten vier Ziffern in der UP-Spalte geben jeweils die Formationsperiode an. „9394...." bedeutet beispielsweise, dass die Formationsperiode sich von 1993 bis 1994 erstreckt. Die letzten beiden Ziffern geben analog die Testperiode an. In Klammern ist die Anzahl der für diese Untersuchungsperiode vorhandenen Fonds (# Fonds) ausgewiesen.

scheinlichkeit (IW) und IR (bei 5%iger IW) sowie in der Untersuchungsperiode von 1997 bis 2001 (UP 97989901) unter Verwendung des Vier-Faktor-Modells für α und IR (jeweils bei 5%iger IW). Diese Ergebnisse weisen auf eine signifikant negative Persistenz hin, da der Anteil der „Gewinner-Gewinner"-Fonds in beiden Fällen unter 25% liegt.

Tabelle 4-4

Untersuchungsergebnisse der χ^2-Unabhängigkeitstests für die Anlagekategorie Aktien Deutschland (Werte der Teststatistik)

Aktien Deutschland

FP-Länge 2 Jahre

UP (# Fonds)	α Modell 1	α Modell 2	IR Modell 1	IR Modell 2
93949597 (47)	0,348	0,000	0,000	0,000
94959698 (58)	0,000	1,103	1,103	2,483
95969799 (64)	0,063	0,063	0,063	0,063
96979800 (69)	° 2,882 °	0,529	* 4,765 *	0,529
97989901 (76)	0,474	* 4,263 *	0,474	* 4,263 *
98990002 (86)	0,186	0,186	0,000	0,186

FP-Länge 3 Jahre

UP (# Fonds)	α Modell 1	α Modell 2	IR Modell 1	IR Modell 2
93959698 (47)	0,000	0,000	0,000	0,348
94969799 (58)	0,000	2,483	0,000	0,276
95979800 (64)	0,063	0,063	0,063	0,063
96989901 (69)	0,529	0,059	0,059	0,529
97990002 (76)	0,053	0,053	0,053	0,474

FP-Länge 5 Jahre

UP (# Fonds)	α Modell 1	α Modell 2	IR Modell 1	IR Modell 2
93979800 (47)	1,391	0,348	1,391	0,348
94989901 (58)	0,000	0,000	0,000	0,000
95990002 (64)	0,563	0,063	0,563	0,063

* = signifikant bei 5% IW

° = signifikant bei 10% IW

Es fällt auf, dass insgesamt lediglich zwei Werte für das Performancemaß α und zwei Werte für das Performancemaß Information Ratio signifikant sind. Außerdem ist bei einer Formationsperiodenlänge von fünf Jahren der Anteil der Untersuchungsergebnisse, bei denen der Anteil der „Gewinner-Gewinner“-Fonds über 25% liegt (was eher auf eine positive Persistenz hindeuten würde), am größten. Keines der Ergebnisse ist jedoch statistisch signifikant.

Vergleicht man die Ergebnisse für das CAPM-Modell und das Vier-Faktor-Modell sowie die Ergebnisse für die Performancemaße α und Information Ratio untereinander, sind keine fundamentalen Unterschiede feststellbar.

Tabelle 4-5

Untersuchungsergebnisse der χ^2-Unabhängigkeitstests für die Anlagekategorie Aktien Deutschland (prozentuale Anteile der „Gewinner-Gewinner“-Fonds)

Aktien Deutschland

FP-Länge 2 Jahre

UP (# Fonds)	α Modell 1	α Modell 2	IR Modell 1	IR Modell 2
93949597 (47)	28,3%	23,9%	26,1%	23,9%
94959698 (58)	24,1%	29,3%	20,7%	31,0%
95969799 (64)	25,0%	23,4%	25,0%	25,0%
96979800 (69)	19,1%	22,1%	17,6%	22,1%
97989901 (76)	22,4%	18,4%	22,4%	18,4%
98990002 (86)	26,7%	26,7%	25,6%	26,7%

FP-Länge 3 Jahre

UP (# Fonds)	α Modell 1	α Modell 2	IR Modell 1	IR Modell 2
93959698 (47)	23,9%	23,9%	23,9%	21,7%
94969799 (58)	24,1%	31,0%	24,1%	27,6%
95979800 (64)	25,0%	25,0%	26,6%	25,0%
96989901 (69)	22,1%	25,0%	23,5%	22,1%
97990002 (76)	26,3%	23,7%	25,0%	22,4%

FP-Länge 5 Jahre

UP (# Fonds)	α Modell 1	α Modell 2	IR Modell 1	IR Modell 2
93979800 (47)	19,6%	21,7%	19,6%	21,7%
94989901 (58)	25,9%	25,9%	25,9%	24,1%
95990002 (64)	28,1%	25,0%	28,1%	25,0%

Im Ergebnis lässt sich für die Anlagekategorie Aktien Deutschland festhalten, dass nur schwache Hinweise auf eine Abhängigkeit zwischen den Anlageergebnissen der Formations- und Testperioden bestehen. In nur drei von maximal 56 Fällen (die allerdings nicht unabhängig voneinander sind) bei einer Irrtumswahrscheinlichkeit von 5% bzw. in vier von 56 Fällen bei einer Irrtumswahrscheinlichkeit von 10% kann die Nullhypothese abgelehnt werden. Sämtliche signifikanten Ergebnisse weisen auf eine negative Persistenz hin.

Eine mögliche Erklärung dafür, die allerdings mit der Untersuchung nicht nachgewiesen werden kann, ist das Phänomen, dass Fonds mit überdurchschnittlichen Anlageergebnissen einen verstärkten Mittelzufluss verzeichnen, was dazu führen kann, dass die bisher erfolgreichen Investmentstrategien nicht mehr umgesetzt werden können, und es dadurch zu einer Verschlechterung der Anlageergebnisse kommt.[160] Eine andere Erklärung wäre, dass in der Anlagekategorie Aktien Deutschland von den Investmentmanagern häufig unstrukturierte Verwaltungsansätze gewählt werden, die überdurchschnittliche Anlageergebnisse nur zufällig entstehen lassen. Dieses Argument könnte gleichzeitig die unterschiedlichen Ergebnisse erklären, die der χ^2-Unabhängigkeitstest für die Anlagekategorie Aktien Europa liefert.

In der Anlagekategorie Aktien Europa treten mehr signifikante Werte für die Teststatistik auf, insbesondere bei einer Formationsperiodenlänge von fünf Jahren. Außerdem nimmt die Anzahl der Testreihen, bei denen die Anteile der „Gewinner-Gewinner"-Fonds über 25% liegen, deutlich zu.[161]

Signifikante Werte für die Teststatistik ergeben sich bei zweijährigen Formationsperioden in der Untersuchungsperiode von 1996 bis 2000 unter Verwendung des Vier-Faktor-Modells für die Performancemaße α und IR bei jeweils 10%iger Irrtumswahrscheinlichkeit und in der Untersuchungsperiode von 1998 bis 2002 unter Verwendung des Vier-Faktor-Modells für α bei einer Irrtumswahrscheinlichkeit von 5%.

Bei den dreijährigen Formationsperioden ergibt sich nur für die Untersuchungsperiode von 1997 bis 2002 ein signifikantes Ergebnis (unter Verwendung des CAPM-Modells für α bei einer Irrtumswahrscheinlichkeit von 5% und unter Verwendung des Vier-Faktor-Modells für IR bei einer Irrtumswahrscheinlichkeit von 10%).

---

[160] Vgl. Beckers/Vaughan [2001].

[161] Bei einer Formationsperiodenlänge von fünf Jahren liegen in der Anlagekategorie Aktien Europa sämtliche Anteile der „Gewinner-Gewinner"-Fonds über 25%.

Tabelle 4-6

Untersuchungsergebnisse der χ^2-Unabhängigkeitstests für die Anlagekategorie Aktien Europa (Werte der Teststatistik)

Aktien Europa

FP-Länge 2 Jahre

UP (# Fonds)	α Modell 1	α Modell 2	IR Modell 1	IR Modell 2
93949597 (75)	0,000	0,865	0,000	0,000
94959698 (80)	0,450	0,050	0,450	2,450
95969799 (91)	0,178	0,000	0,711	0,711
96979800 (100)	0,040	° 3,240 °	0,040	° 3,240 °
97989901 (111)	0,000	0,000	0,000	0,582
98990002 (137)	1,441	* 4,971 *	1,441	0,265

FP-Länge 3 Jahre

UP (# Fonds)	α Modell 1	α Modell 2	IR Modell 1	IR Modell 2
93959698 (75)	0,216	0,865	0,865	0,865
94969799 (80)	0,050	0,050	0,050	0,450
95979800 (91)	0,178	0,178	0,000	0,000
96989901 (100)	0,040	1,000	1,960	0,040
97990002 (111)	* 5,236 *	1,309	° 3,636 °	0,582

FP-Länge 5 Jahre

UP (# Fonds)	α Modell 1	α Modell 2	IR Modell 1	IR Modell 2
93979800 (75)	0,000	0,216	° 3,459 °	° 3,459 °
94989901 (80)	0,450	0,450	* 4,050 *	1,250
95990002 (91)	* 6,400 *	0,711	* 11,378 *	* 6,400 *

* = signifikant bei 5% IW

° = signifikant bei 10% IW

Bei den fünfjährigen Formationsperioden finden sich in allen drei Untersuchungsperioden signifikante Ergebnisse. In der Untersuchungsperiode von 1993 bis 2000 ergibt sich, sowohl unter Verwendung des CAPM-Modells als auch des Vier-Faktor-Modells für IR (bei 10% Irrtumswahrscheinlichkeit), ein signifikantes Ergebnis.

Tabelle 4-7

Untersuchungsergebnisse der χ^2-Unabhängigkeitstests für die Anlagekategorie Aktien Europa (prozentuale Anteile der „Gewinner-Gewinner"-Fonds)

Aktien Europa

FP-Länge 2 Jahre

UP (# Fonds)	α Modell 1	α Modell 2	IR Modell 1	IR Modell 2
93949597 (75)	24,3%	28,4%	25,7%	25,7%
94959698 (80)	27,5%	25,0%	27,5%	28,8%
95969799 (91)	26,7%	25,6%	27,8%	27,8%
96979800 (100)	26,0%	30,0%	26,0%	30,0%
97989901 (111)	24,5%	24,5%	25,5%	27,3%
98990002 (137)	27,9%	30,1%	27,9%	26,5%

FP-Länge 3 Jahre

UP (# Fonds)	α Modell 1	α Modell 2	IR Modell 1	IR Modell 2
93959698 (75)	23,0%	21,6%	21,6%	28,4%
94969799 (80)	26,3%	25,0%	25,0%	30,0%
95979800 (91)	26,7%	26,7%	25,6%	25,6%
96989901 (100)	26,0%	28,0%	29,0%	26,0%
97990002 (111)	30,9%	28,2%	30,0%	27,3%

FP-Länge 5 Jahre

UP (# Fonds)	α Modell 1	α Modell 2	IR Modell 1	IR Modell 2
93979800 (75)	25,7%	27,0%	31,1%	31,1%
94989901 (80)	27,5%	27,5%	31,3%	28,8%
95990002 (91)	32,2%	27,8%	32,2%	32,2%

In der Untersuchungsperiode von 1994 bis 2001 liefert der Test unter Verwendung des CAPM-Modells für IR ebenfalls ein signifikantes Ergebnis bei 5% Irrtumswahrscheinlichkeit. Schließlich finden sich auch in der Untersuchungsperiode von 1995 bis 2002 signifikante Resultate, und zwar unter Verwendung des CAPM-Modells für α und IR (jeweils bei 5% Irrtumswahrscheinlichkeit) und unter Verwendung des Vier-Faktor-Modells für IR bei 5% Irrtumswahrscheinlichkeit. In dieser Untersuchungsperiode sind die Signifikanzen am größten.

Bei fünfjähriger Formationsperiodenlänge ist (wie in der Anlagekategorie Aktien Deutschland) der Anteil der Untersuchungsergebnisse, bei denen der Anteil der

„Gewinner-Gewinner"-Fonds über 25% liegt (Indikator für positive Persistenz), am größten (er liegt bei 100%), wobei sechs von zwölf Ergebnissen signifikant sind. Zusätzlich fällt auf, dass bei dieser Formationsperiodenlänge das CAPM-Modell in den Untersuchungsperioden mit signifikanten Ergebnissen im Vergleich zum Vier-Faktor-Modell stets gleich große oder größere Werte für die Teststatistik liefert.
Es kann festgehalten werden, dass es im Vergleich zur Anlagekategorie Aktien Deutschland, insbesondere für Untersuchungsperioden mit fünfjähriger Formationsperiode, stärkere Hinweise auf Nicht-Unabhängigkeit der Anlageergebnisse gibt. Allerdings kann die Nullhypothese nur in sechs von 56 Fällen (bei einer Irrtumswahrscheinlichkeit von 5%) bzw. in elf von 56 Fällen (bei einer Irrtumswahrscheinlichkeit von 10%) abgelehnt werden, wobei alle signifikanten Ergebnisse auf eine positive Persistenz hindeuten. Es fällt weiterhin auf, dass insbesondere in den Untersuchungsperioden, die die vergangenen Jahre enthalten, eher Signifikanzen auftreten.[162] Längere Stützzeiträume (Formationsperioden) erbringen dabei generell eher signifikante Ergebnisse, die auf positive Persistenz hindeuten.

4.4.6 Korrelationstests –Testverfahren und Ergebnisse

Die zweite angewendete Testmethodik beschreibt einen Test auf Unabhängigkeit bei verbundenen Stichproben unter der Normalverteilungsannahme für die Grundgesamtheit. (Korrelationstest).[163] Dabei werden die von den betrachteten Fonds erzielten Anlageergebnisse in der Formations- und Testperiode als zweidimensionale normalverteilte Zufallsvariable aufgefasst. Im Falle einer Korrelation von 0 zwischen den Anlageergebnissen in der Formations- und Testperiode sind diese unabhängig voneinander. Korrelationen werden in der Literatur zur Persistenz von Performance nur selten benutzt. Ausnahmen bilden die Untersuchungen von Lehman/Modest [1987], Hendricks/Patel/Zeckhauser [1993], die die von Fama/MacBeth [1973] beschriebene Vorgehensweise aufgreifen, und Detzel/Weigand [1998].[164]

[162] Ein Erklärungsansatz hierfür wäre, dass Portfoliomanager gerade in einem „extremen" und volatilen Börsenumfeld ihre strategischen Vorteile besser nutzen können.
[163] Vgl. Bosch [1998], S.486. Im Vorfeld der Untersuchung durchgeführte Kolmogoroff-Smirnoff-Tests auf Normalverteilung der geschätzten Performancemaße ergeben keine Hinweise darauf, dass die Normalverteilungsannahme hier zu restriktiv ist.
[164] Detzel/Weigand [1998] analysieren die Performance von insgesamt 61 US-amerikanischen Fonds über zwanzig Jahre hinweg, wobei jeweils die Korrelationen zwischen den Anlageergebnissen zweier Jahre berechnet werden.

Insofern erscheint die Anwendung dieser unterrepräsentierten Untersuchungsmethode auf die Fondsstichprobe interessant.

Der Test gliedert sich in zwei Teile. Zunächst werden die Korrelationen der Anlageergebnisse (α bzw. IR) aus der Formationsperiode mit den Anlageergebnissen aus der Testperiode für *sämtliche* in der jeweiligen Anlagekategorie vertretenen Fonds in den 14 Untersuchungsperioden für beide Schätzmodelle bestimmt und getestet. Danach wird die gleiche Prozedur nochmals mit einer auf die Fonds mit den besten Anlageergebnissen beschränkten Gruppe durchgeführt. Um eventuelle Unterschiede zwischen den Ergebnissen für die Gesamtheit der Fonds in der jeweiligen Anlagekategorie und den Fonds mit den besten Anlageergebnissen nachweisen zu können, werden hierzu nur jeweils die in der Formationsperiode nach den Anlageergebnissen besten 25% der Fonds ausgewählt und die weiteren Berechnungen analog durchgeführt.

Die zu testenden Hypothesen lauten:

H_0 (Nullhypothese) :
Die Anlageergebnisse der Gesamtheit aller Fonds (bzw. der hinsichtlich der Anlageergebnisse in der Formationsperiode besten 25% der Fonds) aus der Formations- und aus der Testperiode sind unabhängig voneinander, d.h. die Korrelation (ρ) zwischen den Anlageergebnissen der Formationsperiode und der Testperiode beträgt null.

H_1 (Alternativhypothese):
Die Anlageergebnisse der Gesamtheit aller Fonds (bzw. der hinsichtlich der Anlageergebnisse in der Formationsperiode besten 25% der Fonds) aus der Formations- und aus der Testperiode sind abhängig voneinander, d.h. die Korrelation (ρ) zwischen den Anlageergebnissen der Formationsperiode und der Testperiode ist von null verschieden.

Die t-verteilte Teststatistik für den Korrelationstest lautet:

(20) $$t = \frac{r}{s_r}$$ mit n-2 Freiheitsgraden

mit

(21) $$s_r = \sqrt{\frac{1-r^2}{n-2}}$$

r bezeichnet dabei die in der Stichprobe gemessene Korrelation, s_r deren Standardabweichung.

Die Übersicht zu den Testergebnissen des Korrelationstestes zeigen die Tabellen 4-8 bis 4-11. In den Tabellen sind jeweils die gemessenen Korrelationen angegeben.

Für die Anlagekategorie Aktien Deutschland ergeben sich bei den Untersuchungen für alle Fonds jeweils sieben positive und sieben negative Korrelationen für das Performancemaß Alpha (sechs positive und acht negative Korrelationen für das Performancemaß Information Ratio), wenn die Schätzung unter Zuhilfenahme des CAPM-Modells (Modell 1) durchgeführt wird. Unter Verwendung des Vier-Faktor-Modells (Modell 2) ergeben sich für α fünf positive und neun negative Korrelationen (für IR sieben positive und sieben negative Korrelationen). Signifikant negative Korrelationen liegen in der Untersuchungsperiode von 1997 bis 2001 (FP-Länge zwei Jahre) für beide Performancemaße in beiden Modellen vor. Alle vier berechneten Teststatistiken sind hier bei Verwendung einer 5%igen Irrtumswahrscheinlichkeit signifikant.
In der Untersuchungsperiode von 1998 bis 2002 (FP-Länge ebenfalls zwei Jahre) ergibt sich im Modell 2 für α bei einer 10%igen Irrtumswahrscheinlichkeit ebenfalls ein negativ signifikantes Ergebnis.

Bei den Untersuchungsperioden mit dreijähriger Formationsperiode liefern beide Modelle in der Untersuchungsperiode von 1996 bis 2001 negativ signifikante Ergebnisse für beide Performancemaße bereits bei einer 5%igen Irrtumswahrscheinlichkeit (für Modell 1 und IR bei einer 10%igen IW).

Tabelle 4-8

Untersuchungsergebnisse der Korrelationstests für die Anlagekategorie Aktien Deutschland - alle Fonds - (gemessene Korrelationen, t-Werte in Klammern)

Aktien Deutschland

FP-Länge 2 Jahre

UP (# Fonds)	α Modell 1	α Modell 2	IR Modell 1	IR Modell 2
93949597 (47)	-0,008 (-0,05)	0,378 (2,74)*	0,073 (0,49)	0,135 (0,91)
94959698 (58)	-0,162 (-1,23)	-0,130 (-0,98)	0,029 (0,21)	0,092 (0,69)
95969799 (64)	0,190 (1,52)	0,265 (2,16)*	0,093 (0,74)	0,098 (0,78)
96979800 (69)	0,098 (0,81)	-0,080 (-0,66)	0,022 (0,18)	-0,089 (-0,73)
97989901 (76)	-0,353 (-3,25)*	-0,506 (-5,05)*	-0,228 (-2,01)*	-0,364 (-3,36)*
98990002 (86)	-0,070 (-0,64)	-0,208 (-1,95)°	-0,014 (-0,13)	-0,162 (-1,50)

FP-Länge 3 Jahre

UP (# Fonds)	α Modell 1	α Modell 2	IR Modell 1	IR Modell 2
93959698 (47)	0,312 (2,20)*	0,447 (3,35)*	-0,060 (-0,41)	0,051 (0,34)
94969799 (58)	0,002 (0,02)	0,144 (1,09)	-0,049 (-0,36)	0,179 (1,36)
95979800 (64)	0,185 (1,48)	-0,005 (-0,04)	-0,016 (-0,12)	-0,103 (-0,82)
96989901 (69)	-0,331 (-2,87)*	-0,443 (-4,05)*	-0,233 (-1,96)°	-0,297 (-2,54)*
97990002 (76)	-0,200 (-1,76)	-0,197 (-1,73)°	-0,163 (-1,42)	-0,168 (-1,47)

FP-Länge 5 Jahre

UP (# Fonds)	α Modell 1	α Modell 2	IR Modell 1	IR Modell 2
93979800 (47)	-0,299 (-2,10)*	-0,064 (-0,43)	-0,267 (-1,86)°	-0,077 (-0,52)
94989901 (58)	0,230 (1,77)°	0,158 (1,20)	0,136 (1,03)	0,046 (0,34)
95990002 (64)	0,003 (0,02)	-0,045 (-0,36)	0,011 (0,09)	0,029 (0,23)

* = t-Werte signifikant bei 5% IW
° = t-Werte signifikant bei 10% IW

In der Untersuchungsperiode von 1997 bis 2002 erbringt nur das Vier-Faktor-Modell für α bei einer 10%igen Irrtumswahrscheinlichkeit ein signifikantes Resultat. In der Untersuchungsperiode (mit fünfjähriger Formationsperiode) von 1993 bis 2000 ergeben sich nur unter Verwendung von Modell 1 für α bei 5%iger IW und für IR bei 10%iger IW negative Signifikanzen.

Positive Signifikanzen im Rahmen der Untersuchungen liegen in den Untersuchungsperioden von 1993 bis 1997 und von 1995 bis 1999 (die Formationsperiodenlänge für beide Untersuchungsperioden beträgt zwei Jahre) jeweils nur für Modell 2 und das Performancemaß α bei 5%iger IW vor, in der Untersuchungsperiode von 1993 bis 1998 (mit dreijähriger Formationsperiode) ergeben sich in beiden Modellen jeweils für α bei 5%iger IW und in der Untersuchungsperiode von 1994 bis 2001 (Formationsperiodenlänge: fünf Jahre) im Modell 1 für α bei 5%iger IW positiv signifikante Werte.

Vergleicht man die Korrelationen, die sich auf Basis der α bzw. IR ergeben, fällt auf, dass die t-Werte für die Untersuchungsperioden, bei denen die Verwendung des Performancemaßes α ein signifikantes Ergebnis hervorbringt, bei Verwendung des Performancemaßes IR generell betragsmäßig kleiner ausfallen, was dazu führt, dass insbesondere die positiven Signifikanzen verschwinden.

Die Ergebnisse der Untersuchung, unter Verwendung der nach der Formationsperiode in Bezug auf die Performancemaße besten 25% der Fonds an Stelle aller Fonds in der Anlagekategorie Aktien Deutschland, zeigt Tabelle 4-9.
Unter Verwendung des CAPM-Modells ergeben sich nun elf positive und drei negative Korrelationen für das Performancemaß Alpha (zehn positive und vier negative Korrelationen für das Performancemaß Information Ratio), unter Verwendung des Vier-Faktor-Modells jeweils neun positive und fünf negative Korrelationen für beide Performancemaße. Festzuhalten ist, dass es nun keinerlei signifikant negative Korrelationen mehr gibt. Im Vergleich zur Gesamtheit aller Fonds dieser Anlagekategorie sind sämtliche negativen Signifikanzen verschwunden. Positiv signifikante Korrelationen liegen in den Untersuchungsperioden von 1995 bis 2000, von 1996 bis 2001 (jeweils dreijährige Formationsperioden) sowie den Untersuchungsperioden von 1994 bis 2001 und von 1995 bis 2002 (jeweils fünfjährige Formationsperioden) vor.

In der Untersuchungsperiode von 1995 bis 2000 liefern beide Modelle für das Performancemaß α signifikant positive Korrelationen bei 5%iger IW, in der Untersuchungsperiode von 1996 bis 2001 ergeben sich für α und IW unter Verwendung von Modell 1 bei 10%iger IW und für α unter Verwendung von Modell 2 bei 10%iger IW signifikante Werte.
In der Untersuchungsperiode von 1994 bis 2001 sind die Korrelationen für das Performancemaß α in beiden Modellen positiv signifikant (bei 5%iger IW), in der

Untersuchungsperiode von 1995 bis 2002 nur die Korrelation für das Performancemaß IR bei 10%iger IW.

Tabelle 4-9

Untersuchungsergebnisse der Korrelationstests für die Anlagekategorie Aktien Deutschland - TOP 25% - (gemessene Korrelationen, t-Werte in Klammern)

Aktien Deutschland

FP-Länge 2 Jahre

UP (# Fonds)	α Modell 1	α Modell 2	IR Modell 1	IR Modell 2
93949597 (11)	0,092 (0,28)	0,217 (0,67)	0,162 (0,49)	0,268 (0,84)
94959698 (14)	-0,239 (-0,85)	-0,422 (-1,61)	0,126 (0,44)	-0,043 (-0,15)
95969799 (16)	-0,037 (-0,14)	0,205 (0,78)	-0,235 (-0,91)	-0,307 (-1,21)
96979800 (17)	0,176 (0,69)	0,169 (0,66)	0,198 (0,78)	0,427 (1,83)°
97989901 (19)	0,243 (1,03)	0,358 (1,58)	0,380 (1,70)	0,270 (1,16)
98990002 (21)	-0,140 (-0,62)	-0,315 (-1,45)	-0,092 (-0,40)	-0,245 (-1,10)

FP-Länge 3 Jahre

UP (# Fonds)	α Modell 1	α Modell 2	IR Modell 1	IR Modell 2
93959698 (11)	0,309 (0,98)	-0,029 (-0,09)	0,361 (1,16)	-0,041 (-0,12)
94969799 (14)	0,044 (0,15)	-0,052 (-0,18)	0,170 (0,60)	0,413 (1,57)
95979800 (16)	0,628 (3,02)*	0,540 (2,40)*	0,359 (1,44)	0,121 (0,46)
96989901 (17)	0,424 (1,81)°	0,446 (1,93)°	0,410 (1,74)°	0,139 (0,54)
97990002 (19)	0,108 (0,45)	0,161 (0,67)	0,206 (0,87)	0,304 (1,32)

FP-Länge 5 Jahre

UP (# Fonds)	α Modell 1	α Modell 2	IR Modell 1	IR Modell 2
93979800 (11)	0,006 (0,02)	-0,254 (-0,79)	-0,219 (-0,67)	0,306 (0,96)
94989901 (14)	0,546 (2,26)*	0,506 (2,03)*	0,112 (0,39)	0,198 (0,70)
95990002 (16)	0,001 (0,00)	0,040 (0,15)	-0,142 (-0,54)	-0,119 (-0,45)

* = t-Werte signifikant bei 5% IW
° = t-Werte signifikant bei 10% IW

Die Korrelationen auf Basis von α bzw. IR variieren nicht systematisch, dennoch verschwinden auch hier tendenziell die positiven Signifikanzen, wenn man an Stelle des Alphas die Information Ratio als Performancemaß verwendet.

Ein Vergleich der Ergebnisse für die beiden Modelle für die Anlagekategorie Aktien Deutschland zeigt, dass es keine systematischen Unterschiede (weder bei der Gesamtheit aller Fonds noch bei den „TOP-25%-Fonds") zu geben scheint. Besonders in den Untersuchungsperioden, in denen die größten Signifikanzen auftreten, liefern beide Modelle ähnliche Ergebnisse.

Die gleichen Untersuchungen werden nun auch für die Anlagekategorie Aktien Europa durchgeführt, für die eine breitere Datenbasis besteht. Die Ergebnisse sind analog zur Anlagekategorie Aktien Deutschland in zwei Tabellen (Tabelle 4-10 für die Gesamtheit aller Fonds und Tabelle 4-11 für die nach der Formationsperiode hinsichtlich der Performancemaße besten 25% der Fonds) festgehalten.

Für die Gesamtheit aller Aktienfonds Europa zeigen sich deutliche Anzeichen für positive Persistenz. Es treten zahlreiche hohe positive Korrelationen auf.

Unter Verwendung des CAPM-Modells ergeben sich elf positive und drei negative Korrelationen für das Performancemaß Alpha bzw. zehn positive und vier negative Korrelationen für das Performancemaß Information Ratio. Bei Verwendung des Vier-Faktor-Modells ergeben sich für beide Performancemaße jeweils elf positive und drei negative Korrelationen.

Signifikant negative Korrelationen treten nur in den Untersuchungsperioden von 1993 bis 1997 (unter Verwendung von Modell 1 für α und IR bei 10%iger Irrtumswahrscheinlichkeit) und von 1994 bis 1998 (unter Verwendung von Modell 2 für α bei 10%iger IW) auf. Beide Untersuchungsperioden weisen eine zweijährige Formationsperiode auf.

Signifikant positive Korrelationen liegen in acht Untersuchungsperioden vor. In der Untersuchungsperiode von 1996 bis 2000 liegen für beide Performancemaße in beiden Modellen bei der Irrtumswahrscheinlichkeit von 5% signifikant positive Korrelationen vor, in der Untersuchungsperiode von 1998 bis 2002 für α und IR unter Verwendung von Modell 1 sowie für α unter Verwendung von Modell 2. Diese beiden Untersuchungsperioden weisen jeweils eine zweijährige Formationsperiode auf.

Bei den Untersuchungsperioden mit dreijähriger Formationsperiode weisen die Untersuchungsperiode von 1995 bis 2000 (für α unter Verwendung beider Modelle bei 5%iger IW, für IR unter Verwendung von Modell 1 mit 10%iger IW und unter Verwendung von Modell 2 mit 5%iger IW), die Untersuchungsperiode von 1996 bis 2001 (für α unter Verwendung beider Modelle) und die Untersuchungsperiode von 1997 bis 2002 (für α unter Verwendung beider Modelle und für IR unter Verwendung von Modell 1) signifikant positive Korrelationen auf.

Tabelle 4-10

Untersuchungsergebnisse der Korrelationstests für die Anlagekategorie Aktien Europa - alle Fonds - (gemessene Korrelationen, t-Werte in Klammern)

Aktien Europa

FP-Länge 2 Jahre

UP (# Fonds)	α Modell 1	α Modell 2	IR Modell 1	IR Modell 2
93949597 (75)	-0,225 (-1,97)°	-0,022 (-0,19)	-0,206 (-1,80)°	-0,014 (-0,12)
94959698 (80)	-0,143 (-1,27)	-0,192 (-1,73)°	-0,081 (-0,72)	-0,070 (-0,62)
95969799 (91)	0,124 (1,18)	0,103 (0,98)	0,163 (1,56)	0,143 (1,36)
96979800 (100)	0,329 (3,45)*	0,414 (4,50)*	0,253 (2,59)*	0,366 (3,89)*
97989901 (111)	-0,151 (-1,59)	0,003 (0,03)	-0,079 (-0,82)	0,003 (0,03)
98990002 (137)	0,206 (2,45)*	0,203 (2,41)*	0,182 (2,15)*	0,135 (1,58)

FP-Länge 3 Jahre

UP (# Fonds)	α Modell 1	α Modell 2	IR Modell 1	IR Modell 2
93959698 (75)	0,072 (0,62)	-0,023 (-0,20)	0,024 (0,20)	-0,058 (-0,49)
94969799 (80)	0,089 (0,79)	0,068 (0,61)	-0,000 (-0,00)	0,033 (0,29)
95979800 (91)	0,252 (2,46)*	0,209 (2,02)*	0,186 (1,78)°	0,208 (2,01)*
96989901 (100)	0,210 (2,12)*	0,255 (2,61)*	0,099 (0,99)	0,110 (1,10)
97990002 (111)	0,306 (3,36)*	0,230 (2,47)*	0,283 (3,09)*	0,128 (1,34)

FP-Länge 5 Jahre

UP (# Fonds)	α Modell 1	α Modell 2	IR Modell 1	IR Modell 2
93979800 (75)	0,210 (1,84)°	0,238 (2,10)*	0,240 (2,11)*	0,232 (2,04)*
94989901 (80)	0,211 (1,90)°	0,238 (2,16)*	0,225 (2,04)*	0,225 (2,04)*
95990002 (91)	0,523 (5,79)*	0,243 (2,36)*	0,456 (4,84)*	0,264 (2,58)*

* = t-Werte signifikant bei 5% IW
° = t-Werte signifikant bei 10% IW

Bei den Untersuchungsperioden mit fünfjähriger Formationsperiode ergeben sich in allen drei Untersuchungsperioden für beide Performancemaße, unter Verwendung beider Modelle, signifikante Ergebnisse bei einer Irrtumswahrscheinlichkeit von 5% (mit Ausnahme der Untersuchungsperioden von 1993 bis 2000 und von 1994 bis 2001; hier sind die Korrelationen für α unter Verwendung von Modell 1 nur bei einer Irrtumswahrscheinlichkeit von 10% signifikant).

Es gibt also insbesondere in der Anlagekategorie Aktien Europa -alle Fonds- deutliche Anzeichen für einen positiven Zusammenhang zwischen den Anlageergebnissen der

Formations- und der Testperiode. Dies ist unabhängig davon, ob zur Messung der Anlageergebnisse das Alpha oder die Information Ratio verwendet wird.[165]

Einen Aufschluss darüber, woher diese deutlichen Anzeichen für eine positive Persistenz in der Anlagekategorie Aktien Europa -alle Fonds- rühren, geben die Untersuchungsergebnisse für die nach der Formationsperiode hinsichtlich der Performancemaße besten 25% der Fonds, die in Tabelle 4-11 wiedergegeben sind.

Tabelle 4-11

Untersuchungsergebnisse der Korrelationstests für die Anlagekategorie Aktien Europa - TOP 25% - (gemessene Korrelationen, t-Werte in Klammern)

Aktien Europa

FP-Länge 2 Jahre

UP (# Fonds)	α Modell 1	α Modell 2	IR Modell 1	IR Modell 2
93949597 (18)	-0,487 (-2,23)*	0,019 (0,08)	-0,615 (-3,12)*	-0,083 (-0,33)
94959698 (20)	0,080 (0,34)	-0,494 (-2,41)*	-0,078 (-0,33)	-0,252 (-1,10)
95969799 (22)	-0,112 (-0,50)	-0,106 (-0,48)	0,216 (0,99)	0,239 (1,10)
96979800 (25)	0,384 (2,00)*	0,167 (0,81)	0,144 (0,70)	-0,049 (-0,24)
97989901 (27)	-0,081 (-0,41)	0,021 (0,11)	-0,131 (-0,66)	-0,121 (-0,61)
98990002 (34)	-0,108 (-0,61)	0,016 (0,09)	-0,549 (-3,71)*	-0,242 (-1,41)

FP-Länge 3 Jahre

UP (# Fonds)	α Modell 1	α Modell 2	IR Modell 1	IR Modell 2
93959698 (18)	-0,345 (-1,47)	0,283 (1,18)	-0,255 (-1,06)	0,155 (0,63)
94969799 (20)	-0,594 (-3,14)*	-0,579 (-3,01)*	-0,070 (-0,30)	-0,100 (-0,81)
95979800 (22)	0,390 (1,89)°	0,083 (0,37)	0,143 (0,64)	0,094 (0,42)
96989901 (25)	0,221 (1,09)	0,121 (0,59)	-0,115 (-0,55)	-0,189 (-0,92)
97990002 (27)	0,406 (2,22)*	0,233 (1,20)	0,076 (0,38)	0,054 (0,27)

FP-Länge 5 Jahre

UP (# Fonds)	α Modell 1	α Modell 2	IR Modell 1	IR Modell 2
93979800 (18)	-0,251 (-1,04)	0,074 (0,30)	-0,037 (-0,15)	-0,313 (-1,32)
94989901 (20)	-0,006 (-0,02)	0,072 (0,31)	-0,088 (-0,38)	0,012 (0,05)
95990002 (22)	0,248 (1,15)	-0,218 (-1,00)	0,207 (0,95)	0,105 (0,47

* = t-Werte signifikant bei 5% IW
° = t-Werte signifikant bei 10% IW

[165] Die t-Werte bei Verwendung des Performancemaßes IR nehmen zwar wie in den vorangegangenen Testreihen im Vergleich zum Performancemaß α ab, bleiben jedoch größtenteils signifikant.

Viele positive Korrelationen verschwinden im Vergleich zu den Ergebnissen für die Gesamtheit der Fonds. Unter Verwendung des CAPM-Modells ergeben sich für das Performancemaß Alpha nur noch sechs positive, dafür aber acht negative Korrelationen, für das Performancemaß Information Ratio sogar nur noch fünf positive und dafür neun negative Korrelationen (unter Verwendung des Vier-Faktor-Modells ergeben sich für α 10 positive und vier negative Korrelationen, für IR sechs positive und acht negative Korrelationen).

Signifikant negative Korrelationen können in Untersuchungsperioden mit zwei- und dreijähriger Formationsperiodenlänge nachgewiesen werden, so in der Untersuchungsperiode von 1993 bis 1997 unter Verwendung von Modell 1 für beide Performancemaße bei 5%iger Irrtumswahrscheinlichkeit, in der Untersuchungsperiode von 1994 bis 1998 unter Verwendung von Modell 2 für α bei 5%iger IW, in der Untersuchungsperiode von 1994 bis 1999 unter Verwendung beider Modelle für α bei 5%iger IW und in der Untersuchungsperiode von 1998 bis 2002 unter Verwendung des CAPM-Modells für IR bei 5%iger IW.
Signifikant positive Korrelationen treten nur noch in drei Untersuchungsperioden, ebenfalls mit zwei- bzw. dreijähriger Formationsperiodenlänge, auf. Dazu gehören die Untersuchungsperioden von 1995 bis 2000 (unter Verwendung von Modell 1 für α bei 10%iger IW), von 1996 bis 2000 und von 1997 bis 2002 (jeweils unter Verwendung von Modell 1 für α bei 5%iger IW). Bei den Untersuchungsperioden mit fünfjähriger Formationsperiodenlänge ist im Vergleich zur Untersuchung aller Fonds mit Anlageschwerpunkt europäische Aktien keinerlei positive Signifikanz erhalten geblieben. Auch die absoluten Werte für die Korrelationen sinken deutlich ab. Dies ist ein von der Tendenz her umgekehrtes Bild zu den Ergebnissen der Untersuchungen für die Anlagekategorie Aktien Deutschland.

Ein Vergleich der Ergebnisse bei Verwendung der beiden verschiedenen Performancemaße zeigt, dass bei Verwendung der Information Ratio die Anzahl der positiven Signifikanzen sowohl bei der Betrachtung der Gesamtheit der Fonds wie auch der „TOP-25%-Fonds" geringer bei der Verwendung von α ist. Dies gilt im Übrigen für beide Anlagekategorien.

Die in der Anlagekategorie Aktien Europa abnehmende Zahl positiver Signifikanzen bei der Untersuchung der „TOP-25%-Fonds" (im Vergleich zur Untersuchung der Gesamtheit der Fonds) deutet darauf hin, dass insbesondere Fonds mit schwächeren Anlageergebnissen für die positiv signifikanten Korrelationen verantwortlich sind.[166] Dies unterstützt die These, dass die positive Persistenz der Anlageergebnisse bei Fonds mit unterdurchschnittlichen Anlageergebnissen stärker ausgeprägt ist als die Persistenz bei Fonds mit überdurchschnittlichen Anlageergebnissen. Insofern können die Ergebnisse anderer Persistenzstudien unterstützt werden.[167] In der Anlagekategorie Aktien Deutschland scheint dies umgekehrt zu sein, wobei einerseits die Effekte bei weitem nicht so stark ausgeprägt sind wie in der Anlagekategorie Aktien Europa und andererseits die begrenzte Datenbasis bei der Untersuchung der Fonds mit Anlageschwerpunkt deutsche Aktien zur Abschwächung der Aussagen berücksichtigt werden sollte.

Des Weiteren bleibt festzuhalten, dass in der Anlagekategorie Aktien Europa bei Verwendung des Performancemaßes α das Vier-Faktor-Modell zumeist betragsmäßig kleinere Korrelationen liefert. Dies kann mit der im Vier-Faktor-Modell vorgenommenen Stiladjustierung der Anlageergebnisse erklärt werden.[168] Bei Betrachtung der reinen Titelselektionsfähigkeit (Stockpicking) der Portfoliomanager, die das Vier-Faktor-Modell ermöglicht, sind die Korrelationen (betragsmäßig) geringer und somit auch die Persistenz der Anlageergebnisse weniger stark ausgeprägt.

4.4.7 Tests auf identische Mittelwerte (Behrens-Fisher-Problem) – Testverfahren und Ergebnisse

Mit der dritten und abschließenden Untersuchungsreihe soll überprüft werden, inwieweit ein signifikanter Unterschied zwischen der erwarteten Performance derjenigen Fonds, die in der Vergangenheit bereits eine besonders positive Performance

---

[166] Auch der im Vergleich zur Untersuchung aller Fonds abnehmende Stichprobenumfang bei Betrachtung der „TOP-25%-Fonds" führt zu betragsmäßig kleineren Werten der Teststatistik und in der Tendenz damit zu weniger signifikanten Ergebnissen. Da allerdings auch die absoluten Werte der Korrelationen stark zurückgehen, kann dieser in der Berechnung der Teststatistik liegende Effekt die beobachteten Ergebnisse nicht vollständig erklären.

[167] Vgl. Carlson [1970], Brown/Goetzmann/Ibbotson/Ross [1992], Hendricks/Patel/Zeckhauser [1993], Brown/Goetzmann [1995], Carhart [1997], Quigley/Sinquefield [2000], Porter/Trifts [1998], Christopherson/Ferson/Glassmann [1998].

[168] Vgl. Kapitel 4.4.3 dieser Arbeit.

erbracht haben, und der erwarteten Performance der übrigen Fonds besteht. Bei dem verwendeten Testverfahren handelt es sich um einen Test auf identische Erwartungswerte bei unbekannten, aber ungleichen Varianzen unter der Annahme normalverteilter Zufallsvariablen oder großer Stichprobenumfänge (Behrens-Fisher-Problem).[169] Hierzu werden wie bei den Korrelationstests die Fondsstichproben nach den hinsichtlich der Performancemaße erzielten Anlageergebnissen in der Formationsperiode sortiert und jeweils in zwei Gruppen aufgeteilt. Die erste Gruppe besteht aus den nach der Sortierung besten 25% der Fonds, die zweite Gruppe aus den übrigen Fonds. Die von diesen beiden Gruppen in der Testperiode erzielten Anlageergebnisse werden als die Realisierungen zweier normalverteilter Zufallsvariablen aufgefasst, die miteinander verglichen werden, wobei erschwerend hinzukommt, dass die Varianzen der beiden Zufallsvariablen nicht bekannt sind. Durch diesen Umstand ist das Testproblem für die Differenz der beiden Erwartungswerte nur näherungsweise lösbar (vgl. Bosch [1998], S. 417).

Die zu testenden Hypothesen lauten:

H_0 (Nullhypothese):
Die in der Testperiode von den 25% nach der Formationsperiode besten Fonds erzielten Anlageergebnisse unterscheiden sich nicht von den in der Testperiode erzielten Anlageergebnissen der übrigen Fonds. Die Differenz der Erwartungswerte für die Performance beider Gruppen beträgt null.

H_1 (Alternativhypothese):
Die in der Testperiode von den 25% nach der Formationsperiode besten Fonds erzielten Anlageergebnisse unterscheiden sich von den in der Testperiode erzielten Anlageergebnissen der übrigen Fonds. Die Differenz der Erwartungswerte für die Performance beider Gruppen ist von null verschieden.

Die t-verteilte Teststatistik lautet:

[169] Vgl. Bosch [1998], S. 417f. Die Normalverteilungsannahme für die geschätzten Performancemaße wird auch hier durch die Ergebnisse der Kolmogoroff-Smirnoff-Tests im Vorfeld der Untersuchung gerechtfertigt (s. Korrelationstests).

(22) $$t = \frac{\bar{x}_{Top25\%} - \bar{x}_{Rest} - (\mu_{Top25\%} - \mu_{Rest})}{\sqrt{\frac{s^2_{Top25\%}}{n_{Top25\%}} + \frac{s^2_{Rest}}{n_{Rest}}}}$$

Unter Berücksichtigung der Nullhypothese (Test auf eine von null verschiedene Differenz der Erwartungswerte) vereinfacht sich die Teststatistik zu

(23) $$t = \frac{\bar{x}_{Top25\%} - \bar{x}_{Rest}}{\sqrt{\frac{s^2_{Top25\%}}{n_{Top25\%}} + \frac{s^2_{Rest}}{n_{Rest}}}}$$

Die Anzahl der Freiheitsgrade kann für diesen Test nur näherungsweise bestimmt werden, sie beträgt

(24) $$\frac{\left(\frac{s^2_{Top25\%}}{n_{Top25\%}} + \frac{s^2_{Rest}}{n_{Rest}}\right)^2}{\frac{1}{n_{Top25\%}-1}\left(\frac{s^2_{Top25\%}}{n_{Top25\%}}\right)^2 + \frac{1}{n_{Rest}-1}\left(\frac{s^2_{Rest}}{n_{Rest}}\right)^2}$$

Dieser Wert muss gerundet werden.

Die Tabellen 4-12 bis 4-15 zeigen die Ergebnisse des Tests. Die Tabellen 4-12 und 4-13 enthalten die Ergebnisse für die Anlagekategorie Aktien Deutschland, getrennt nach den Ergebnissen unter Verwendung des CAPM- bzw. des Vier-Faktor-Modells, die Tabellen 4-14 und 4-15 enthalten die Ergebnisse für die Anlagekategorie Aktien Europa. Die in den Tabellen aufgeführten Werte für α bzw. IR zeigen jeweils die von den beiden Gruppen (Top 25% und Rest) durchschnittlich in der Testperiode erzielten Werte, die Werte für die Teststatistik finden sich in der Spalte „t-Werte", FG bezeichnet die Anzahl der Freiheitsgrade (Werte gerundet). Die Bezeichnung der Untersuchungsperioden erfolgt analog zu den vorangegangenen beiden Tests.

In der Anlagekategorie Aktien Deutschland liegt der beobachtete Durchschnittswert für das betrachtete Performancemaß bei den „Top-25%-Fonds“ in neun von 14 Untersuchungsperioden (für α unter Verwendung von Modell 1, für IR unter Verwendung beider Modelle) bzw. in sieben von 14 Untersuchungsperioden (für α unter Verwendung von Modell 2) höher als bei den restlichen Fonds.

Tabelle 4-12

Untersuchungsergebnisse der Tests auf identische Mittelwerte für die Anlagekategorie Aktien Deutschland - Modell 1 -

Aktien Deutschland
Modell 1

FP-Länge 2 Jahre

UP (# Fonds)	α Top25%	α Rest	t-Werte	FG	IR Top25%	IR Rest	t-Werte	FG
93949597 (47)	0,695	0,751	-0,28	20	0,813	0,650	0,62	29
94959698 (58)	0,765	1,023	-0,36	15	0,885	0,777	0,36	21
95969799 (64)	0,137	-0,200	1,00	21	-0,060	-0,070	0,07	26
96979800 (69)	0,524	0,052	0,90	23	0,157	-0,081	1,05	24
97989901 (78)	0,009	0,723	° -1,77 °	34	-0,023	0,261	° -1,69 °	37
98990002 (86)	1,026	0,365	0,91	27	0,397	-0,432	* 3,05 *	29

FP-Länge 3 Jahre

UP (# Fonds)	α Top25%	α Rest	t-Werte	FG	IR Top25%	IR Rest	t-Werte	FG
93959698 (47)	0,727	0,839	-0,25	33	0,525	0,853	-1,11	23
94969799 (58)	0,162	-0,128	0,72	16	-0,033	-0,035	0,01	25
95979800 (64)	0,317	0,017	0,61	25	0,189	-0,150	1,68	26
96989901 (69)	0,326	0,692	-0,85	30	0,053	0,249	-1,13	33
97990002 (78)	0,681	0,616	0,09	28	0,092	0,222	-0,48	28

FP-Länge 5 Jahre

UP (# Fonds)	α Top25%	α Rest	t-Werte	FG	IR Top25%	IR Rest	t-Werte	FG
93979800 (47)	0,017	-0,022	0,07	19	-0,195	-0,126	-0,29	18
94989901 (58)	0,995	0,316	1,04	16	0,512	0,013	* 2,43 *	21
95990002 (64)	1,335	0,397	1,08	20	0,530	0,072	1,40	21

* = t-Werte signifikant bei 5% IW
° = t-Werte signifikant bei 10% IW

In fünf Untersuchungsperioden ergeben sich positiv signifikante Werte für die Teststatistik, was auf positive Persistenz hindeutet.

Tabelle 4-13

Untersuchungsergebnisse der Tests auf identische Mittelwerte für die Anlagekategorie Aktien Deutschland - Modell 2 -

Aktien Deutschland
Modell 2

FP-Länge 2 Jahre

UP (# Fonds)	α Top25%	α Rest	t-Werte	FG	IR Top25%	IR Rest	t-Werte	FG
93949597 (47)	1,015	0,633	° 1,74 °	24	1,199	0,619	° 1,92 °	28
94959698 (58)	0,614	0,823	-0,49	21	0,746	0,620	0,39	20
95969799 (64)	0,064	-0,266	1,00	22	0,125	-0,187	° 1,72 °	23
96979800 (69)	0,090	0,316	-0,70	27	-0,061	0,129	-1,08	23
97989901 (78)	0,270	0,788	° -1,82 °	37	0,181	0,361	-1,30	35
98990002 (86)	0,363	0,395	-0,06	28	0,135	-0,249	1,54	46

FP-Länge 3 Jahre

UP (# Fonds)	α Top25%	α Rest	t-Werte	FG	IR Top25%	IR Rest	t-Werte	FG
93959698 (47)	0,919	0,286	1,00	23	0,758	0,472	0,71	19
94969799 (58)	0,413	-0,302	° 1,86 °	17	0,169	-0,152	1,66	21
95979800 (64)	0,423	0,112	0,94	25	0,210	-0,017	1,47	25
96989901 (69)	0,472	0,763	-0,96	34	0,261	0,338	-0,55	32
97990002 (78)	0,365	0,502	-0,24	26	0,016	0,233	-1,03	31

FP-Länge 5 Jahre

UP (# Fonds)	α Top25%	α Rest	t-Werte	FG	IR Top25%	IR Rest	t-Werte	FG
93979800 (47)	0,098	0,147	-0,13	16	-0,020	0,027	-0,24	16
94989901 (58)	0,724	0,570	0,30	15	0,299	0,259	0,20	17
95990002 (64)	0,825	0,346	0,74	22	0,482	0,069	1,63	23

* = t-Werte signifikant bei 5% IW
° = t-Werte signifikant bei 10% IW

Bei den Untersuchungsperioden mit zweijähriger Formationsperiode treten positive Signifikanzen in der Untersuchungsperiode von 1993 bis 1997 unter Verwendung von Modell 2 für α und IR bei 10%iger Irrtumswahrscheinlichkeit, in der

Untersuchungsperiode von 1995 bis 1999 unter Verwendung von Modell 2 für IR bei 10%iger IW und in der Untersuchungsperiode von 1998 bis 2002 unter Verwendung von Modell 1 für IR bei 5%iger IW auf.
Für die Untersuchungsperiode von 1997 bis 2001 ergibt sich allerdings unter Verwendung von Modell 1 für α und IR sowie unter Verwendung von Modell 2 für α bei 10%iger IW ein negativ signifikantes Ergebnis (das einzige in dieser Anlagekategorie).

Bei den Untersuchungsperioden mit dreijähriger Formationsperiode liegt in der Untersuchungsperiode von 1994 bis 1999 lediglich ein positiv signifikantes Ergebnis unter Verwendung von Modell 2 für α bei 10%iger IW vor. Auch bei den Untersuchungsperioden mit fünfjähriger Formationsperiode ergibt sich nur ein einziges positiv signifikantes Ergebnis in der Untersuchungsperiode von 1994 bis 2001 (unter Verwendung von Modell 1 für IR bei 5%iger IW).

Es gibt somit nur sehr schwache Hinweise darauf, dass der Erwartungswert für das betrachtete Performancemaß für die nach der Formationsperiode besten 25% der Fonds signifikant von dem Erwartungswert für die übrigen Fonds in der Anlagekategorie Aktien Deutschland abweicht. Die Wahl des Performancemaßes wie auch die Modellwahl beeinflussen diese Schlussfolgerung nicht.

Bei den Aktienfonds mit europäischem Anlageschwerpunkt gibt es etwas stärkere Hinweise auf Persistenz, insbesondere auf positive Persistenz. In elf von 14 Untersuchungsperioden (unter Verwendung von Modell 1 für α und IR) bzw. in neun von 14 Untersuchungsperioden (unter Verwendung von Modell 2 für α und IR) liegt der beobachtete Durchschnittswert der „Top-25%-Fonds“ für die Performancemaße höher als bei den restlichen Fonds.
Negativ signifikante Werte für die Teststatistik zeigen sich nur in zwei Untersuchungsperioden mit jeweils zweijähriger Formationsperiodenlänge (in der Untersuchungsperiode von 1994 bis 1998 unter Verwendung von Modell 1 für α bei 10%iger Irrtumswahrscheinlichkeit und in der Untersuchungsperiode von 1997 bis 2001 unter Verwendung von Modell 1 für IR bei 10%iger IW). Positiv signifikante Werte für die Teststatistik ergeben sich bei den Untersuchungsperioden mit zweijähriger Formationsperiode in den Untersuchungsperioden von 1995 bis 1999 (für IR unter

Verwendung von Modell 1 bei 5%iger Irrtumswahrscheinlichkeit und unter Verwendung von Modell 2 bei 10%iger Irrtumswahrscheinlichkeit), von 1996 bis 2000 (unter Verwendung von Modell 2 für α und IR bei 5%iger IW) und von 1998 bis 2002 (unter Verwendung von Modell 1 für beide Performancemaße bei jeweils 10%iger IW).

Tabelle 4-14

Untersuchungsergebnisse der Tests auf identische Mittelwerte für die Anlagekategorie Aktien Europa - Modell 1 -

Aktien Europa
Modell 1

FP-Länge 2 Jahre

UP (# Fonds)	α Top25%	α Rest	t-Werte	FG	IR Top25%	IR Rest	t-Werte	FG
93949597 (75)	1,114	1,512	-1,05	24	0,736	0,947	-1,03	26
94959698 (80)	-3,081	-2,098	° -1,95 °	35	-1,217	-1,262	0,18	39
95969799 (91)	0,903	0,260	1,40	37	0,462	0,109	* 2,26 *	43
96979800 (100)	2,155	1,544	1,05	38	0,721	0,628	0,52	39
97989901 (111)	1,831	2,375	-0,96	34	0,788	1,108	° -1,73 °	35
98990002 (137)	1,637	0,693	° 1,67 °	53	0,583	0,225	° 1,91 °	64

FP-Länge 3 Jahre

UP (# Fonds)	α Top25%	α Rest	t-Werte	FG	IR Top25%	IR Rest	t-Werte	FG
93959698 (75)	-2,337	-2,374	0,08	46	-1,234	-1,261	0,11	40
94969799 (80)	0,746	0,435	0,74	38	0,178	0,237	-0,35	35
95979800 (91)	1,969	1,441	0,84	32	0,732	0,575	0,90	40
96989901 (100)	3,129	1,949	* 2,10 *	33	1,155	0,984	0,95	36
97990002 (111)	1,544	0,595	1,46	41	0,294	0,273	0,09	44

FP-Länge 5 Jahre

UP (# Fonds)	α Top25%	α Rest	t-Werte	FG	IR Top25%	IR Rest	t-Werte	FG
93979800 (75)	2,589	1,149	* 2,23 *	29	0,821	0,513	1,50	30
94989901 (80)	2,732	1,893	1,53	30	1,176	0,937	1,17	27
95990002 (91)	2,625	0,080	* 3,09 *	26	0,637	0,074	° 1,93 °	31

* = t-Werte signifikant bei 5% IW
° = t-Werte signifikant bei 10% IW

Tabelle 4-15

Untersuchungsergebnisse der Tests auf identische Mittelwerte für die Anlagekategorie Aktien Europa - Modell 2 -

Aktien Europa
Modell 2

FP-Länge 2 Jahre

UP (# Fonds)	α Top25%	α Rest	t-Werte	FG	IR Top25%	IR Rest	t-Werte	FG
93949597 (75)	0,773	0,924	-0,44	23	0,492	0,633	-0,74	26
94959698 (80)	-2,671	-2,240	-0,67	27	-1,521	-1,266	-0,81	30
95969799 (91)	0,638	0,369	0,62	42	0,438	0,144	° 1,69 °	40
96979800 (100)	1,853	0,865	* 2,63 *	50	0,771	0,405	* 2,65 *	51
97989901 (111)	1,606	1,780	-0,44	41	0,832	1,003	-1,08	46
98990002 (137)	0,033	-0,394	1,60	66	-0,127	-0,244	0,92	77

FP-Länge 3 Jahre

UP (# Fonds)	α Top25%	α Rest	t-Werte	FG	IR Top25%	IR Rest	t-Werte	FG
93959698 (75)	-2,033	-2,513	0,78	26	-1,085	-1,429	1,23	34
94969799 (80)	0,530	0,537	-0,02	42	0,245	0,246	-0,01	35
95979800 (91)	1,775	0,760	* 2,41 *	38	0,682	0,385	° 2,00 °	43
96989901 (100)	2,405	1,517	° 1,85 °	31	1,050	0,888	0,87	34
97990002 (111)	-0,410	-0,376	-0,11	49	-0,400	-0,205	-1,08	39

FP-Länge 5 Jahre

UP (# Fonds)	α Top25%	α Rest	t-Werte	FG	IR Top25%	IR Rest	t-Werte	FG
93979800 (75)	1,761	0,721	* 2,08 *	29	0,768	0,346	* 2,43 *	33
94989901 (80)	2,132	1,470	1,36	26	1,166	0,853	1,51	27
95990002 (91)	0,148	-0,608	* 2,11 *	33	-0,057	-0,331	1,44	34

* = t-Werte signifikant bei 5% IW
° = t-Werte signifikant bei 10% IW

Bei den Untersuchungsperioden mit dreijähriger Formationsperiodenlänge sind in den Untersuchungsperioden von 1995 bis 2000 (unter Verwendung von Modell 2 für α bei 5%iger IW und für IR bei 10%iger IW) und von 1996 bis 2001 (unter Verwendung von Modell 1 für α bei 5%iger IW und unter Verwendung von Modell 2 für IR bei 10%iger IW) positiv signifikante Ergebnisse zu verzeichnen.

Auch für Untersuchungsperioden mit fünfjähriger Formationsperiodenlänge gibt es positiv signifikante Ergebnisse, und zwar in der Untersuchungsperiode von 1993 bis 2000 (unter Verwendung von Modell 1 für α und unter Verwendung von Modell 2 für α und IR jeweils bei 5%iger IW) und in der Untersuchungsperiode von 1995 bis 2002 (unter Verwendung von Modell 1 für α bei 5%iger IW und für IR bei 10%iger IW und unter Verwendung von Modell 2 für α bei 5%iger IW).

Es ergeben sich somit im Vergleich zur Anlagekategorie Aktien Deutschland in der Anlagekategorie Aktien Europa stärkere Hinweise auf eine signifikant positive Differenz in den Erwartungswerten für die Performancemaße zwischen „Top-25%-Fonds“ und den übrigen Fonds. Insbesondere in den Mitte der 90er Jahre beginnenden Untersuchungsperioden liegen positive Signifikanzen vor. Die Variation von Performancemaß bzw. Modell verändert die Ergebnisse ebenfalls nicht entscheidend. Lediglich scheinen die Werte für die Teststatistik im Falle des Performancemaßes Alpha unter Verwendung des Vier-Faktor-Modells etwas höher als die Werte im Falle des Performancemaßes Information Ratio zu liegen.

Tendenziell bestätigen diese Ergebnisse der Tests auf identische Erwartungswerte die der beiden vorangegangenen Tests. In der Anlagekategorie Aktien Europa liegen stärkere positive Persistenzeffekte vor als in der Anlagekategorie Aktien Deutschland (für deutliche negative Persistenzeffekte gibt es in beiden Anlagekategorien keine Anhaltspunkte). Dennoch sei darauf hingewiesen, dass auch in der Anlagekategorie Aktien Europa die Persistenzeffekte nicht besonders stark ausgeprägt sind, zumal nur selten auf Persistenz hinweisende signifikante Ergebnisse unter Verwendung *beider* Modelle und für *beide* Performancemaße auftreten.

4.5 Qualitative Selektion

Vor dem Hintergrund der vorangegangenen Überlegungen und der empirisch gewonnenen Erkenntnisse ist die ausschließliche Verwendung der historischen Anlageergebnisse (Track Record) zur Selektion von Investmentmanagern kritisch zu beurteilen. Die Ergebnisse der empirischen Untersuchung erscheinen nicht verlässlich genug, um auf dieser Basis eine rein quantitative Managerselektion durchführen zu können, und bestätigen somit auch die uneindeutigen Ergebnisse der Literaturanalyse.

Trotz der scheinbaren Objektivität quantitativer Kriterien, in der auch der Grund für die weite Verbreitung der rein quantitativ basierten Selektion von Investmentmanagern bzw. Investmentfonds zu suchen ist, bedarf die Auswahl von Investmentmanagern also der Erweiterung um Kriterien, die sich nicht an der historischen Performance orientieren, aber dennoch einen Rückschluss darauf erlauben, ob historische Anlageergebnisse eher durch Glück oder durch Können erzielt wurden bzw. ob zukünftig eine überdurchschnittliche Performance zu erwarten ist. Aufgrund ihrer eher subjektiven, kategorialen Natur werden diese Kriterien im Folgenden als qualitative Selektionskriterien benannt.

Die Ergebnisse der FIMSS-Studie [2001] geben einen Eindruck, worum es sich bei qualitativen Selektionskriterien handelt und welche Bedeutung diesen Kriterien von Investoren beigemessen wird. Wie bereits in Kapitel 4-2 erwähnt, wurden 205 der größten deutschen institutionellen Investoren im Rahmen einer Projektstudie zum deutschen Spezialfondsmarkt unter anderem zu einer Beurteilung der Bedeutung verschiedener Kriterien für den Erfolg einer Kapitalanlagegesellschaft bzw. eines Asset Managers aufgefordert. Die Ergebnisse für die einzelnen Erfolgsfaktoren zeigt Abbildung 4-9.

Abbildung 4-9

Erfolgsfaktoren im Portfoliomanagement (Quelle: FIMSS 2001)

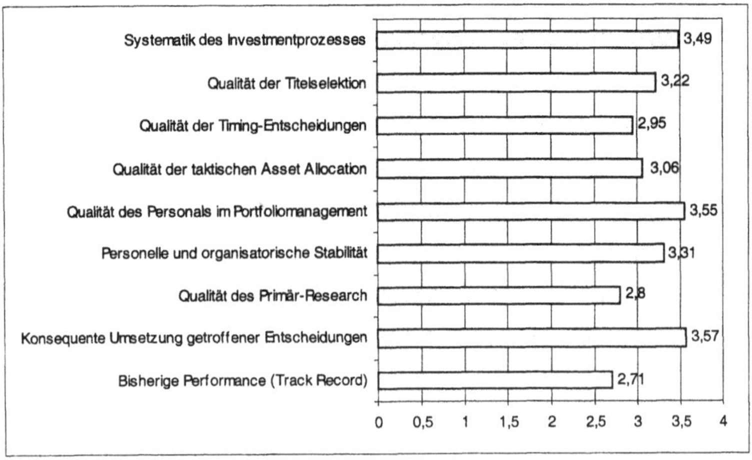

Ein zugeordneter Wert von 4 bedeutet dabei, dass das Kriterium als sehr wichtig, ein Wert von 0, dass das Kriterium als unwichtig angesehen wird.
Die Erfolgsfaktoren stellen, mit Ausnahme des quantitativen Selektionskriteriums der bisherigen Performance, allesamt qualitative Selektionskriterien dar, also Kriterien, auf deren Basis eine subjektive Zuordnung des Portfoliomanagers in Kategorien erfolgen kann.
Es fällt auf, dass die Investoren der erzielten bisherigen Performance des Portfoliomanagers zwar insgesamt noch eine relativ hohe Bedeutung beimessen, allerdings alle anderen Kriterien als bedeutender erachtet werden. Die höchsten Werte werden für die Systematik des Investmentprozesses, die Qualität des Personals im Portfoliomanagement sowie die konsequente Umsetzung getroffener Entscheidungen verzeichnet. Die Tatsache, dass alle Kriterien, nach denen die Investoren befragt wurden, als relativ wichtig eingestuft wurden, zeigt außerdem, dass offensichtlich nicht ein einziges bestimmtes Selektionskriterium von entscheidender Bedeutung zu sein scheint. Außerdem ist bei qualitativen Selektionskriterien der Einfluss subjektiver Einschätzungen auf eine Beurteilung wesentlich schwerer zu kontrollieren als bei einer rein quantitativen Analyse. Dies zeigt die besonderen Schwierigkeiten bei der qualitativen Auswahl von Portfoliomanagern und liefert eine Begründung dafür, warum viele institutionelle Investoren mit dieser Selektionsaufgabe überfordert sind und Investment Consultants mit dieser Aufgabe betrauen. Bei Multimanageransätzen wird die Selektionsaufgabe ohnehin durch den Multimanager wahrgenommen. Aufgrund seiner großen Erfahrung im Umgang mit den Investmentmanagern ist der Multimanager eher als der Investor in der Lage, eine solche qualitative Selektion erfolgreich durchzuführen.

In der Literatur finden sich Veröffentlichungen, die sich mit der Frage beschäftigen, nach welchen Kriterien eine erfolgreiche qualitative Selektion erfolgen kann. Die Beiträge konzentrieren sich dabei auf die Managerselektion für institutionelle Portfolios (Spezialfonds), insbesondere vor dem Hintergrund, dass die Gewinnung von Informationen über den Portfoliomanager (die Kapitalanlagegesellschaft), die über die historischen Anlageergebnisse hinausgehen, im institutionellen Bereich einfacher ist[170].

[170] Die Tatsache, dass vor Auflegung eines Spezialfonds seitens des potentiellen Kunden (institutioneller Investor, Consultant oder Multimanager) meist eine aufwendige Analyse der zur Auswahl stehenden Portfoliomanager durchgeführt wird (vgl. Kapitel 4.6 dieser Arbeit), trägt maßgeblich dazu bei.

Leser [1999] vertritt in seinem Beitrag zu Auswahlkriterien bei Spezialfonds die Auffassung, dass es nur durch die Existenz eines „ordentlichen Handwerkszeugs", also eines konkreten Instrumentariums, möglich ist, die erzielten Anlageergebnisse von Investmentgesellschaften richtig zu analysieren und eventuell vorhandene Zufallseinflüsse abschätzen zu können. In Übereinstimmung mit den Erkenntnissen dieser Arbeit sieht er die ausschließliche Betrachtung der historischen Performance eines Portfoliomanagers als Maßstab für dessen Qualität und für die zukünftig zu erwartenden Anlageergebnisse kritisch. Als sinnvolle Ergänzung quantitativer Methoden werden die Analyse und Bewertung der Qualität und der Allokation der auf Seiten des Portfoliomanagers vorhandenen Ressourcen genannt. Dazu gehört die Bewertung der sachlichen und personellen Ausstattung der Gesellschaft, ihrer Organisationsstruktur und des praktizierten Investmentansatzes. Als qualitative Selektionskriterien nennt er Qualität des Investmentstils[171], Strukturiertheit des Entscheidungsprozesses im Portfoliomanagement, Stringenz in der Umsetzung getroffener Entscheidungen, personelle Ressourcen, den organisatorischen Rahmen, EDV-Standards, Servicequalität, Kostenstrukturen sowie Vergütungssysteme für die Mitarbeiter des Investmentmanagers.

Kleeberg/Schlenger [2000a] arbeiten vier Kriterienkomplexe heraus, anhand derer eine Managerselektion erfolgen kann. Dazu zählen neben der historischen Performance die Bereiche Personal und Organisation, Investmentprozess und Investmentphilosophie.
Als Investmentphilosophie definieren sie die Gesamtheit aller Investmentprinzipien des Portfoliomanagers, d.h. beispielsweise dessen Einsichten bezüglich der Effizienz von Wertpapiermärkten und den daraus abgeleiteten Strategien und Methoden im Portfoliomanagement. Individuelle, managerspezifische Informations- und Analysevorteile sollten in der Investmentphilosophie zum Ausdruck kommen. Bei der Bewertung einer Investmentphilosophie fällt es aufgrund des qualitativen Charakters schwer, diese als richtig oder falsch zu bewerten, vielmehr sprechen sich Kleeberg/Schlenger dafür aus, eher auf die Nachvollziehbarkeit und Dauerhaftigkeit der Philosophie Wert zu legen.
Der Investmentprozess umfasst die zentralen Arbeitsabläufe im Portfoliomanagement. Ausgehend von Informationsbeschaffung und –analyse (Research) beinhaltet er die auf

---

[171] Investmentstil sollte hierbei als Synonym für Investmentansatz im Sinne einer Investmentphilosophie (vgl. Kleeberg/Schlenger [2000c]) verstanden werden.

Basis des Researchs erfolgende Auswahl der Wertpapiere für das Portfolio, die Portfoliokonstruktion inklusive der dazu nötigen Transaktionen, sowie das Controlling dieser Abläufe. Auch für den Investmentprozess formulieren Kleeberg/Schlenger [2000a] drei Kernanforderungen, die sie zur Erzielung systematischer Überrenditen für nötig halten. Dabei handelt es sich um Regelgebundenheit (die Orientierung der Entscheidungen innerhalb des Investmentprozesses an festgelegten Prinzipien), Wiederholbarkeit (die Möglichkeit, einen Investmentprozess auch nach Veränderungen, z.B. im personellen und organisatorischen Bereich, umsetzen zu können) und Dauerhaftigkeit (der Verzicht auf häufige Veränderungen des Investmentprozesses). Besonders positiv erscheinen vor diesem Hintergrund Investmentmanager, die im Rahmen ihrer Controllingprozesse die angewendeten Investmentprozesse immer wieder überprüfen und eine systematische Schwachstellenanalyse durchführen.

Der Kriterienkomplex Personal und Organisation beschäftigt sich mit der Frage, inwieweit es dem Portfoliomanager gelingt, durch seine personelle Ausstattung und deren Organisation die Umsetzung des Investmentprozesses unter Beachtung der Investmentphilosophie zu gewährleisten und überdurchschnittliche Anlageergebnisse zu erbringen. Insofern verbindet dieser Komplex die übrigen miteinander.

In diesem Zusammenhang finden die Fluktuation der Mitarbeiter sowie verwendete Organisationsprinzipien (Struktur der Entscheidungsabläufe) und infrastrukturelle Ausstattung (EDV-Technik) Beachtung. Fluktuation der Mitarbeiter wird von den Autoren als in gewissem Grad unvermeidlich und hinsichtlich der Adaption neuer Ideen und Methoden sogar positiv beschrieben, nur überdurchschnittliche Fluktuation könne insbesondere die kontinuierliche Umsetzung von Investmentphilosophie und Investmentprozess erschweren.

Kleeberg/Schlenger [2000a] beziehen klare Positionen, welche Organisationsstruktur zur Entscheidungsfindung im Portfoliomanagement am besten geeignet ist. Sie bevorzugen Teamstrukturen gegenüber der Fokussierung auf ein Individuum (Star Manager). Auf eine stichhaltige Begründung für dieses Postulat wird seitens der Autoren jedoch verzichtet. Allen/Coggin [1997] vertreten eine ähnliche Position (S.43), die ebenfalls unbegründet bleibt.

Nimmt man eine kritische Reflexion dieser Thesen vor, muss festgestellt werden, dass -im Falle von Teamstrukturen- trotz Ausscheidens eines Portfoliomanagers die Kontinuität des Investmentprozesses einfacher aufrechterhalten werden kann, allerdings könnte es in Teamstrukturen auch zu einer Situation kommen, in der besondere

Fähigkeiten eines bestimmten Portfoliomanagers nicht völlig zur Erzielung von Anlageerfolgen umgesetzt werden können (d.h. „verwässert" werden). Die unterschiedlichen Argumentationsmöglichkeiten spiegeln auch hier den subjektiven Charakter der qualitativen Kriterien wider.[172]

Gorodess [1997] erweitert den Kriterienkatalog im Bereich Personal. Insbesondere die Maßnahmen der Unternehmensführung des Portfoliomanagers, Schlüsselpersonal langfristig an das Unternehmen zu binden, wird als entscheidend postuliert (S. 280). Das Angebot angemessener Vergütungen und Arbeitsverträge sowie die Schaffung eines stimulierenden Arbeitsklimas können hierbei dienlich sein. Auch Programme, die die Mitarbeiter am Firmeneigentum beteiligen und so langfristig an das Unternehmen binden, werden erwähnt. Bei sich neu etablierenden Portfoliomanagern ist nach Meinung des Autors auch die finanzielle Stärke des Unternehmens für den zukünftigen Erfolg von zentraler Bedeutung.

Generell weisen die genannten Quellen Defizite dahingehend auf, dass keinerlei Angaben dazu gemacht werden, inwieweit die genannten Selektionskriterien ursächlich für die zukünftigen Anlageergebnisse eines Portfoliomanagers sind. Im Gegensatz zum quantitativen Kriterium der historischen Performance ist dieser Nachweis sicherlich wegen des Einflusses subjektiver Einschätzungen sehr schwierig zu erbringen. Dennoch soll an dieser Stelle eine Methode vorgeschlagen werden, die das Potenzial qualitativer Selektionskriterien aufzeigen könnte. Voraussetzung wäre das langjährige Erfassen von Bewertungen von Portfoliomanagern hinsichtlich der zu überprüfenden Kriterien auf einer einheitlichen numerischen Skala.
Im ersten Schritt können Wertepaare aus dem zugeordneten Skalenwert hinsichtlich des betrachteten qualitativen Selektionskriteriums aus einer Vorperiode (Formationsperiode) und einem standardisierten Performancemaß (z.B. Jensen's Alpha) in einer Folgeperiode für jeden betrachteten Manager ermittelt werden. Es folgt eine Regressionsschätzung mit der Kleinstquadratmethode, in der die Performanceergebnisse auf die Skalenwerte für das betrachtete Selektionskriterium regressiert werden. Ein Signifikanztest für die sich ergebenden Koeffizienten kann einen möglichen ursächlichen Zusammenhang zwischen der Einstufung des Portfoliomanagers

[172] Ähnlich problematisch sind auch Fragen der Entlohnungssysteme für das Personal im Portfoliomanagement sowie die Beurteilung von Entscheidungshierarchien zu sehen.

hinsichtlich des qualitativen Selektionskriteriums und den in der Folgeperiode erreichten Anlageergebnissen auch quantitativ fassbar aufdecken.
Nicht verschwiegen werden sollen die mit einer solchen Untersuchung einhergehenden Probleme. Einerseits bedarf es, wie bereits angesprochen, über längere Zeiträume erhobener Einschätzungen zu den Portfoliomanagern (auf einer vorher festgelegten Skala), andererseits gestaltet sich die Interpretation potenzieller Ergebnisse nicht als trivial. In die Regressionsschätzung müssen unter Umständen weitere Variablen mit aufgenommen werden, die den sich unter Umständen ergebenden ursächlichen Zusammenhang zwischen qualitativem Selektionskriterium und zukünftigen Anlageergebnissen beeinflussen. Wechselnde Marktbedingungen oder systematische Abweichungen der Manager von den vorgegebenen Anlagerichtlinien könnten solche weiteren Einflussfaktoren darstellen. Zu prüfen wäre außerdem, ob nicht eine Kombination mehrerer Selektionskriterien die zukünftigen Anlageergebnisse erklären kann.
Eine derartige Untersuchung würde sich, unter Voraussetzung der angesprochenen Datenverfügbarkeit, als Gegenstand zukünftiger Forschung auf dem Gebiet der Managerselektion anbieten.

4.6 Managerselektion als Prozess

Zum Abschluss des vierten Kapitels soll ein Überblick über mögliche Formen der Organisation des Ablaufes der Selektion von Investmentmanagern gegeben werden.

Eine wichtige Frage, die es zunächst zu beantworten gilt, besteht darin, ob externe Informationen mit in den Selektionsprozess aufgenommen werden sollen. Als möglicher Ausgangspunkt für eine Managerselektion, die externe Informationen mit berücksichtigt, bieten sich Ratings von Investmentgesellschaften (Portfoliomanagern) bzw. Investmentfonds an. Ratings stellen standardisierte Bewertungsverfahren dar, die für das Bewertungsobjekt eine prognostische Aussage beinhalten. Am deutschen Markt bieten mehrere Gesellschaften solche Ratings an. FERI Trust und Standard&Poor's bewerten Publikumsfonds, Fitch-AMR und RCP&Partners bewerten Investmentgesellschaften. Die im Folgenden kurz erläuterten Ratingkonzepte offenbaren deutliche Unterschiede.

Das FERI Trust Fonds-Rating[173] ist insbesondere für private Fondsanleger mit mittelfristigem Anlagehorizont (ca. fünf Jahre) konzipiert und bewertet wie das Rating von Standard&Poor's (S&P) in Deutschland zum Vertrieb zugelassene Publikumsfonds. Dabei erfolgt eine überwiegend quantitative Bewertung der Fonds, subjektive Faktoren werden ausgeklammert, die historischen Anlageergebnisse (relative Performance, langfristige Ertragskraft und Stabilität der Performance) gehen mit einem Anteil von 70% in die Bewertung ein, die übrigen 30% sind an berechneten Risikokennzahlen (Timing-, Verlust- und Trackingrisiko) orientiert. Die Fonds werden auf einer fünfstufigen Skala (A (sehr gut) bis E (schwach)) bewertet.

Das Rating von S&P[174] beruht auf einer Bewertung von quantitativen und qualitativen Faktoren, die zur langfristigen Performance beitragen. Dazu zählen nach Ansicht von S&P ein disziplinierter Investmentprozess und ein starkes Managementteam. Als Bewertungsstufen stehen AAA (außergewöhnlich hohes Maß an Qualität im Vergleich zu Fonds mit ähnlichen Anlagezielen), AA (sehr hohes Maß an Qualität im Vergleich zu Fonds mit ähnlichen Anlagezielen.), A (hohes Maß an Qualität im Vergleich zu Fonds mit ähnlichen Anlagezielen) und NR (not rated; erforderliche Performancestandards und qualitative Mindestkriterien werden nicht erfüllt) zur Verfügung.

Fitch-AMR bewertet Investmentgesellschaften[175], wobei die Investmentgesellschaften selbst die Ratingagentur mit der Bewertung beauftragen. Die Ratingagentur entsendet hierzu Analysten direkt zu den Gesellschaften, um sich einen Eindruck von den Arbeitsabläufen zu verschaffen. Zahlreiche, vor allem qualitative Kriterien werden verwendet, die Bewertungen in den Teilbereichen Unternehmensstruktur (30%), Unabhängigkeit (8%), Kommunikation (10%), Investmentprozess (22%) und Risikomanagement (30%) ergeben die Schlussbewertung auf einer insgesamt 15 Stufen umfassenden Bewertungsskala.

Auch die Ratingagentur RCP führt ihre Bewertung einer Investmentgesellschaft im Auftrag der Investmentgesellschaft selbst durch.[176] Mit dem Rating sollen Risikoquellen und deren Auswirkung auf die zukünftigen Anlageergebnisse der Gesellschaft identifiziert werden. Vor diesem Hintergrund erfolgt zum einen ein Businessrating, das strukturelle Risiken erfassen soll. Die Bereiche Finanzkraft, Management,

[173] Vgl. FERI Trust [2000].
[174] Vgl. www.standardandpoors.de (Definitionen der Fund Management Ratings).
[175] Vgl. Heymann/Germann [2002] sowie www.fitchamr.com.
[176] Vgl. Heymann/Germann [2002] sowie www.rcp-partners.com.

Backoffice/Compliance/Risikomanagement, Kundenbeziehung, Controlling und Organisationsstruktur werden bewertet und zu einem Rating von AAA (exzellent) bis B1 (nicht befriedigend) zusammengefasst. Das Investmentrating bewertet die Bereiche Investmentprozess, Research, Personal, Performance und Kundenbasis auf einer Skala von 1 (exzellent) bis 10 (nicht befriedigend).

Die Verwendbarkeit der beschriebenen Ratings zur Managerselektion im Bereich der Multimanageransätze ist aufgrund vieler Nachteile und Einschränkungen zweifelhaft. Die vorgestellten Ratingsysteme für Publikumsfonds liefern sehr stark aggregierte Bewertungsdaten und sind somit eher für Privatanleger geeignet. Das FERI Trust Fonds-Rating beruht überwiegend auf den historischen Anlageergebnissen der gerateten Fonds, die, wie bereits gezeigt, zwar einen scheinbar objektiven, aber keinen verlässlichen Indikator für zukünftige Anlageergebnisse darstellen. Die S&P-Ratings beziehen viele qualitative Kriterien mit ein und sind dadurch als subjektiver zu bezeichnen. Die Aggregation zu einem einzigen Rating verhindert aber die Möglichkeit einer detaillierteren Analyse.
Die vorgestellten Ratings von Investmentgesellschaften erscheinen zwar wesentlich ausführlicher in ihren Ergebnissen, sind aber für eine sinnvolle Auswahl von Investmentmanagern im Rahmen eines Multimanageransatzes ungeeignet. Insbesondere die Tatsache, dass der Auftrag für das Rating von der Investmentgesellschaft selbst erteilt wird, offenbart einen Interessenkonflikt, in der sich die Ratingagentur befindet. Die Objektivität der Ratings muss aufgrund dieses Interessenkonfliktes von vornherein angezweifelt werden. Die Ratings von Fitch-AMR bzw. RCP können eher als eine Stärken-Schwächen-Analyse für die Investmentgesellschaft selbst dienen und erscheinen zu Vertriebszwecken einsetzbar, nicht jedoch als Basis für eine verantwortungsvolle Managerselektion.

Die Managerselektion im Rahmen eines Multimanageransatzes sollte sich vor dem Hintergrund der begrenzten Aussagekraft externer Ratings eher auf einen individuellen Analyseprozess stützen, zumal es sich bei der Managerselektion um einen Kernprozess der Tätigkeit eines Multimanagers (neben der Portfoliokonstruktion und dem –controlling) handelt.[177]

[177] Unwin [1989] beschreibt Managerselektion als „komplizierte Mischung aus Kunst und Wissenschaft“ (S.53).

Die Komplexität der Aufgabenstellung, Zufallseinflüsse bei der Bewertung historischer Anlageergebnisse und die mit der Bewertung qualitativer Kriterien verbundene Subjektivität legen die Vermutung nahe, dass es keinen „optimalen Selektionsprozess" geben kann. Dennoch haben sich in der Praxis bestimmte Vorgehensweisen etabliert, die sich im Rahmen der Managerselektion für Spezialfonds bewährt haben und auch im Rahmen der Umsetzung von Multimanageransätzen sinnvoll erscheinen.

Am Anfang der Managerselektion bedarf es der Zusammenstellung eines relevanten Universums von Managern. Der Zugriff auf eine ausführliche Managerdatenbank, in der allgemeine Informationen zur Investmentgesellschaft aus den Bereichen Unternehmensstruktur, Personal, verwaltetes Portfoliovolumen, historische Anlageergebnisse, usw. enthalten sein sollten, bietet sich hierfür an. Die Daten werden meist durch wiederkehrende Befragungen (auf Basis von Fragebögen und/oder persönlichen Gesprächen) gewonnen (vgl. Kleeberg/Schlenger [2000a, S. 667]). Ziel einer solchen Datenbankrecherche sollte es sein, einen möglichst umfangreichen und detaillierten Überblick über die relevanten Investmentgesellschaften zu generieren (vgl. Leser [1999], S. 849), die es erlaubt, eine Vorselektion zu betreiben.

Im Hinblick auf die konkrete Selektionsaufgabe erfolgt nun eine Befragung der vorselektierten Gesellschaften, meist mit einem spezifischeren Fragebogen, in dem spezielle Anforderungen an die Verwaltung des Portfolios berücksichtigt werden.[178] Die Antworten werden anschließend strukturiert ausgewertet[179] und auf dieser Basis Präsentationen bzw. persönliche Gespräche mit den Portfoliomanagern der engeren Wahl vereinbart. Kutler [1997] sieht insbesondere in diesen formellen Präsentationen („beauty contests") die Möglichkeit, in Fragebögen gewonnene Informationen mit den Präsentationsinhalten abzugleichen, sich einen persönlichen Eindruck über die Qualitäten des mit der Verwaltung des Portfolios beauftragten Personals zu verschaffen und spezielle Fragen spontan zu erörtern.[180] Wichtige Inhalte einer solchen Präsentation bilden die Analyse- und Entscheidungsprozesse bei der Wertpapierauswahl, Benchmarkkonzepte und Gebührenstrukturen. Auch persönliche Eindrücke der auf Seiten der Investmentgesellschaft handelnden Personen können als Entscheidungshilfe herangezogen werden. Hier sollte allerdings deutlich unterschieden werden zwischen Personal aus dem Bereich Portfoliomanagement (was letztendlich mit der

---

[178] Mögliche Fragestellungen im Rahmen eines Manager-Fragebogens nennt Kutler [1997], S.268.

[179] Leser [1999] empfiehlt eine Auswertung der Fragebögen durch mehrere, unabhängig voneinander arbeitende Teams, die erst in der Schlussphase des Selektionsprozesses ihre Erkenntnisse zusammentragen und diskutieren.

[180] Vgl. Kutler [1997], S.269.

Vermögensverwaltung beauftragt ist) und Vertriebsmitarbeitern, die als Ansprechpartner für den Multimanager zur Verfügung stehen und den Präsentationen zumeist beiwohnen.

Aus einer abschließenden Besprechung der Analysten auf Seiten des Multimanagers ergibt sich schließlich die Entscheidung zugunsten eines oder mehrerer Kandidaten.

Einen Überblick zum Ablauf einer nach den vorgestellten Prinzipien organisierten Managerselektion gibt Abbildung 4-10.

Abbildung 4-10

Ablauf eines Managerselektionsprozesses

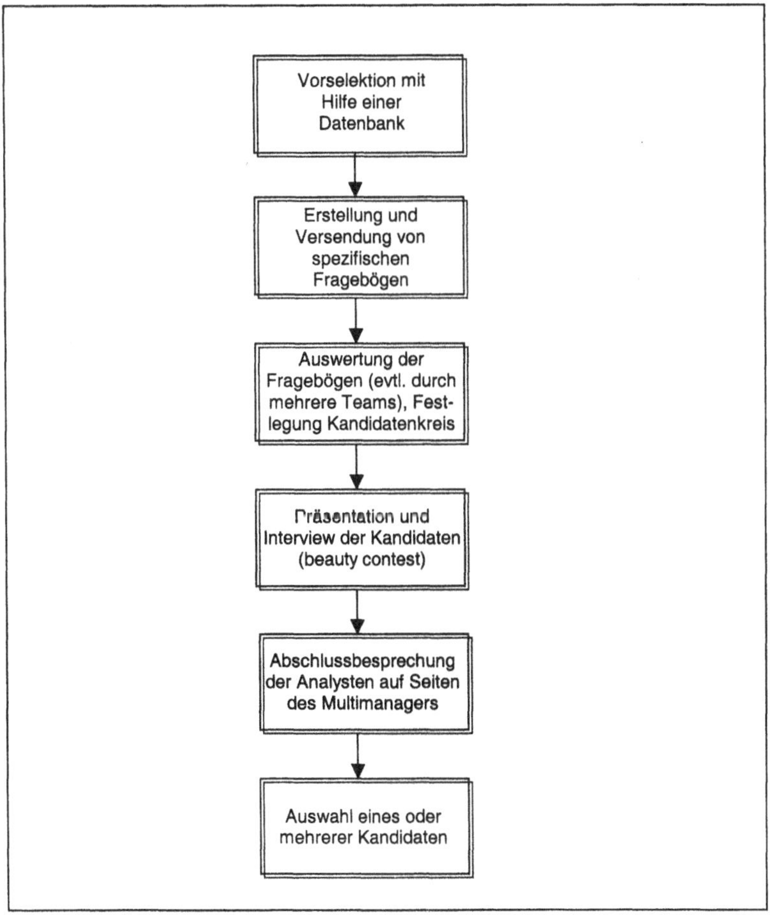

4.7 Zusammenfassung

In diesem Kapitel wurde untersucht, wie und auf welcher Basis die im Rahmen von Multimanageransätzen notwendige Auswahl von Investmentmanagern erfolgen kann.

- Managerselektion kann nicht als triviale Aufgabe angesehen werden. Besonders schwierig gestaltet sie sich vor dem Hintergrund der Tatsache, dass nur wenige Portfoliomanager in der Lage sind, persistente systematische Überrenditen zu erzielen, und Zufallseinflüsse die Selektion zusätzlich erschweren.

- Quantitative Selektion, die sich an historischen Anlageergebnissen orientiert, kann nur bei Betrachtung hinreichend langer Performancezeitreihen statistisch zuverlässige Ergebnisse liefern. Dem steht eine im Zeitablauf abnehmende Stabilität der performancegenerierenden Faktoren gegenüber.

- Die ausführliche Literaturanalyse zur Persistenz in der Performance von Investmentportfolios liefert uneindeutige Ergebnisse. Zumeist ist Persistenz nur in bestimmten Zeiträumen oder bei Betrachtung bestimmter Anlagekategorien signifikant nachweisbar. Es existieren dabei nur sehr wenige europäische Studien zur Persistenz in der Performance.

- Eine eigene empirische Studie untersuchte im Zeitraum von 1993 bis 2002 die Persistenz in der Performance von in Deutschland zugelassenen Publikumsfonds (mit Anlageschwerpunkt Aktien Deutschland bzw. Europa) und sich daraus ergebende Möglichkeiten erfolgreicher quantitativer Selektion. Dabei wurde eine besondere Schätzmethodik und ein in der Literatur unterrepräsentiertes Testinstrumentarium verwendet. Die aus historischen Anlageergebnissen ableitbaren Hinweise auf die zukünftige Performance der Investmentfonds erscheinen nicht verlässlich genug, um eine rein quantitativ gestützte Managerselektion zu rechtfertigen. Insofern werden die Ergebnisse der Literaturanalyse bestätigt.

- Eine Einbeziehung qualitativer Kriterien erscheint vor diesem Hintergrund geboten. Identität dieser Kriterien, Bedeutung qualitativer Selektionskriterien für die Investoren und die mit qualitativer Selektion verbundenen Probleme wurden diskutiert und ein Ansatz für eine Untersuchung, mit der das Potenzial qualitativer Selektionskriterien als Prognoseinstrument hinsichtlich der zukünftigen Anlageergebnisse von Portfoliomanagern aufgezeigt werden kann, skizziert.

- Die Organisation der Managerselektion als ein Prozess, der quantitative und qualitative Kriterien berücksichtigt, empfiehlt sich besonders vor dem Hintergrund der mit der Managerselektion verbundenen Unsicherheit.

5. Konstruktion von Multimanagerportfolios

5.1 Zielsetzung und Einordnung des Kapitels

Neben der im vorangegangenen Kapitel betrachteten Selektion von Investmentmanagern, die im Rahmen von Multimanageransätzen mit der Vermögensverwaltung einzelner Teile des Multimanagerportfolios betraut werden, bilden die Kombination der einzelnen Teilportfolios und die Überwachung der Portfoliomanager weitere zentrale Aufgaben des Multimanagers. Die Frage, welche Möglichkeiten der Multimanager bei der Portfoliokonstruktion hat und wie er im Sinne eines vorgegebenen Rendite-Risiko-Profils ein effizientes Multimanagerportfolio erzeugen kann, soll im folgenden Kapitel beantwortet werden. Außerdem wird ein Ansatz zum Portfoliocontrolling betrachtet, mit dessen Hilfe die im Rahmen der Portfoliokonstruktion an die einzelnen Investmentmanager gestellten Vorgaben auf deren Einhaltung überprüft werden können.

Zunächst wird ein Überblick über grundsätzliche Gestaltungsmöglichkeiten für Multimanagerportfolios (Multi-Style-Ansatz, Core-Satellite-Ansatz, Hybrid-Ansatz) und die für die eine oder andere Form sprechenden Argumente gegeben. Ein Portfoliokonstruktionsprozess[181] auf Basis einer portfoliotheoretischen Optimierung ermöglicht dem Multimanager, die Wahl der Gestaltungsform des Multimanager-portfolios an den Zielsetzungen für aktive Rendite und aktives Risiko bzw. an der Risikoaversion des Investors zu orientieren und den Einfluss von Anlageergebnissen bestimmter Investmentstile auf die Anlageergebnisse des Multimanagerportfolios zu kontrollieren. Zur Verdeutlichung möglicher Effizienzgewinne im Rahmen des Portfoliokonstruktionsprozesses wird im Rahmen einer Fallstudie unter anderem ein Vergleich eines optimierten mit einem nicht-optimierten Multimanagerportfolio durchgeführt.

Da ein solcher optimierter Portfoliokonstruktionsprozess auf spezifischen Vorgaben und Schätzungen der Rendite-, Risiko- und Stilprofile der einzelnen Investmentmanager beruht, kommt dem Controlling der erzielten Anlageergebnisse hinsichtlich der für die Optimierung verwendeten Parameter große Bedeutung zu. Daher wird abschließend ein Ansatz entwickelt, mit dessen Hilfe überprüft werden kann, ob verpflichtete Investmentmanager die vom Multimanager erteilten Vorgaben erfüllen. Je nach Typ des

[181] Vgl. Waring/Castille [1998] und Waring/Whitney/Pirone/Castille [2000].

vergebenen Mandates folgen aus den erhaltenen Ergebnissen Konsequenzen hinsichtlich der Beibehaltung bzw. Beendigung bestimmter Mandate des Multimanagerportfolios.

5.2 Gestaltungsformen für Multimanagerportfolios

Die Konstruktion von Multimanagerportfolios erfolgt im Ablaufschema eines Investmentprozesses nach der Auswahl der geeigneten Investmentmanager. Sie stellt somit die Implementation der Ergebnisse der strategischen Asset Allocation und der Managerselektion dar. Ungeachtet dieser Vorarbeiten sieht sich der Multimanager auch in der Konstruktionsphase mit grundsätzlichen Entscheidungen hinsichtlich der Aufteilung des verwalteten Vermögens auf die ausgewählten Manager, auf aktiven und passiven Managementansatz oder auf einzelne Investmentstile konfrontiert. In der Praxis haben sich - je nach Auffassung zu den genannten Problemfeldern - insbesondere zwei Strukturmodelle von Multimanagerportfolios etabliert. Diese beiden Modelle werden im Folgenden als Spezialisten-Ansatz (Multi-Style-Ansatz) und Core-Satellite-Ansatz bezeichnet. Ein Überblick, welche Anbieter von Multimanagement-Produkten welchen der beiden Ansätze in der Praxis bevorzugt umsetzen, findet sich bei Harrison [1999].

Zunächst soll der Multi-Style-Ansatz näher betrachtet werden. Der Multimanager wählt hierbei für das gesamte Multimanagerportfolio aktive Investmentmanager aus, die auf bestimmte Segmente der Kapitalmärkte, im Aktienbereich z.B. auf bestimmte Investmentstile, spezialisiert sind. Abbildung 5-1 zeigt einen Multi-Style-Ansatz anhand einer 2x2-Stilmatrix (Value/Growth x Large Cap/Small Cap). Vier Investmentmanager sind gemäß der von ihnen abgebildeten Investmentstile abgetragen, wobei auch innerhalb eines bestimmten Investmentstils mehrere Manager verpflichtet werden können.[182] Der Flächeninhalt der einzelnen Quadrate, die die Manager symbolisieren, entspricht dabei den Volumenverhältnissen innerhalb des Multimanagerportfolios. Der Multi-Style-Ansatz spiegelt ein ganze Reihe von Einsichten des Multimanagers darüber wider, wodurch erfolgreiches Portfoliomanagement möglich ist. Beim Multi-Style-Ansatz werden 100% des investierten Kapitals aktiv verwaltet. Der Multimanager geht demnach davon aus, dass in sämtlichen Bereichen des Kapitalmarktes aktive

[182] Dies erscheint insbesondere dann als sinnvoll, wenn die Manager über möglichst unkorrelierte Prognoseverfahren im Sinne des Fundamentalen Gesetzes des aktiven Managements und somit über unkorrelierte aktive Renditen verfügen. Vgl. hierzu Kapitel 3.7 dieser Arbeit.

Investmentmanager in der Lage sind, Überrenditen im Vergleich zu einer passiven Anlagealternative zu erzielen. Spezialisierte Investmentmanager, die auf einzelne Investmentstile fokussiert sind, werden dabei als potenziell erfolgreicher im Bereich der Titelselektion angesehen als Investmentmanager, die sämtliche Marktsegmente abdecken (balanced-Manager).

Abbildung 5-1

Multi-Style-Ansatz (Spezialisten-Ansatz) für ein Multimanagerportfolio

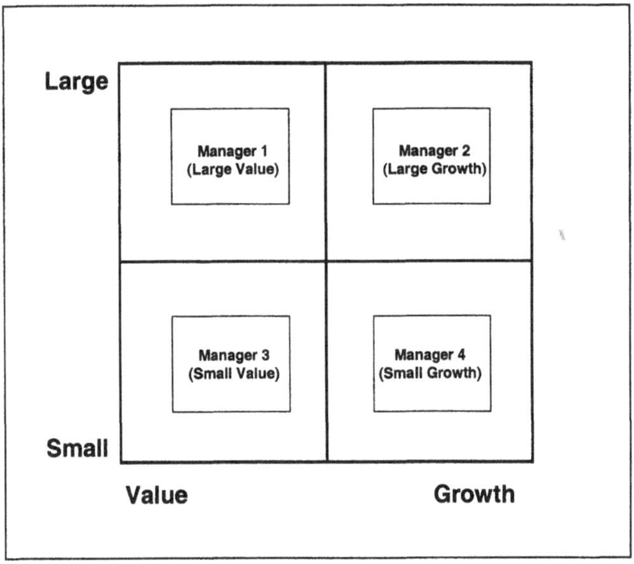

Während die Spezialisierung der einzelnen Investmentmanager insbesondere zu einer höheren aktiven Rendite beitragen soll, kommt es durch die Kombination der Manager bzw. der von ihnen verfolgten Investmentstile zu einer Verringerung von Risiken auf der Ebene des Gesamtportfolios.[183] Die Verstetigung der Erzielung von aktiven Überrenditen steht dabei im Mittelpunkt. Einseitige Über- bzw. Untergewichtungen einzelner Investmentstile werden als unberechenbare Risikoquelle interpretiert, deren Einfluss durch die ausgewogene Kombination von Investmentstilen neutralisiert wird.[184] Dieses Vorgehen wird dadurch begründet, dass einzelne Investmentstile weniger

[183] Vgl. Kapitel 2.3.2 dieser Arbeit.
[184] Vgl. Ujobai [1998].

diversifiziert sind, da sie eine höhere Konzentration von Unternehmen aus bestimmten Industriezweigen aufweisen. Während Value-Indizes traditionell beispielsweise besonders Unternehmen aus den Bereichen Versorgung, Energie oder Finanzdienstleistungen enthalten, sind Growth-Indizes oft durch Technologie- oder Pharmaunternehmen dominiert. Erst durch die Kombination verschiedener Investmentstile wird das resultierende unsystematische Risiko verringert und die Renditeerzielung somit verstetigt.

Auch die zwischen verschiedenen Investmentstilen nachweisbaren niedrigen Korrelationen führen zu einer solchen Verstetigung der Anlageergebnisse. Röck [2002] weist beispielsweise im Zeitraum von 1997 bis 2001 eine marktbereinigte Korrelation zwischen den Stilindizes MSCI Europe Value und MSCI Europe Growth von -0,111 nach.[185] Die Volatilität der relativen Performance einzelner Investmentstile kann entsprechend als ein zusätzliches Risiko interpretiert werden, das durch eine Kombination mehrerer Stile verringert wird. Eine Analyse der im Rahmen der empirischen Untersuchung in Kapitel 4 verwendeten Zeitreihen für die Stilindizes zeigt, wie sich die Renditedifferenzen der einzelnen Investmentstile sowohl in Deutschland als auch in Europa in den vergangenen zehn Jahren entwickelt haben. Die Abbildungen 5-2 und 5-3 zeigen die Ergebnisse. Die Renditedifferenzen wurden auf jährlicher Basis als kumulierte Monatsrenditen für sämtliche 12-Monats-Zeitfenster innerhalb des Untersuchungszeitraumes bestimmt. Als Stilindizes für den deutschen Markt wurden folgende Indizes verwendet: DAX 30 (Large Cap), MSCI Germany Small Cap (Small Cap), MSCI Germany Growth (Growth) und MSCI Germany Value (Value). Für den europäischen Markt wurden verwendet: Dow Jones Stoxx50 (Large Cap), MSCI Europe Small Cap (Small Cap), MSCI Europe Growth (Growth) und MSCI Europe Value (Value).

Es zeigt sich, dass die Renditeunterschiede zwischen den jeweiligen Investmentstilen im Zeitablauf starken Schwankungen unterliegen und eine ex post ermittelbare optimale Anlagestrategie nur durch einen häufigen Wechsel zwischen den verschiedenen Stilen erreichbar gewesen wäre.

[185] Röck [2002] berechnet marktbereinigte Korrelationen als Korrelationen der Outperformance des Style-Indizes gegenüber einem bestimmten Marktindex (vgl. S.296). Das genannte Beispiel stellt die gegenüber dem STOXX Total Market Index Europe bereinigten Korrelationen dar. Eine weitere Untersuchung der Korrelationen zwischen Stilindizes findet sich bei Capaul/Rowley/Sharpe [1993].

Abbildung 5-2

Renditedifferenzen der Stilindizes am deutschen Aktienmarkt von 1993 bis 2002

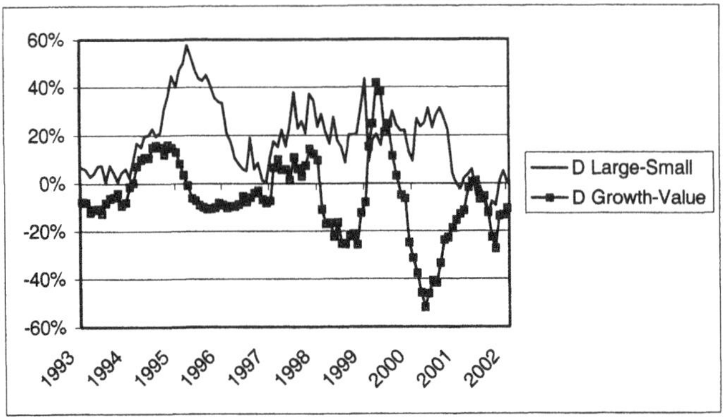

Abbildung 5-3

Renditedifferenzen der Stilindizes am europäischen Aktienmarkt von 1993 bis 2002

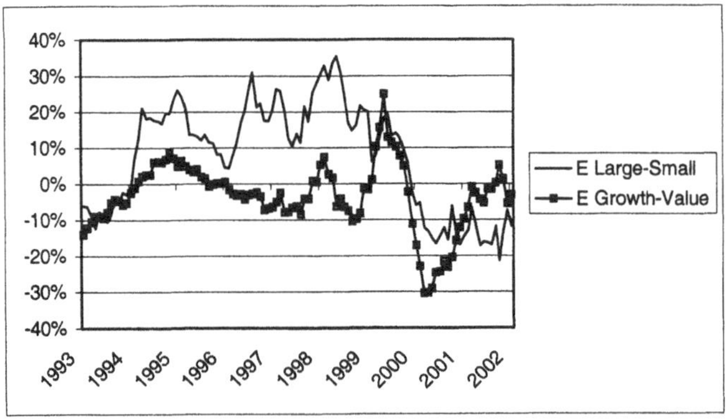

Ex ante betrachtet ist ein optimales Ausnutzen der Renditedifferenzen allerdings an die Fähigkeit des Multimanagers gekoppelt, die relative Performance einzelner Investmentstile exakt vorauszusagen. Derartige Prognosen werden bei der Konstruktion von Multimanagerportfolios nach dem Multi-Style-Ansatz jedoch als zu unsicher angesehen und deshalb unterlassen.[186] Stattdessen führt die Kombination mehrerer Investmentstile zu einer Immunisierung des Portfolios gegenüber den vorliegenden Schwankungen der Renditedifferenzen. Diese Argumentation verdeutlicht die grundsätzliche Zielsetzung von Multi-Style-Ansätzen bzw. Multimanageransätzen im allgemeinen, durch Aufteilung des Vermögens auf spezialisierte aktive Portfoliomanager Überrenditen zu generieren und gleichzeitig durch die Kombination der einzelnen Manager und Investmentstile das mit der Renditeerzielung verbundene Risiko soweit wie möglich zu reduzieren. Ein Beispiel für die Umsetzung eines Multi-Style-Portfolios befindet sich im Anhang B.1.

Eine weitere Möglichkeit zur Gestaltung eines Multimanagerportfolios stellt der Core-Satellite-Ansatz dar. Ein Core-Satellite-Portfolio kombiniert aktives und passives Portfoliomanagement. Abgeleitet aus der Erkenntnis, dass der durchschnittliche aktive Portfoliomanager und somit auch die Mehrheit der aktiven Portfoliomanager schlechtere Anlageergebnisse als die zugrunde liegende Benchmark erbringt[187], wird im Gegensatz zum Multi-Style-Ansatz bei Core-Satellite-Potfolios der Hauptteil des Portfolios (Core) indexnah, d.h. passiv, verwaltet. Nur in ausgewählten Marktsegmenten werden kleine, aktive Portfolios (Satellites) mit vergleichsweise hohen erwarteten Renditen und Tracking Errors integriert, um auf Gesamtportfolio-Ebene hinreichend große positive aktive Renditen erwirtschaften zu können. Abbildung 5-4 veranschaulicht den Core-Satellite-Ansatz anhand der bekannten Stilmatrix. Hierzu ist anzumerken, dass die Satellite-Portfolios nicht unbedingt stildiversifiziert verteilt werden müssen, sondern beispielsweise auch rein nach den Ergebnissen der Managerselektion an eine kleine Zahl von außerordentlich positiv beurteilten Investmentmanagern unabhängig vom verfolgten Investmentstil vergeben werden können, sofern es die Vorgaben für das relative Risiko bzw. das Stilrisiko des Gesamtportfolios im Vergleich zur Benchmark zulassen. Auch Hedge-Fonds-Portfolios, deren Wertentwicklung häufig völlig unabhängig von Marktindizes ist, können hierbei als Satellites fungieren. Die passive, indexorientierte Ausrichtung des Core-Portfolios ermöglicht dem Multimanager zum einen eine direkte Anbindung der Anlageergebnisse

[186] Der Multi-Style-Ansatz wendet sich gegen die in Kapitel 3.6 dieser Arbeit angesprochenen Style-Rotation-Strategien, die auf einer bestehenden Voraussagbarkeit der Performance einzelner Investmentstile beruhen.

[187] Vgl. Sharpe [1991] sowie Kapitel 3.5 dieser Arbeit.

an die Rendite- und Risikocharakteristika der Benchmark. Zum anderen profitiert er von niedrigeren Verwaltungskosten gegenüber reinen Aktivstrategien wie dem Multi-Style-Ansatz.

Abbildung 5-4
Core-Satellite-Ansatz für ein Multimanagerportfolio

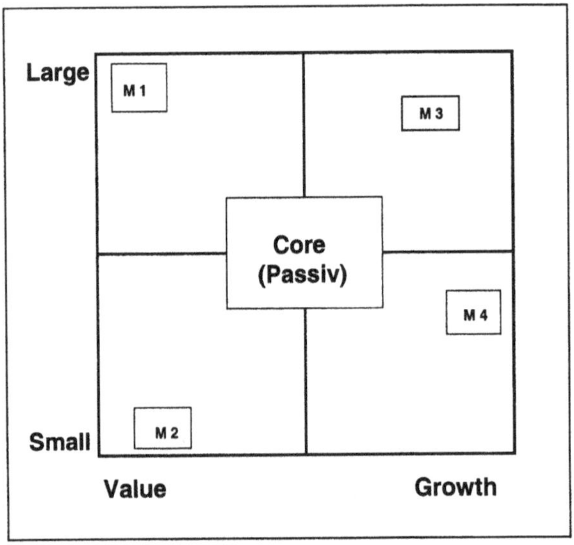

Der Core-Satellite-Ansatz bietet somit die Möglichkeit, stark risikokontrolliert positive aktive Renditen zu erzielen. Ein Beispiel für die Umsetzung eines Core-Satellite-Portfolios, bei dem mehr als 80% des investierten Vermögens passiv verwaltet werden, befindet sich im Anhang B.2.

Kritiker des Core-Satellite-Ansatzes führen das Argument an, dass durch die passive Verwaltung des Core-Portfolios ein Großteil des Vermögens nicht zur Erzielung von Überrenditen zur Verfügung steht und somit der Core-Satellite-Ansatz dem Multi-Style-Ansatz hinsichtlich des Potenzials zur Erzielung aktiver Renditen von vornherein unterlegen sei.[188] Hierbei ist jedoch zu beachten, dass derartige Vergleiche nur dann gezogen werden dürfen, wenn die einem Multi-Style-Ansatz zugrunde liegenden Prognosen hinsichtlich der erwarteten Parameter (aktive Rendite und Tracking Error)

[188] Vgl. Ezra [1998], S.4.

sich auch im Nachhinein erfüllen. Nur unter dieser Voraussetzung können die mit dem jeweiligen Ansatz verbundenen Erfolgspotenziale direkt gegenübergestellt werden.

Ohne die eine oder andere Konstruktionsvariante als überlegen anzusehen, kann der Multimanager auch versuchen, die Vorteile beider Ansätze zu nutzen. Dabei entsteht eine Mischform aus Multi-Style- und Core-Satellite-Portfolio, die entsprechend als Hybrid-Ansatz bezeichnet werden kann. Im Vergleich zu einem Core-Satellite-Portfolio wird der passiv verwaltete Anteil so reduziert, dass aktiv und passiv verwaltetes Vermögen sich ungefähr entsprechen. Geht man davon aus, dass verschiedene Segmente der Kapitalmärkte einen unterschiedlich hohen Grad von Informationseffizienz aufweisen, erscheint aktives Portfoliomanagement besonders in den weniger informationseffizienten Bereichen erfolgversprechend (hier sollten aktive Portfoliomanager verpflichtet werden) bzw. in den sehr effizienten Bereichen wenig erfolgversprechend (hier sollte auf passives Portfoliomanagement zurückgegriffen werden). Diese Argumentation folgt aus den in Kapitel 3.4 gewonnenen Erkenntnissen und spiegelt sich in dem in Anhang B.3 veranschaulichten Hybrid-Portfolio wider. Das auf die als besonders effizient angesehenen Assetklassen Staatsanleihen Euro und Pfandbriefe Euro verteilte Vermögen wird dabei passiv, das auf die als ineffizienter angesehenen Aktiensegmente verteilte Vermögen entsprechend aktiv verwaltet.

Die Darstellung möglicher Gestaltungsformen für Multimanagerportfolios und auch die im Anhang dargestellten drei Multimanagerportfolios, die die verschiedenen Konstruktionsansätze verkörpern, beantworten noch nicht die Frage, welche Portfoliostruktur letztendlich im Hinblick auf den Investor und seine spezifischen Anforderungen optimal ist. Vor diesem Hintergrund beschäftigt sich das folgende Kapitel damit, wie ein technischer Optimierungsansatz dazu beitragen kann, diese optimale Portfoliostruktur zu finden.

5.3 Optimierte Portfoliokonstruktion für Multimanagerportfolios

5.3.1 Optimierungsansatz

Um systematisch, d.h. orientiert an spezifischen Vorgaben des Multimanagers bzw. Investors, eine Portfoliostruktur für ein Multimanagerportfolio festlegen zu können, bedarf es eines Modells über den Erwartungsnutzen einer bestimmten Aufteilung des Vermögens innerhalb des Multimanagerportfolios. Der von Grinold und Kahn entwickelte Modellrahmen[189], anhand dessen das in Kapitel 3.7 beschriebene Fundamentale Gesetz des aktiven Managements abgeleitet werden kann, stellt einen wichtigen Orientierungspunkt dafür dar. Waring/Castille [1998] sowie Waring/Whitney/Pirone/Castille [2000] greifen das Modell auf und konzeptionieren erstmalig eine Optimierung in Bezug auf Multimanagerportfolios, bei denen die einzelnen Unterportfolios anhand von Investmentstilfaktoren charakterisiert werden.[190] Im Folgenden wird eine exakte Herleitung des Optimierungsansatzes, den Waring et al. [2000] nur skizzieren, vorgenommen. Im Anschluss demonstriert eine Fallstudie zur Konstruktion eines Multimanagerportfolios die Potenziale einer solchen Optimierung.

Wählt der Multimanager bzw. der Investor als Zielgröße des erwarteten Erfolges einer Multimanagerstrategie die risikoadjustierte erwartete Renditedifferenz zwischen Multimanagerportfolio und Benchmarkportfolio aus, weist dies bereits auf die Verbindung zwischen aktiver Rendite und dem mit der Erzielung von aktiven Renditen verbundenen Risiko einer Strategie hin. Anhand dieser Verknüpfung kann eine Optimierung vorgenommen werden, d.h. für ein gegebenes Niveau aktiven Risikos (gemessen als Volatilität der aktiven Renditen) die maximale erwartete aktive Rendite und die zu deren Erzielung erforderliche Managerstruktur ermittelt werden. Die Variation des aktiven Risikoniveaus bzw. der Risikoaversion des Investors oder Multimanagers führt zu unterschiedlichen optimalen Portfoliostrukturen, die durch eine „Effizienzkurve für Multimanagerportfolios“ (vgl. Abbildung 5-5) veranschaulicht werden. Die Nutzung der Kovarianzen zwischen den erwarteten aktiven Renditen der einzelnen Manager ermöglicht, ähnlich wie bei einer herkömmlichen Markowitz-

[189] Vgl. Grinold [1989] und Grinold/Kahn [2000].

[190] Kleeberg/Schlenger [2000b] liefern ebenfalls einen Beitrag zur optimalen Kombination von Portfoliomanagern, betrachten den Optimierungsprozess, der sich ebenfalls an Grinold/Kahn [1989] bzw. [2000] anlehnt, jedoch sehr stark vereinfachend. Insbesondere werden Investmentstile bzw. deren Einfluss auf die Optimierung (Misfit-Problematik) nicht berücksichtigt.

Optimierung, höhere Erwartungsnutzenniveaus als bei einer Konzentration sämtlicher Portfoliomittel auf einen einzigen Manager.

Grafisch ergibt sich für risikoaverse Investoren dadurch die charakteristische, gekrümmte Effizienzkurve (efficient frontier), die „die einzelnen Portfoliomanager einhüllt". Im Unterschied zur Markowitz-Optimierung bezieht sich die Effizienzkurve dabei nicht auf die erwartete Gesamtrendite bzw. deren Gesamtvolatilität, sondern jeweils nur auf deren aktive Bestandteile (erwartete Rendite bzw. Volatilität relativ zum Benchmarkportfolio).

Abbildung 5-5
Efficient Frontier für Multimanagerportfolios
(in Anlehnung an Waring et al. [2000])

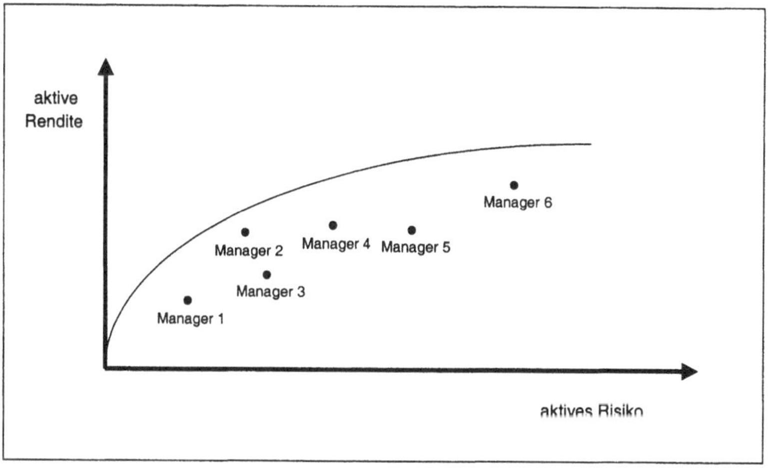

Aus der systematischen Abhängigkeit der optimalen Portfolios vom Niveau des festgelegten aktiven Risikos folgt eine wichtige Konsequenz für die Portfoliostruktur hinsichtlich der Aufteilung in aktiv und passiv verwaltetes Vermögen. Soll beispielsweise auf Gesamtportfolio-Ebene nur ein geringes aktives Risiko eingegangen werden bzw. ist die Risikoaversion des Investors relativ hoch, müssen Manager, die einen passiven bzw. indexnahen Managementansatz verfolgen, entsprechend höhere Portfolioanteile verwalten als aktive Portfoliomanager mit hoher erwarteter aktiver Rendite und hoher Volatilität der aktiven Renditen. Das Gegenteil wäre bei einem

höheren tolerierbaren aktiven Risiko bzw. einer geringeren Risikoaversion der Fall. Die konkreten Auswirkungen einer Variation des angesprochenen Risikobudgets auf die Zusammensetzung des Multimanagerportfolios werden im Rahmen der Fallstudie im folgenden Unterkapitel genauer untersucht.
Neben bzw. im Vorfeld der Ermittlung der optimalen Gewichtungen der einzelnen Portofoliomanager kann anhand des Optimierungsansatzes auch eine Analyse eines bereits existierenden Multimanagerportfolios und dessen Gewichtungen erfolgen. Anhand bestehender Managergewichtungen können bei gegebenen Risikoprofilen und Kovarianzen der Manager die implizierten aktiven Renditen bestimmt werden, für die die gegebene Portfoliostruktur erwartungsnutzenoptimal ist. Die Überprüfung der Plausibilität dieser implizierten aktiven Renditen kann zur Beurteilung einer bestehenden Managerstruktur hilfreich sein. Eine solche Betrachtung wird ebenfalls im Rahmen der Fallstudie im folgenden Unterkapitel vorgenommen.

Zur Herleitung des beschriebenen Optimierungsproblems bzw. der zu optimierenden Zielfunktion müssen zunächst die vom Multimanager prognostizierte Gesamtüberschussrendite (über dem risikolosen Zins) und die Varianz der Gesamtüberschussrendite des Portfolios definiert werden.[191]

Die prognostizierte Gesamtüberschussrendite des Portfolios kann definiert werden als:

$$
\begin{aligned}
f_P &= \beta_P * f_B + \alpha_P \\
&= \beta_P * (\mu_B + \Delta f_B) + \alpha_P \\
&= \beta_P * \mu_B + \beta_P * \Delta f_B + \alpha_P \\
&= (1 + \beta_{PA}) * \mu_B + \beta_P * \Delta f_B + \alpha_P \\
&= \mu_B + \beta_{PA} * \mu_B + \beta_P * \Delta f_B + \alpha_P
\end{aligned}
\tag{25}
$$

mit:

f_P = prognostizierte Gesamtüberschussrendite des Portfolios (Differenz aus prognostizierter Portfoliorendite und risikolosem Zins)

β_P = Portfoliobeta

f_B = prognostizierte Benchmarküberschussrendite (Differenz aus prognostizierter Benchmarkrendite und risikolosem Zins)

[191] Vgl. hierzu Grinold/Kahn [2000], S.105ff.

α_P = prognostizierte aktive Rendite des Portfolios

μ_B = Gleichgewichtsrendite des Benchmarkportfolios (Marktkonsens-Benchmarkrendite)

Δf_B = Differenz aus prognostizierter Benchmarkrendite und Marktkonsens-Benchmarkrendite

β_{PA} = aktives Beta (= β_P-1); ein von null verschiedenes aktives Beta signalisiert, dass das Benchmarkportfolio über- bzw. untergewichtet wird, d.h. Benchmarktiming betrieben wird

Die Varianz der prognostizierten Portfoliorendite ergibt sich als

(26)
$$\begin{aligned}\sigma_P^2 &= \beta_P^2 * \sigma_B^2 + \sigma_\alpha^2 \\ &= (1+\beta_{PA})^2 * \sigma_B^2 + \sigma_\alpha^2 \\ &= (1+2*\beta_{PA} + \beta_{PA}^2) * \sigma_B^2 + \sigma_\alpha^2 \\ &= \sigma_B^2 + 2*\beta_{PA} * \sigma_B^2 + \beta_{PA}^2 * \sigma_B^2 + \sigma_\alpha^2\end{aligned}$$

mit:

σ^2_P = Varianz der Portfolioüberschussrendite

σ^2_B = Varianz der Benchmarküberschussrendite

σ^2_α = Varianz der aktiven Renditen

Überträgt man die einzelnen Rendite- und Risikobausteine in eine quadratische Erwartungsnutzenfunktion, ergibt sich

(27)
$$\begin{aligned}E[U] = {} & (\mu_B - \lambda_B * \sigma_B^2) + (\beta_{PA} * \mu_B - 2*\lambda_B * \beta_{PA} * \sigma_B^2) \\ & + (\beta_P * \Delta f_B - \lambda_{BT} * \beta_{PA}^2 * \sigma_B^2) + (\alpha_P - \lambda_\alpha * \sigma_\alpha^2)\end{aligned}$$

mit:

λ_B = Risikoaversionsparameter (bezüglich des systematischen Benchmarkrisikos)

λ_{BT} = Risikoaversionsparameter (bezüglich des mit Benchmarktiming verbundenen Risikos)

λ_α = Risikoaversionsparameter (bezüglich des aktiven Risikos)

Hierbei wird davon ausgegangen, dass der Grad der Risikoaversion des Multimanagers bzw. Investors hinsichtlich der einzelnen Risikokomponenten unterschiedlich hoch sein kann. Dies ist eine realistische Annahme, da insbesondere die mit aktiven Risiken verbundenen Risikoaversionen zumeist größer als die Risikoaversion bezüglich systematischen Risikos sind. Der Grund dafür liegt darin, dass ohne vorhandene Fähigkeiten bei der Selektion von Wertpapieren bei den ausgewählten Portfoliomanagern ein höheres aktives Risiko nicht zwangsläufig zu einer höheren aktiven Rendite führt. Auch die Annahme, dass sich viele Investoren bzw. Portfoliomanager bei der Portfoliokonstruktion stark an der Benchmark orientieren, um das Risiko einer Unterperformance zu minimieren, spricht für einen geringeren Grad der Risikoaversion bezüglich des Benchmarkrisikos. Chevalier/Ellison [1998] zeigen in diesem Zusammenhang, dass junge Portfoliomanager einen Anreiz haben, keine größeren aktiven Risiken in ihren Portfolios einzugehen, d.h. sich stark risikoavers zu verhalten. Große aktive Risiken können zwar einen Hinweis auf vorhandene Fähigkeiten des aktiven Managers geben, allerdings erhöhen sie das Karriererisiko der Portfoliomanager. Vor diesem Hintergrund neigen Portofoliomanager dazu, „sich hinter der Benchmark zu verbergen" und nur systematische Risiken einzugehen.

Um die Erwartungsnutzenfunktion in (27) zu der im Rahmen der Optimierung einer Managerstruktur notwendigen Zielfunktion zu vereinfachen, können die beiden ersten Summanden vernachlässigt werden. Dies beruht darauf, dass das Benchmarkportfolio vor der Optimierung bereits feststeht und die beiden ersten Summanden daher im Hinblick auf die Optimierung der aktiven Rendite bzw. Risikoparameter als Konstanten anzusehen sind. Des Weiteren ist es im Rahmen des Optimierungsansatzes für die Managerstruktur nicht notwendig, eine von der Marktkonsens-Benchmarkrendite verschiedene prognostizierte Benchmarküberschussrendite zu unterstellen. Daraus folgt $\Delta f_B = 0$.

Die vereinfachte Erwartungsnutzenfunktion lautet daher:

(28) $$E[U] = \alpha_P - \lambda_\alpha * \sigma_\alpha^2 - \lambda_{BT} * \beta_{PA}^2 * \sigma_B^2$$

Unter Verwendung von (25) und (26) und $\beta = \sigma_{x,y} / \sigma_y^2$ kann die Erwartungsnutzenfunktion umformuliert werden zu:

(29) $$E[U] = (f_P - \sigma_{P,B} / \sigma_B^2 * f_B) - \lambda_\alpha * (\sigma_P^2 - \sigma_{P,B}^2 / \sigma_B^2) - \lambda_{BT} * \sigma_{\alpha,B}^2 / \sigma_B^2$$

mit:

$\sigma_{P,B}$ = Kovarianz zwischen Portfolio und Benchmarküberschussrendite

$\sigma_{\alpha,B}$ = Kovarianz zwischen aktiver Überschussrendite und Benchmarküberschussrendite

Eine in der Praxis verbreitete Problematik besteht darin, dass Portfoliomanager sich oft an anderen als den vom Investor bzw. Multimanager zugrunde gelegten Benchmarks orientieren und es damit innerhalb einer Multimanagerkonstruktion zu einer Verzerrung der ausgewiesenen aktiven Renditen und Risiken der einzelnen Portfoliomanager (Misfit) kommen kann. Genau betrachtet besteht in einem solchen Fall die aktive Rendite und das aktive Risiko eines Teilportfolios, das einem Misfit unterliegt, aus zwei Komponenten: der Selektionsrendite (Differenz aus aktiver Rendite und der Rendite der tatsächlich vom Portfoliomanager verwendeten Benchmark) und deren Volatilität auf der einen Seite sowie der Misfit-Rendite (Differenz der Rendite der vom Manager verwendeten Benchmark und der vom Multimanager zugrunde gelegten Benchmark) und deren Volatilität auf der anderen Seite. Die auf Gesamtportfolioebene entstehende Misfit-Rendite bzw. das entstehende Misfit-Risiko kann entsprechend als die Renditedifferenz zwischen den aggregierten Benchmarks der Manager (volumengewichtete Summe der Managerbenchmarks) und der vom Multimanager zugrunde gelegten globalen Benchmark bzw. als deren Standardabweichung definiert werden.

Um zu verhindern, dass Misfit-Risiken einen Einfluss auf die Anlageergebnisse des Multimanagerportfolios gewinnen, bestehen zwei Handlungsalternativen. Zum einen kann ein zusätzliches Portfolio, das die Misfit-Risiken durch entsprechende Portfoliopositionen neutralisiert, integriert werden. In der Literatur wird ein solches

Portfolio treffend als Completion Fund bezeichnet.[192] Die zweite Möglichkeit besteht darin, die Misfit-Risiken in der Zielfunktion und der anschließenden Optimierung zu berücksichtigen. Dies hat den Vorteil, dass vorhandene Misfits, sofern sie auf Seiten der Portfoliomanager durch hinreichend große positive Selektionsrenditen gerechtfertigt sind, zu höheren Erwartungsnutzenniveaus auf Gesamtportfolioebene führen können. Unter Umständen ist somit die Beibehaltung eines bestimmten Teils der Verzerrungen sogar wünschenswert. Um dieses Potenzial zu berücksichtigen, wird die Erwartungsnutzenfunktion (29) so beschrieben, dass die möglichen Unterschiede der Benchmarkportfolios (die Misfit-Problematik) in die Optimierung mit einfließen. Hierzu werden Investmentstil-Faktoren, anhand derer verschiedene Benchmarks charakterisiert werden können, mit in die Zielfunktion aufgenommen. Dieses Konzept beruht auf dem von Sharpe [1992] beschriebenen Vorgehen zur Stilanalyse von Portfolios, bei der mit Hilfe quadratischer Programmierung versucht wird, Renditezeitreihen von Portfolios oder Indizes durch die Renditen bestimmter Anlageklassen oder charakteristischer Stilportfolios zu erklären.[193] Gesucht wird dabei die Kombination von Faktorladungen hinsichtlich der charakteristischen Stilportfolios, die die Rendite der untersuchten Portfolios am besten erklärt.[194] Werden die einzelnen Anlageklassen bzw. Stilportfolios korrekt spezifiziert, ist es somit möglich, das Stilprofil eines Portfolios zu bestimmen, ohne seine genaue Zusammensetzung zu kennen. In der Literatur finden sich zahlreiche Studien, die die im Rahmen der renditebasierten Stilanalyse gewonnenen Ergebnisse (auch für Portfolios von festverzinslichen Wertpapieren oder Währungen) überprüfen und eine große Übereinstimmung der durch die Stilanalyse ermittelten mit den tatsächlichen Stilprofilen verzeichnen.[195]

---

[192] Vgl. Campisano/Nederlof [1997] und Compton [1997].

[193] Sharpe [1992] erwähnt insgesamt zwölf charakteristische Anlageklassen bzw. Stilportfolios, die jeweils durch einen Index repräsentiert werden. Zu diesen Anlageklassen zählen beispielsweise festverzinsliche Wertpapiere, Value-Aktien, Growth-Aktien und Small-Cap-Aktien.

[194] Diese Methode wird auch als renditebasierte Stilanalyse bezeichnet. Vgl. hierzu Christopherson [1995], Hardy [1997] und Schwob [2000]. Die Grenzen der renditebasierten Stilanalyse zeigen Buetow/Johnson/Runkle [2000] auf. Sie kommen zu der Schlussfolgerung, dass renditebasierte Stilanalyse nur brauchbare Ergebnisse liefert, wenn für das untersuchte Portfolio und die Stilindizes, die als charakteristische Stilportfolios dienen, gleiche Stildefinitionen verwendet werden und der Portfoliomanager über den gesamten Untersuchungszeitraum den Investmentstil, den sein Portfolio verkörpert, nicht verändert. Eine alternative Methode zur Stilanalyse stellt die allerdings wesentlich aufwendigere direkte Bestimmung von Stilcharakteristika anhand der Kennzahlen der im untersuchten Portfolio enthaltenen Anlagen dar. Vgl. hierzu Marmer [1997], S.73f.

[195] Vgl. Blake/Elton/Gruber [1993], S.390, Kahn/Rudd [1995], Lucas/Riepe [1996] sowie Rudolf [1998].

Die einzelnen Parameter aus (29) können unter Verwendung der Investmentstil-Faktoren und der Faktorladungen in Matrixschreibweise wie folgt definiert werden:

(30) $$f_P = \mathbf{w}^T * (\mathbf{X} * \mathbf{r_X} + \boldsymbol{\alpha}_S)$$

(31) $$\sigma_{P,B} = \mathbf{w}_B^T * \mathbf{V_X} * \mathbf{X}^T * \mathbf{w}$$

(32) $$\sigma_B^2 = \mathbf{w}_B^T * \mathbf{V_X} * \mathbf{w_B}$$

(33) $$f_B = \mathbf{w}_B^T * \mathbf{r_X}$$

(34) $$\sigma_P^2 = (\mathbf{w}^T * \mathbf{X}) * \mathbf{V_X} * \mathbf{X}^T * \mathbf{w} + \mathbf{w}^T * \mathbf{V_S} * \mathbf{w}$$

(35) $$\sigma_{\alpha,B} = (\mathbf{w}^T * \mathbf{X} - \mathbf{w}_B^T) * \mathbf{V_X} * \mathbf{w_B}$$

mit:

$\mathbf{w}$ = Gewichtungsvektor der einzelnen Unterportfolios (Managergewichtungen)

$\mathbf{X}$ = Matrix der Stilfaktorladungen der Unterportfolios (Manager-Stilprofil)

$\mathbf{r_X}$ = Vektor der Stilfaktorrenditen

$\boldsymbol{\alpha}_S$ = Vektor der Selektionsrenditen der Unterportfolios

$\mathbf{w_B}$ = Vektor der Stilfaktorgewichtungen der Zielbenchmark

$\mathbf{V_X}$ = Kovarianzmatrix der Stilfaktorrenditen

$\mathbf{V_S}$ = Kovarianzmatrix der Selektionsrenditen

Durch die letztgenannten Vektoren bzw. Matrizen und die in (29) enthaltenen Risikoaversionsparameter ist der Optimierungsansatz damit vollständig bestimmt.

5.3.2 Fallstudie

Im Rahmen der Fallstudie werden ausgehend von einem bestehenden, nicht optimierten Multimanagerportfolio mit vorgegebener Benchmark effiziente Portfoliostrukturen, d.h. Strukturen, die für gegebene aktive Rendite das aktive Risiko minimieren bzw. für gegebenes aktives Risiko die aktive Rendite maximieren, ermittelt und analysiert. Das betrachtete Multimanagerportfolio wird dabei anhand einer globalen Aktienbenchmark konstruiert und gemessen, in die die Anlageklassen Aktien Europa sowie Aktien USA eingehen. Im Ausgangszustand besteht das betrachtete Multimanagerportfolio aus insgesamt sechs Unterportfolios (Manager 1 bis 6), die zunächst charakterisiert werden.

Manager 1: Passiv verwaltetes Portfolio, das die vorgegebene globale Benchmark möglichst exakt nachbilden soll; keine aktive Rendite, kein aktives Risiko

Manager 2: Aktiv verwaltetes Portfolio; Investmentschwerpunkt: europäische Value-Aktien; moderates aktives Risiko

Manager 3: Aktiv verwaltetes Portfolio; Investmentschwerpunkt: europäische Growth-Aktien; moderates aktives Risiko

Manager 4: Aktiv verwaltetes Portfolio; Investmentschwerpunkt: europäische Small-Caps; hohes aktives Risiko; hohe Erwartungen an aktive Rendite

Manager 5: Aktiv verwaltetes Portfolio; Investmentschwerpunkt: US-amerikanische Standardwerte mit Übergewichtung von Value-Aktien; moderates aktives Risiko

Manager 6: Aktiv verwaltetes Portfolio; Investmentschwerpunkt: US-amerikanische Growth-Aktien aus allen Marktkapitalisierungssegmenten; hohes aktives Risiko; hohe Erwartungen an aktive Rendite

Tabelle 5-1 zeigt die erwarteten aktiven Selektionsrenditen und –risiken der Manager sowie deren Gewichtungen innerhalb des Multimanagerportfolios im Ausgangszustand.

Tabelle 5-1

Rendite/Risiko-Profil der Manager und Gewichtungen im Ausgangszustand

	erw. aktive Selektionsrendite p.a.	erw. aktives Selektionsrisiko p.a.	Portfolioanteil im Ausgangszustand
Manager 1	0,00%	0,00%	45,00%
Manager 2	1,10%	2,50%	15,00%
Manager 3	1,50%	3,50%	15,00%
Manager 4	1,75%	5,50%	10,00%
Manager 5	1,00%	4,50%	7,50%
Manager 6	2,70%	6,50%	7,50%

Während das erwartete aktive Selektionsrisiko (Standardabweichung der aktiven Selektionsrenditen) relativ zuverlässig anhand historischer Daten berechnet werden kann, stellt die Prognose hinsichtlich der erwarteten aktiven Selektionsrenditen bereits eine der schwierigsten Aufgaben bei der Festlegung der in die Optimierung einfließenden Parameter dar.[196] Historische Werte für die Renditen sind, auch im Hinblick auf die Ergebnisse der empirischen Untersuchung im vierten Kapitel dieser Arbeit, nur sehr eingeschränkt verwendbar.[197] Die Kombination von auf quantitativer Basis ermittelten Schätzungen mit Ergebnissen aus der qualitativen Managerselektion erscheint daher sinnvoller.[198] In jedem Fall ist aber zur Strukturierung von Multimanagerportfolios eine explizite Prognose stets einer impliziten Prognose vorzuziehen. Letztere ergibt sich durch die Festlegung der Managergewichtungen anstelle der erwarteten aktiven Selektionsrenditen. Der Auswahl bestimmter Managergewichtungen können dann unter Umständen, ohne dass dies offensichtlich wird, vollkommen unplausible implizierte aktive Selektionsrenditen zugrunde liegen, was ex post mit hoher Wahrscheinlichkeit zu ineffizienten Anlageergebnissen führt.

Als nächstes müssen die Korrelationen zwischen den erwarteten aktiven Selektionsrenditen der einzelnen Manager bestimmt werden. Sofern der Multimanager hierbei über keine besonderen Informationen verfügt, die es ihm erlauben, diese Korrelationen zu berechnen, ist die Annahme unkorrelierter erwarteter aktiver Selektionsrenditen die bestmögliche Schätzung, wenn man davon ausgeht, dass sich Portfoliomanager insbesondere durch eine eigene Methodik zur Generierung aktiver Selektionsrenditen voneinander differenzieren. Als Korrelationsmatrix der erwarteten aktiven Selektionsrenditen der Manager wird somit die Einheitsmatrix angenommen.

Zur quantitativen Charakterisierung der sechs Unterportfolios und der globalen Benchmark werden insgesamt acht Stilfaktoren (jeweils vier Faktoren für die Anlageklasse Aktien Europa bzw. Aktien USA) festgelegt, die sich jeweils an der bekannten 2x2-Stil-Matrix orientieren und durch Indizes abgebildet werden, sowie das mit den Stilfaktorrenditen verbundene Risiko und deren Korrelation ermittelt.[199] Hierzu

---

[196] Vgl. Waring/Castille/Pirone/Castille [2000], S.96.

[197] Eine quantitative Methode zur Erzeugung von Alpha-Prognosen auf Wertpapierebene beschreibt Grinold [1994].

[198] Vgl. hierzu auch Kleeberg/Schlenger [2002].

[199] Die erwarteten Faktorrenditen brauchen nicht explizit geschätzt zu werden, sofern Gleichgewichtsrenditen (Marktkonsens-Renditen) unterstellt werden. Prinzipiell kann aber auch von diesen Gleichgewichtsrenditen abgewichen werden.

können historische Daten verwendet werden. Die folgenden zwei Tabellen enthalten die im Rahmen der Optimierung verwendeten Parameter.

Tabelle 5-2

Standardabweichung der Stilfaktorrenditen p.a.

Stilfaktor	Standardabweichung p.a.
Europa Large Value	12,00%
Europa Large Growth	15,00%
Europa Small Value	16,00%
Europa Small Growth	21,00%
USA Large Value	12,00%
USA Large Growth	15,00%
USA Small Value	14,00%
USA Small Growth	18,00%

Tabelle 5-3

Korrelationen der Stilfaktorrenditen

	Europa Large Value	Europa Large Growth	Europa Small Value	Europa Small Growth	USA Large Value	USA Large Growth	USA Small Value	USA Small Growth
Europa Large Value	1,00	0,90	0,85	0,80	0,50	0,40	0,40	0,20
Europa Large Growth	0,90	1,00	0,80	0,85	0,40	0,50	0,30	0,35
Europa Small Value	0,85	0,80	1,00	0,70	0,40	0,20	0,30	0,20
Europa Small Growth	0,80	0,85	0,70	1,00	0,30	0,40	0,35	0,45
USA Large Value	0,50	0,40	0,40	0,30	1,00	0,85	0,80	0,65
USA Large Growth	0,40	0,50	0,20	0,40	0,85	1,00	0,75	0,85
USA Small Value	0,40	0,30	0,30	0,35	0,80	0,75	1,00	0,80
USA Small Growth	0,20	0,35	0,20	0,45	0,65	0,85	0,80	1,00

Mit den genannten acht Stilfaktoren können nun, z.B. mit Hilfe der im vorigen Kapitel erläuterten renditebasierten Stilanalysetechnik nach Sharpe [1992], Stilprofile, die die Stilfaktorladungen enthalten, für die Unterportfolios und die Benchmark angefertigt werden. Historische Werte, wie sie durch die renditebasierte Stilanalyse geliefert werden, sind, wie bereits erwähnt, nur dann aussagekräftig, wenn der jeweilige Portfoliomanager über ein konstantes Stilprofil verfügt, also die Faktorladungen sich im

Zeitablauf der Untersuchung nicht geändert haben. Die Faktorladungen der sechs Unterportfolios sowie der Benchmark, die sich jeweils zu eins ergänzen, zeigt Tabelle 5-4. Dabei ist zu beachten, dass lediglich das passive, an der Benchmark ausgerichtete Portfolio „Manager 1“ Faktorladungen aufweist, die nicht von denen der Benchmark differieren.

Tabelle 5-4

Stilfaktorladungen der Unterportfolios und der Benchmark

	Europa Large Value	Europa Large Growth	Europa Small Value	Europa Small Growth	USA Large Value	USA Large Growth	USA Small Value	USA Small Growth
Manager 1	20,0%	20,0%	10,0%	10,0%	15,0%	15,0%	5,0%	5,0%
Manager 2	50,0%	30,0%	15,0%	5,0%	0,0%	0,0%	0,0%	0,0%
Manager 3	20,0%	50,0%	5,0%	25,0%	0,0%	0,0%	0,0%	0,0%
Manager 4	20,0%	20,0%	30,0%	30,0%	0,0%	0,0%	0,0%	0,0%
Manager 5	0,0%	0,0%	0,0%	0,0%	55,0%	25,0%	15,0%	5,0%
Manager 6	0,0%	0,0%	0,0%	0,0%	20,0%	35,0%	10,0%	35,0%
Globale Benchmark	20,0%	20,0%	10,0%	10,0%	15,0%	15,0%	5,0%	5,0%

Damit sind die zur Optimierung notwendigen Ausgangsdaten vollständig. Die folgenden Berechnungen wurden mit Hilfe des Softwareprogramms PortfolioWorks® durchgeführt, mit dem auch einige der folgenden Abbildungen erzeugt wurden.

Zur Überprüfung der bestehenden Portfoliozusammensetzung[200] werden zunächst die implizierten aktiven Selektionsrenditen[201] bestimmt und diese dann mit den erwarteten aktiven Selektionsrenditen verglichen. Hierzu ist es erforderlich, dass zwei der sechs aktiven Selektionsrenditen vorgegeben werden, d.h. für zwei der sechs aktiven Selektionsrenditen werden geschätzte Werte verwendet. Die folgende Tabelle zeigt die implizierten aktiven Selektionsrenditen für die sechs Unterportfolios sowie die erwarteten aktiven Selektionsrenditen aus Tabelle 5-1. Die Selektionsrenditen für die Portfolios „Manager 1“ und „Manager 6“ werden dabei vorgegeben.[202]

[200] Vgl. Tabelle 5-1.

[201] Dies sind diejenigen aktiven Selektionsrenditen, bei denen die ursprüngliche Portfoliostruktur effizient im Sinne der Minimierung des aktiven Risikos bei gegebener aktiver Rendite wäre. Vgl. Kapitel 5.3.1 dieser Arbeit.

[202] Es wurden diese beiden Portfolios gewählt, da das Portfolio „Manager 1“ als passiv verwaltetes Portfolio definitionsgemäß eine aktive Selektionsrendite von null aufweist und das Portfolio „Manager 6“ nur einen geringen Portfolioanteil bildet, so dass eine eventuelle Fehlspezifikation vergleichsweise geringe Auswirkungen haben würde.

Tabelle 5-5

Implizierte und erwartete aktive Selektionsrenditen p.a.

Portfolio	implizierte aktive Selektionsrendite	erwartete aktive Selektionsrendite
Manager 1	0,00%	0,00%
Manager 2	-2,70%	1,10%
Manager 3	-3,82%	1,50%
Manager 4	-4,56%	1,75%
Manager 5	3,30%	1,00%
Manager 6	2,70%	2,70%

Es wird deutlich, dass die implizierten aktiven Selektionsrenditen stark von den Prognosen abweichen. Für die Portfolios „Manager 2", „Manager 3" und „Manager 4" werden sogar negative implizierte aktive Selektionsrenditen ausgewiesen. Gemäß den Ausgangsgewichtungen der Unterportfolios müsste der Multimanager also davon ausgehen, dass drei seiner fünf aktiv verwalteten Unterportfolios von vornherein passiven Anlagealternativen unterlegen sind. Dass diese Unterportfolios aber im Ausgangszustand dennoch berücksichtigt werden, stellt einen Widerspruch in sich dar und zeigt bereits sehr deutlich, dass das Ausgangsportfolio nicht effizient sein kann und eine Anpassung der einzelnen Managergewichtungen durchgeführt werden sollte.

Hierzu wird der eigentliche Optimierungsschritt nun vorgenommen, bei dem durch Variation der Risikoaversionsparameter[203] aus (29) insgesamt 200 hinsichtlich des Erwartungsnutzens optimierte Multimanagerportfolios erzeugt werden. Die Verbindungslinie der 200 optimierten Portfolios beschreibt dabei die charakteristische Effizienzkurve im Koordinatensystem von aktiver Rendite und aktivem Risiko, die der Standardabweichung der gesamten aktiven Rendite entspricht (vgl. Abbildung 5-6). Eine komplette Übersicht über die 200 optimierten Portfolios mit den zugrunde liegenden Managergewichtungen und zahlreichen weiteren Kennzahlen befindet sich im Anhang B.4.

[203] Da sowohl λ_α als auch λ_{BT} Risikoaversionsparameter hinsichtlich aktiver Portfoliomanagement-Strategien (Stock-Picking bzw. Benchmarktiming) darstellen, wird angenommen: $\lambda_\alpha=\lambda_{BT}$. Eine solche Annahme im Hinblick auf die Risikoaversion gegenüber systematischem Benchmarkrisiko (die im Optimierungsansatz nicht mehr vorkommt) wäre hingegen sehr problematisch (vgl. Kapitel 5.3.1 dieser Arbeit).

Zusätzlich sind auch die durch bestimmte Kombinationen von aktiver Rendite und aktivem Risiko charakterisierten Unterportfolios und das Multimanagerportfolio im Ausgangszustand („Current Holdings") in das Koordinatensystem mit aufgenommen.

Abbildung 5-6
Efficient Frontier, Managerportfolios und Ausgangsportfolio

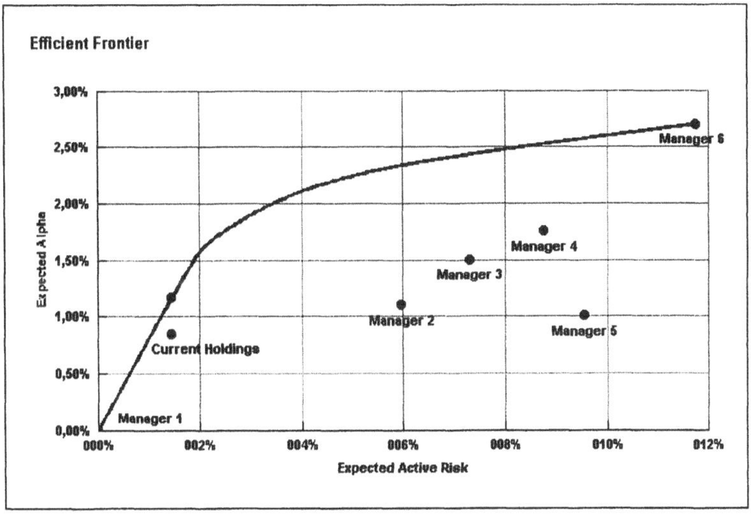

Das Unterportfolio „Manager 1" weist, zumal es passiv verwaltet wird, gegenüber der Benchmark keine aktive Rendite und kein aktives Risiko auf und ist deshalb im Ursprung des Koordinatensystems abgetragen. Alle anderen Unterportfolios werden aktiv verwaltet und befinden sich daher jenseits des Ursprungs, wobei das Unterportfolio „Manager 6" hinsichtlich erwarteter aktiver Rendite und aktivem Risiko am meisten von der Benchmark abweicht.

Durch die Erzeugung der Effizienzkurve ist es möglich, ein effizientes Multimanagerportfolio (s. Markierung auf der Effizienzkurve) zu bestimmen, das hinsichtlich des erwarteten aktiven Risikos nicht vom Ausgangsportfolio (Current Holdings) abweicht, dabei jedoch eine höhere erwartete aktive Rendite und somit eine höhere erwartete Information Ratio aufweist. Das hinsichtlich dieser Vorgaben optimierte Multimanagerportfolio liegt im annähernd linearen Teil der Effizienzkurve, der die Portfolios mit den höchsten erwarteten Information Ratios repräsentiert.[204]

Tabelle 5-6 zeigt einen Vergleich zwischen dem optimierten Portfolio und dem Ausgangsportfolio. Sie zeigt auch die veränderten Managergewichtungen. Die zur Bildung des optimierten Portfolios nötigen Anpassungen der Managergewichtungen veranschaulicht eine Abbildung im Anhang B.5.

Tabelle 5-6

Vergleich zwischen Ausgangsportfolio und optimiertem Multimanagerportfolio

	Ausgangsportfolio	optimiertes Portfolio
Manager 1	45,00%	23,74%
Manager 2	15,00%	24,03%
Manager 3	15,00%	15,57%
Manager 4	10,00%	7,53%
Manager 5	7,50%	15,11%
Manager 6	7,50%	14,02%
	100,00%	100,00%
erw. aktive Rendite p.a.	0,84%	1,16%
erw. aktives Risiko p.a.	1,47%	1,47%
erw. Information Ratio	0,57	0,79
Risikoaversion	26,94	26,94
absol. Erwartungsnutzen	0,002589	0,005797

Durch die Optimierung steigt die erwartete aktive Rendite von 0,84% auf 1,16% p.a., während das erwartete aktive Risiko mit 1,47% p.a. konstant bleibt. Dadurch erhöht sich die erwartete Information Ratio von 0,57 auf 0,79. Zusätzlich sind in der Tabelle noch der zur Berechnung des Erwartungsnutzens bzw. des optimierten Erwartungsnutzens verwendete Wert für die Risikoaversionsparameter sowie der jeweilige absolute Erwartungsnutzen angegeben.

Mit in der Optimierung berücksichtigt sind auch die bereits angesprochenen Abweichungen des Stilprofils des optimierten Multimanagerportfolios gegenüber der globalen Benchmark (Misfit). In der Abbildung 5-7 werden Ausgangsportfolio und

[204] Die erwartete Information Ratio entspricht in der Abbildung der Steigung einer Ursprungsgeraden, die mit dem jeweiligen Portfolio verbunden wird. Aus der gekrümmten Form der Effizienzkurve folgt, dass die effizienten Multimanagerportfolios mit moderatem aktivem Risiko, die im ersten, annähernd linearen Teil der Effizienzkurve liegen, die höchsten erwarteten Information Ratios aufweisen.

optimiertes Multimanagerportfolio hinsichtlich derartiger Abweichungen verglichen. Beide Portfolios weisen Misfits auf, wobei die beiden größten Misfits beim Ausgangsportfolio hinsichtlich der Stilfaktoren Europa Small Value und USA Small Value durch die Optimierung deutlich reduziert werden. Daran wird ersichtlich, dass die Optimierung Misfit-Risiken, die nicht mit einem Zuwachs an erwarteter aktiver Rendite einhergehen, reduziert hat. Umgekehrt werden Misfit-Risiken beibehalten bzw. vergrößert, sofern dies mit einem hinreichend großen Beitrag zur erwarteten aktiven Rendite verbunden ist.

Abbildung 5-7

Abweichungen der Stilprofile der Multimanagerportfolios von den Stilprofilen der globalen Benchmark

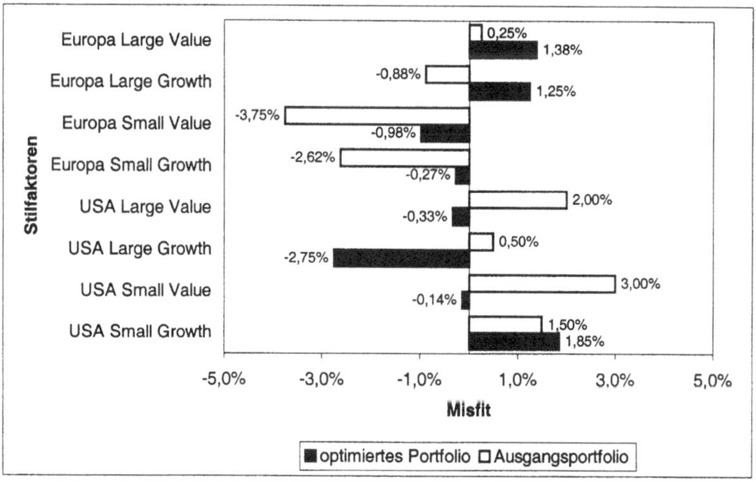

Zur weiteren Analyse des optimierten Multimanagerportfolios werden Konfidenzintervalle einer Normalverteilung für die erwartete jährliche aktive Rendite gebildet. Die Ergebnisse veranschaulicht Abbildung 5-8. Die mittlere Linie beschreibt den Erwartungswert der aktiven Rendite von 1,16%, der mit einer Ausfallwahrscheinlichkeit von 50% erreicht wird. Die untere Linie zeigt die mit einer Ausfallwahrscheinlichkeit von 5% erwartete jährliche aktive Rendite und stellt somit ein „worst-case-Szenario“ dar. Nur in 5% aller Fälle liegt die jährliche aktive Rendite des Multimanagerportfolios bei Verwendung der Normalverteilungsannahme unterhalb der von der unteren Linie repräsentierten erwarteten aktiven Renditen. Die obere Linie beschreibt diejenige erwartete jährliche aktive Rendite über die Zeit, die mit einer hohen Ausfallwahrscheinlichkeit von 95% verbunden ist, was einem „best-case-Szenario" entspricht. Es fällt auf, dass nach ca. 5 Jahren, selbst unter Berücksichtigung des „worst-case-Szenarios", die erwartete jährliche aktive Rendite positiv ist.

Abbildung 5-8

Konfidenzintervalle für die erwartete aktive Rendite des optimierten Multimanagerportfolios

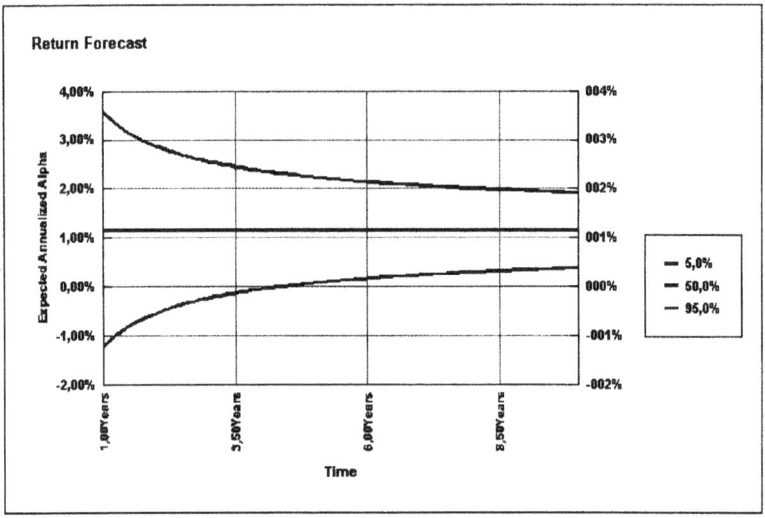

Eine Berechnung des mit bestimmten Ausfallwahrscheinlichkeiten verbundenen Gesamtvermögens im Falle des optimierten Portfolios befindet sich ebenfalls im Anhang B.5.

Zum Abschluss der Fallstudie werden die effizienten Portfolios, die von der Effizienzkurve beschrieben werden, hinsichtlich ihrer Zusammensetzung untersucht. Insbesondere soll damit geprüft werden, ob und wie durch die Vorgabe eines aktiven Risikobudgets die Struktur des Multimanagerportfolios hinsichtlich der Aufteilung in aktiv und passiv verwaltetes Vermögen bestimmt wird. Abbildung 5-9 zeigt die

Managergewichtungen der im Rahmen der Optimierung erzeugten effizienten Multimanagerportfolios als Kontinuum.

Abbildung 5-9

Managergewichtungen der effizienten Multimanagerportfolios

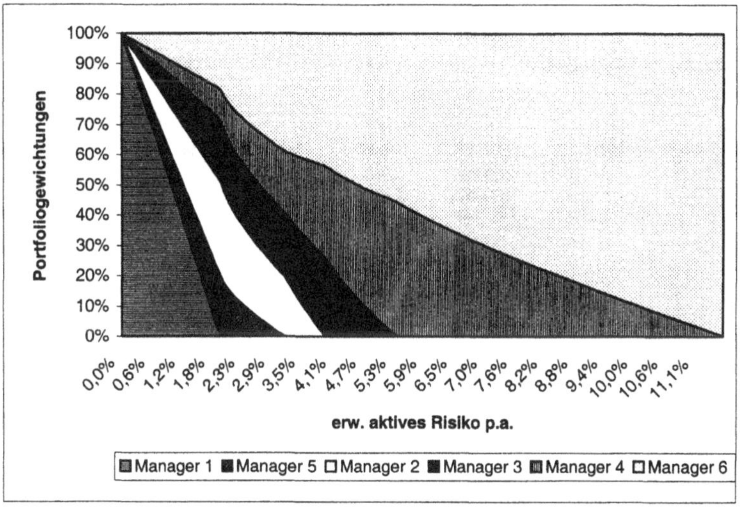

Die zu einem bestimmten aktiven Risikobudget gehörenden Managergewichtungen werden dabei durch Anlegen einer Parallelen zur Ordinaten sichtbar.
Da das Unterportfolio „Manager 1“ als einziges Unterportfolio passiv verwaltet wird und daher kein aktives Risiko aufweist, besteht das effiziente Multimanagerportfolio im Falle eines vorgegebenen erwarteten aktiven Risikos von null zu 100% aus diesem Unterportfolio. Erst bei Erhöhung des Risikobudgets werden weitere Unterportfolios mit aufgenommen und der Anteil des passiven Unterportfolios geht zurück. Bereits bei einem aktiven Risikobudget von ca. 2% findet es keine Berücksichtigung mehr im effizienten Multimanagerportfolio. Bei einer weiteren Erhöhung des aktiven Risikobudgets scheiden die Unterportfolios nach und nach aus. Bei aktiven Risikobudgets über 11,6% wird schließlich nur noch das Unterportfolio „Manager 6“ berücksichtigt, das die höchste erwartete aktive Rendite und gleichzeitig auch das höchste erwartete aktive Risiko aufweist.

Tabelle 5-7 zeigt nochmals beispielhaft die Managergewichtungen für aktive Risikobudgets zwischen 0,0% und 3,5% p.a. und verdeutlicht, dass die Aufteilung des zu verwaltenden Vermögens auf aktive und passive Anlageformen im Rahmen eines Multimanageransatzes sich an den Vorgaben für das erwartete aktive Risiko orientieren sollte.

Tabelle 5-7

Managergewichtungen bei vorgegebenen aktiven Risikobudgets p.a.

$\sigma(\alpha)$	Manager 1 (passiv)	Manager 2 (aktiv)	Manager 3 (aktiv)	Manager 4 (aktiv)	Manager 5 (aktiv)	Manager 6 (aktiv)
0,0%	100,00%	0,00%	0,00%	0,00%	0,00%	0,00%
0,5%	72,56%	8,65%	5,60%	2,71%	5,44%	5,04%
1,5%	20,68%	25,00%	16,19%	7,84%	15,71%	14,58%
2,0%	0,00%	30,20%	20,47%	11,07%	17,60%	20,67%
2,5%	0,00%	24,66%	20,70%	16,06%	8,31%	30,28%
3,0%	0,00%	21,04%	20,85%	19,31%	2,25%	36,55%
3,5%	0,00%	10,43%	23,22%	25,22%	0,00%	41,14%

Diese Einsicht ist insbesondere zur Konstruktion von Core-Satellite-Portfolios[205] von zentraler Bedeutung. Ausgehend von Vorgaben hinsichtlich des tolerierbaren aktiven Risikos, das mit der Anlagestrategie verbunden ist, kann das passive Core-Portfolio anhand der Optimierungsergebnisse objektiv dimensioniert werden. Daraus folgen unmittelbar die für aktiv verwaltete Satellite-Portfolios zur Verfügung stehenden Portfolioanteile.

5.4 Controlling-Ansatz für Multimanagerportfolios

Die im vorigen Kapitel hergeleitete und im Rahmen der Fallstudie veranschaulichte Optimierung hat insbesondere gegenüber den in Kapitel 5.2 vorgestellten „dogmatischen" Konstruktionsmethoden den Vorteil der Objektivität. Ex ante können anhand der Vorgaben erwartungsnutzenoptimale Multimanagerportfolios ermittelt werden. Dabei muss jedoch beachtet werden, dass nur unter der Voraussetzung korrekter Schätzungen für die Ausgangsdaten die Optimierung ex post betrachtet auch optimale Ergebnisse liefert. Insbesondere die Vorgaben hinsichtlich der erwarteten

[205] Vgl. Kapitel 5.2 dieser Arbeit.

aktiven Rendite der einzelnen Unterportfolios und des mit der Renditeerzielung verbundenen aktiven Risikos beeinflussen die Optimierungsergebnisse entscheidend. Ex post kann der Multimanager die Anlageergebnisse für sein Gesamtportfolio, die aus der Optimierung folgen, nur dann erzielen, wenn die verpflichteten Portfoliomanager diese Vorgaben hinsichtlich aktiver Rendite und aktivem Risiko auch tatsächlich erreichen. Zum Abschluss dieser Arbeit wird daher ein auf Signifikanztests aufbauendes Controlling-Konzept vorgeschlagen, mit dessen Hilfe die systematische Kontrolle der verpflichteten Portfoliomanager im Hinblick auf die angesprochenen beiden Parameter erfolgen kann. Auch die aus einem Abweichen der Portfoliomanager von ihren Vorgaben resultierenden Konsequenzen werden in die Betrachtungen aufgenommen.

Ausgangspunkt sind die von den Unterportfolios des Multimanagerportfolios tatsächlich erreichten aktiven Renditen sowie die mit der Erzielung der aktiven Renditen verbundene Varianz bzw. Standardabweichung (Tracking Error). Für beide in der Realität erzielten Anlageergebnisse wird jeweils untersucht, ob im Vergleich zu den Vorgaben für die beiden Parameter, auf deren Basis die optimierte Portfoliokonstruktion durchgeführt worden ist, signifikante Abweichungen vorliegen, d.h. ob die Vorgaben von den Portfoliomanagern signifikant verletzt worden sind. Dies ermöglichen zwei parametrische Testverfahren. Bei der Überprüfung der aktiven Rendite kann unter Voraussetzung einer normalverteilten Grundgesamtheit ein Einstichproben-t-Test bei unbekannter Standardabweichung[206] verwendet werden, bei der Überprüfung der mit der Erzielung der aktiven Rendite verbundenen Varianz[207] bietet sich bei Annahme einer normalverteilten Grundgesamtheit ein χ^2-Varianz-Test[208] an.

Die zu testenden Hypothesen für den Test auf Verletzung der Vorgaben für die aktive Rendite (zweiseitiger t-Test) lauten:

H_0 (Nullhypothese):
Die erzielte aktive Rendite unterscheidet sich nicht signifikant von der vorgegebenen aktiven Rendite.

[206] Vgl. Bamberg [2002], S.187ff.
[207] Diese Größe entspricht dem Quadrat des Tracking Errors des betrachteten Unterportfolios.
[208] Vgl. Bamberg [2002], S.191ff.

H_1 (Alternativhypothese):
Die erzielte aktive Rendite unterscheidet sich signifikant von der vorgegebenen aktiven Rendite.

Die zu testenden Hypothesen für den Test auf Verletzung der Vorgaben für die Varianz der aktiven Rendite (einseitiger χ^2-Test) lauten:

H_0 (Nullhypothese):
Die ermittelte Varianz der aktiven Rendite ist nicht signifikant größer als die vorgegebene Varianz der aktiven Rendite.

H_1 (Alternativhypothese):
Die ermittelte Varianz der aktiven Rendite ist signifikant größer als die vorgegebene Varianz der aktiven Rendite.

Dieser Test ist einseitig konzipiert, da eine den Vorgaben genau entsprechende Varianz der aktiven Rendite und eine kleinere als die vorgegebene Varianz zwar unterschiedliche Testergebnisse darstellen, aber hinsichtlich der Entscheidung der Fortführung bzw. Beendigung des Mandates eines Portfoliomanagers nicht zu unterschiedlichen Konsequenzen führen.[209] Entsprechend führt nur eine über den Vorgaben liegende Varianz der aktiven Rendite zur Ablehnung der Nullhypothese.

Die zu den beiden Tests gehörigen Teststatistiken und Ablehnungsbereiche lauten:

Test auf Verletzung der Vorgaben für die aktive Rendite (zweiseitiger t-Test)

(36) $$t = \frac{\alpha - \alpha_{Vorgabe}}{\frac{s_\alpha}{\sqrt{n}}}$$

Ablehnungsbereich: $(-\infty; -t_{1-IW/2})$ sowie $(t_{1-IW/2}; \infty)$

[209] Insofern können die Ergebnisse einer geringeren als der vorgegebenen Varianz der aktiven Rendite und einer genau der vorgegebenen Varianz entsprechenden Varianz der aktiven Rendite zu dem Ergebnis einer im Rahmen der Vorgaben liegenden Varianz der aktiven Rendite zusammengefasst werden.

mit:

$\alpha_{Vorgabe}$ = vorgegebene aktive Rendite

s_α = Standardabweichung der aktiven Renditen α in der Stichprobe

$t_{1-IW/2}$ = kritischer, aus der t-Verteilung entnommener Wert für ein Signifikanzniveau von 1-IW/2

IW = Irrtumswahrscheinlichkeit

Diese Teststatistik ist bei Stichprobenumfängen von n < 30 t-verteilt mit n-1 Freiheitsgraden bzw. standardnormalverteilt für n > 30. Werden monatliche aktive Renditen überprüft, ist bei der Wahl der zugrunde liegenden Verteilung entsprechend zu beachten, ob die Untersuchung für Zeitreihen, die kürzer oder länger als zweieinhalb Jahre sind, durchgeführt wird.

Test auf Verletzung der Vorgaben für die Varianz der aktiven Renditen (einseitiger χ^2-Varianz-Test)

(37) $$\nu = (n-1) * \frac{s_\alpha^2}{\sigma_{\alpha,Vorgabe}^2}$$

Ablehnungsbereich: $[\nu_{1-IW}; \infty]$

mit:

$\sigma^2_{\alpha,Vorgabe}$ = vorgegebene Varianz der aktiven Rendite

ν_{1-IW} = kritischer, aus der χ^2-Verteilung entnommener Wert für ein Signifikanzniveau von 1-IW

Diese Teststatistik ist χ^2-verteilt mit n-1 Freiheitsgraden.

Um eine Übersicht über die möglichen Testergebnisse zu erhalten, bietet sich eine tabellarische Darstellungsweise an. Sie ermöglicht es auch, die sich für den Multimanager aus den Testergebnissen abzuleitenden Konsequenzen darzustellen. Insofern stellt Tabelle 5-8 eine Entscheidungsmatrix für den Multimanager dar. Der Test hinsichtlich möglicher Abweichungen von den Vorgaben für die aktive Rendite kann zu drei Ergebnissen führen. Die tatsächlich erzielte aktive Rendite kann signifikant größer sein als die vorgegebene aktive Rendite, sie kann signifikant kleiner sein oder sich nicht signifikant von den Vorgaben unterscheiden. Bei den Tests in Bezug auf die Varianz der aktiven Rendite können zwei mögliche Ergebnisse unterschieden werden: Die beobachtete Varianz der aktiven Rendite kann größer als die vorgegebene sein oder nicht.

Tabelle 5-8

Entscheidungsmatrix für das Manager-Controlling des Multimanagers

	Aktive Rendite ist signifikant größer als die vorgegebene	Aktive Rendite unterscheidet sich nicht signifikant von der vorgegebenen	Aktive Rendite ist signifikant kleiner als die vorgegebene
Varianz der aktiven Rendite ist signifikant größer als die vorgegebene	Halten bzw. Beenden	Halten bzw. Beenden	Beenden
Varianz der aktiven Rendite ist nicht signifikant größer als die vorgegebene (liegt im Rahmen der Vorgaben)	Halten	Halten	Beenden

Aus den Kombinationen der beiden Testergebnisse für die einzelnen Portfoliomanager ergeben sich unmittelbar Handlungsempfehlungen für den Multimanager. Unabhängig von der beobachteten Varianz der aktiven Rendite zeichnen gegenüber den Vorgaben signifikant kleinere aktive Renditen Portfoliomanager aus, die die vorgegebenen Ziele nicht erreicht haben und deren Mandate beendet werden sollten.[210]

Im Gegensatz dazu sollte an Managern, die mit ihrem aktiven Risikobudget auskommen und die vorgegebene Rendite exakt erreichen (dies entspricht dem mittleren

[210] Die Beendigung des Mandates kann hierbei auch als Synonym für einen Prüfungsbedarf des Multimanagers hinsichtlich der Qualität des zur Disposition stehenden Portfoliomanagers gelten. Die konkrete Ausgestaltung eines solchen Prüfungsprozesses, evtl. auch in Form eines Warnsystems, bei dem der betroffene Portfoliomanager über eine drohende Beendigung des Mandates informiert wird, kann dabei individuell dem Multimanager überlassen bleiben.

Matrixelement in der unteren Zeile) oder sogar eine signifikant größere aktive Rendite (vgl. linkes Matrixelement in der unteren Zeile) erzielen, festgehalten werden.
Die beiden verbliebenen Kombinationen aus exakt erreichter bzw. signifikant größerer aktiver Rendite und einer gegenüber der Vorgabe signifikant größeren Varianz der aktiven Rendite macht eine Unterscheidung notwendig, ob ein passiv oder aktiv verwaltetes Unterportfolio bewertet werden soll.[211] Da die Vorgaben der aktiven Rendite und ihrer Varianz an ein passiv verwaltetes Unterportfolio, das die Benchmark möglichst exakt nachbilden soll, definitionsgemäß null beträgt, weisen positive ermittelte Werte für die Varianz der aktiven Rendite für passive Unterportfolios darauf hin, dass der Portfoliomanager in Wahrheit eine aktive Strategie verfolgt und somit nicht im Sinne der Vorgaben, die der Optimierung zugrunde liegen, handelt.
Sollen hingegen aktive Portfoliomanager (mit hinreichend großen aktiven Renditen) im Falle signifikant zu großer Varianzen der aktiven Rendite beurteilt werden, müssen die Signifikanzniveaus kritisch hinterfragt werden. Insbesondere für Portfolios, die eine hohe aktive Rendite bei hohem aktivem Risiko erwirtschaften sollen (Satellite-Portfolios), ist ein exaktes Einhalten der Risikovorgaben für den Portfoliomanager vergleichsweise schwierig. Diese Problematik kann bereits bei der Testdurchführung durch eine Anpassung des zugrunde gelegten Signifikanzniveaus berücksichtigt werden, d.h. der Toleranzbereich für Portfoliomanager mit hohen Vorgaben für aktive Rendite und Varianz der aktiven Rendite kann ausgeweitet werden.[212] Im Ergebnis ist die Beendigung des Mandates dann erst bei sehr deutlichem Abweichen von den Vorgaben in Erwägung zu ziehen.

Mit diesem Testinstrumentarium verfügt der Multimanager über einen objektiven Maßstab dafür, inwieweit sich die verpflichteten Portfoliomanager an ihren Vorgaben orientiert und damit zur Realisierung des im Rahmen des Optimierungsansatzes zur Konstruktion von Multimanagerportfolios verwendeten Rendite- und Risikoprofils beigetragen haben.

---

[211] Diese Unterscheidung folgt der Argumentation von Hammond [1997], dass zur Beendigung von aktiven und passiven Vermögensverwaltungsmandaten nicht die gleichen Grundsätze gelten sollten.
[212] Dies entspricht einer Verkleinerung des Ablehnungsbereiches der Nullhypothese für den Varianz-Test.

5.5 Zusammenfassung

Im abschließenden Kapitel dieser Arbeit wurden verschiedene Gestaltungsformen für Multimanagerportfolios und der ihnen zugrunde liegenden Prämissen betrachtet. Ein portfoliotheoretischer Optimierungsansatz, der ausführlich hergeleitet und anhand einer Fallstudie veranschaulicht wurde, erlaubt dabei die erwartungsnutzenmaximale Konstruktion von Multimanagerportfolios unter Berücksichtigung des Verwaltungsansatzes der Unterportfolios. Abschließend wurde ein Konzept zur Überwachung der einzelnen Unterportfolios im Hinblick auf das Erreichen der in der Optimierung verwendeten Vorgaben vorgeschlagen.

- Zur Konstruktion von Multimanagerportfolios haben sich verschiedene Gestaltungsansätze entwickelt, die insbesondere die Überzeugungen des Multimanagers hinsichtlich der Potenziale von aktiven Portfoliomanagement-Strategien und Style Investing reflektieren. Während beim Multi-Style-Ansatz, bei dem das gesamte Multimanagerportfolio von aktiven, spezialisierten Portfoliomanagern verwaltet und eine Stildiversifikation vorgenommen wird, die Diversifikation über Portfoliomanager und Investmentstile zur Risikobegrenzung beiträgt, wird dieser Effekt bei einem Core-Satellite-Portfolio durch ein passiv verwaltetes Core-Portfolio erzielt. Die Generierung von aktiven Renditen übernehmen bei beiden Ansätzen spezialisierte Portfoliomanager. Eine Alternative dazu stellt der Hybrid-Ansatz dar, bei dem explizit berücksichtigt wird, dass aktives Portfoliomanagement besonders in vergleichsweise ineffizienten Marktsegmenten erfolgreich sein kann.

- Eine objektivere Art der Konstruktion von Multimanagerportfolios ermöglicht ein auf die Arbeiten von Waring et al. [2000] zurückgehender Optimierungsansatz, bei dem anhand von vorgegebenen Risikobudgets bzw. der Risikoaversion des Multimanagers erwartungsnutzenoptimale Portfolios bestimmt werden können. Diese optimierten Portfolios beschreiben dabei eine charakteristische Effizienzkurve. Die Aufteilung des Portfoliovermögens auf passiven und aktiven Managementansatz wird ebenfalls durch die Risikovorgaben bestimmt.

- Mit Hilfe des Optimierungsansatzes können zusätzlich Risiken berücksichtigt werden, die durch Unterschiede zwischen der globalen Benchmark des Investors und den aggregierten Managerbenchmarks entstehen (Misfit-Risiken). Hierzu werden die relevanten Portfolios anhand von Stilfaktoren und den dazugehörigen Faktorladungen charakterisiert und somit auf das von Sharpe [1992] beschriebene Instrumentarium der renditebasierten Stilanalyse zurückgegriffen.

- Im Rahmen der Fallstudie zur Optimierung von Multimanagerportfolios erfolgt ein Vergleich zwischen einem nicht optimierten Ausgangsportfolio und einem effizienten Portfolio mit identischem aktiven Risikobudget. Der Einfluss einer Variation des aktiven Risikos des Multimanagerportfolios auf die Portfoliostruktur wird ebenfalls untersucht. Ein höheres aktives Risikobudget spiegelt sich in höheren Anteilen aktiv verwalteter Unterportfolios wider. Ein stark risikobegrenzter Ansatz führt entsprechend zu einer Übergewichtung passiver Unterportfolios.

- Die Prognosefähigkeit des Multimanagers und die verlässliche Einhaltung der den Portfoliomanagern auferlegten Vorgaben, die der Optimierung zugrunde liegen, bestimmen, ob die durch die Optimierung gewonnenen Ergebnisse auch tatsächlich realisiert werden können. Ein auf Signifikanztests beruhendes Controlling-Konzept erlaubt es dem Multimanager, die verpflichteten Portfoliomanager zu überwachen und gegebenenfalls auszutauschen.

6. Schlussbetrachtung und Ausblick

Vor dem Hintergrund gestiegener Anforderungen privater und institutioneller Investoren an die Ergebnisse ihrer Kapitalanlagen wurden im Rahmen dieser Arbeit erstmalig Multimanageransätze, deren Ziel die Effizienzsteigerung im Bereich des modernen Portfoliomanagements darstellt, wissenschaftlich untersucht.
Der Begriff Multimanagement bezeichnet dabei Investmentansätze, die mehrere, von spezialisierten Investmentmanagern verwaltete Portfolios kombinieren, um risikoadjustierte Überrenditen zu erzielen.

Den Ausgangspunkt der Untersuchung bildete ein Überblick über Struktur und Potenziale verschiedener Erscheinungsformen von Multimanageransätzen. Eine Betrachtung zu rechtlichen Rahmenbedingungen bei der Umsetzung von Multimanageransätzen in Form des Master-KAG-Ansatzes in Deutschland wurde dabei ebenfalls integriert.

Des Weiteren zeigte eine theoretische Analyse, dass aktive Vermögensverwaltung, auf deren Basis Multimanageransätze stehen, prinzipiell erfolgreich, d.h. passiver Vermögensverwaltung überlegen, sein kann. Empirische Erkenntnisse aus dem Bereich der Kapitalmarktanomalienforschung ergänzen und bestätigen diese Ergebnisse. Daran anknüpfend wurde anhand des Fundamentalen Gesetzes des aktiven Managements nach Grinold/Kahn [2000] gezeigt, wodurch das Erfolgspotenzial einer aktiven Managementsstrategie und darüber hinaus einer Multimanagerstrategie bestimmt wird. Unter den Voraussetzungen, dass Portfoliomanager voraussagbar positive aktive Renditen generieren können und der Multimanager in der Lage ist, d.h. die Fähigkeit besitzt, diese potenziell erfolgreichen Manager zu identifizieren, kann er durch eine Erhöhung der Anzahl unkorrelierter Prognosen - in Bezug auf die von den Portfoliomanagern zu erwartenden Anlageergebnisse - sein Erfolgspotenzial, gemessen als Information Ratio, erhöhen.

Anschließend wurde untersucht, auf welcher Basis die im Rahmen von Multimanageransätzen nötige Auswahl von Investmentmanagern vorgenommen werden und wie eine darauf basierte Konstruktion von effizienten Multimanagerportfolios erfolgen kann. Eine eigene empirische Untersuchung zur quantitativen Managerselektion, die vorhandene Arbeiten auf diesem Gebiet durch die Anwendung einer alternativen Schätz- und Testmethodik und ihren Fokus auf deutsche bzw. europäische Investmentprodukte ergänzt, bestätigt die Ergebnisse der vorausgehenden Literaturanalyse und zeigt, dass die ausschließliche Verwendung quantitativer Selektionskriterien zur Auswahl von Investmentmanagern nicht geeignet erscheint. Eine alternative Organisation des Managerselektionsprozesses, bei der quantitative und qualitative Kriterien gleichermaßen verwendet werden, berücksichtigt diese Defizite.

Nach einem Überblick zu möglichen Gestaltungsformen für Multimanagerportfolios wurde ein auf Waring et al. [2000] zurückgehender Optimierungsansatz zur Konstruktion erwartungsnutzenoptimaler Multimanagerportfolios vorgestellt. Eine vollständige Herleitung des Ansatzes erfolgte im Rahmen dieser Arbeit unter expliziter Berücksichtigung des Einflusses von Misfit-Risiken. In einer Fallstudie wurden ein optimiertes und ein nicht optimiertes Multimanagerportfolio hinsichtlich der erwarteten Anlageergebnisse verglichen und der Einfluss des aktiven Risikobudgets des Multimanagers auf die Portfoliostruktur, dabei insbesondere auf die Aufteilung des Portfolios in aktiv und passiv verwaltete Bestandteile, demonstriert.
Abschließend wurde ein Controlling-Konzept vorgeschlagen, mit dem der Multimanager die verpflichteten Portfoliomanager hinsichtlich der Vorgaben, die die Basis der Optimierung bilden, überwachen kann.

Eine wichtige Frage im Zusammenhang mit Multimanageransätzen bleibt derzeit noch unbeantwortet. Während die vorliegende Arbeit sich primär theoretisch mit den Erfolgspotenzialen von Multimanageransätzen und den hierzu erforderlichen Voraussetzungen beschäftigt, kann die Frage nach dem tatsächlich, d.h. ex post betrachteten Erfolg von Multimanageransätzen aus heutiger Sicht noch nicht erschöpfend beantwortet werden. Bedingt durch die Neuigkeit des Multimanagerkonzepts, existieren zum heutigen Zeitpunkt noch keine hinreichend langen Zeitreihen, die fundierte empirische Untersuchungen erlauben würden und auf deren Basis die Leistungsfähigkeit von Multimanageransätzen anhand historischer Anlageergebnisse beurteilt werden könnte. Zukünftige empirische Arbeiten auf diesem Gebiet könnten an die Ergebnisse dieser Arbeit anknüpfen.

Anhang A

Anhang A.1 Renditen deutscher und europäischer Aktienfonds - Untersuchungsergebnisse

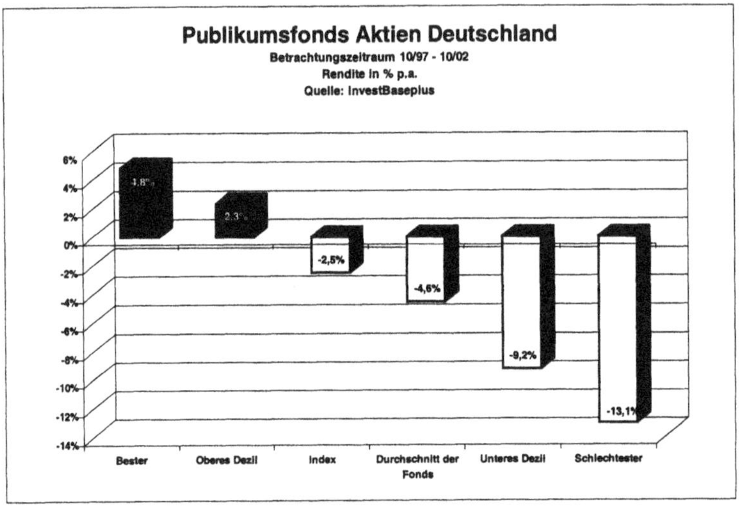

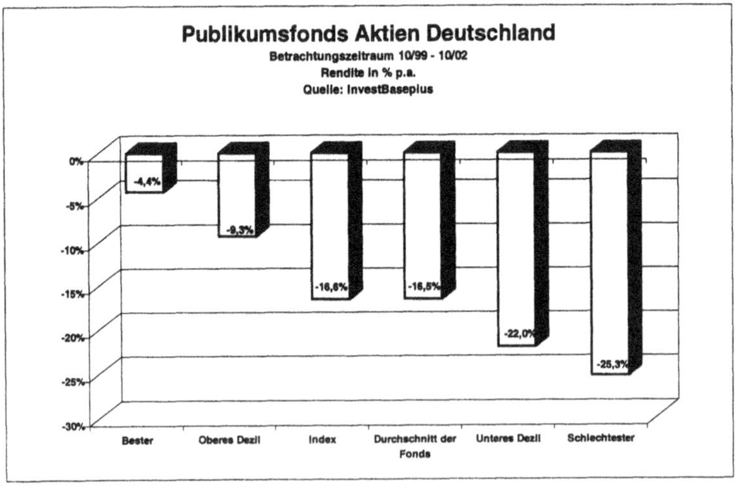

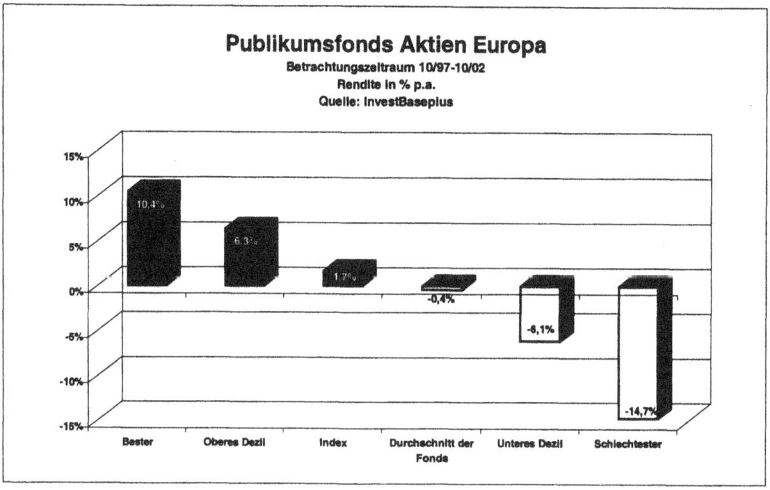
Publikumsfonds Aktien Europa
Betrachtungszeitraum 10/97-10/02
Rendite in % p.a.
Quelle: InvestBaseplus
15%
10%
5%
0%
-5%
-10%
-15%
10,4%
6,3%
1,7%
-0,4%
-6,1%
-14,7%
Bester
Oberes Dezil
Index
Durchschnitt der Fonds
Unteres Dezil
Schlechtester

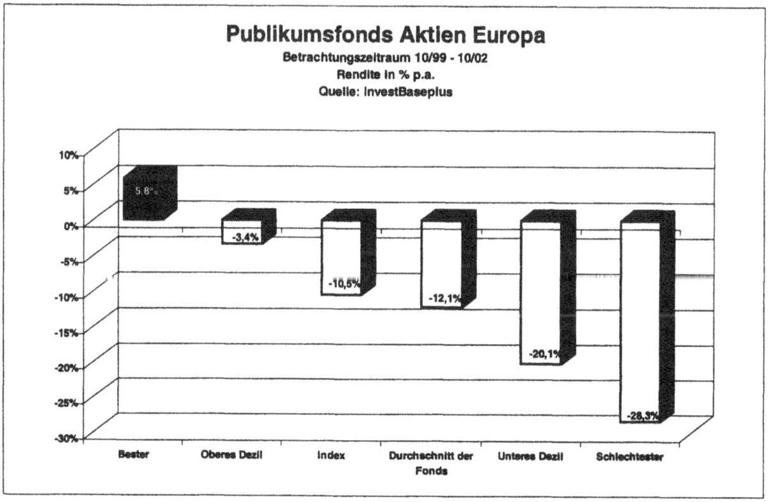
Publikumsfonds Aktien Europa
Betrachtungszeitraum 10/99 - 10/02
Rendite in % p.a.
Quelle: InvestBaseplus
10%
5%
0%
-5%
-10%
-15%
-20%
-25%
-30%
5,8%
-3,4%
-10,5%
-12,1%
-20,1%
-28,3%
Bester
Oberes Dezil
Index
Durchschnitt der Fonds
Unteres Dezil
Schlechtester

Anhang A.2 Fondsstichprobe - Fonds mit Anlageschwerpunkt Aktien Deutschland

	Name des Fonds	Datenverfügbarkeit
1	ABN AMRO Germany Equity Fund	07/94 - 12/02
2	Activest Aktien-Deutschland	01/94 - 12/02
3	Activest TopDeutschland	01/93 - 12/02
4	ADIFONDS	01/93 - 12/02
5	AEB-International Portfolios-Selection D	01/96 - 12/02
6	AIG Equity Fund Germany	05/93 - 12/02
7	Aktien Germany AI	02/97 - 12/02
8	Allianz Aktienfonds	06/94 - 12/02
9	Alte Leipziger Trust Fonds A	01/93 - 12/02
10	Aufhäuser-Universal-Fonds I	01/93 - 12/02
11	AXA Deutschland	01/93 - 12/02
12	AXA World Funds - German Equities A Part C	02/97 - 12/02
13	Balzac Germany Index	01/97 - 12/02
14	Baring German Growth Trust GBP-Anteile	01/93 - 12/02
15	BB-Deutschland-INVEST	01/93 - 12/02
16	Berenberg-Universal-Effekten-Fonds	01/93 - 12/02
17	BWK-Aktien-Strategie Deutschland	01/93 - 12/02
18	CA Funds Germany AC	01/93 - 12/02
19	CAMCO Fonds Deutsche Aktien	01/96 - 12/02
20	CB Germany Basket A	01/93 - 12/02
21	CONCENTRA	01/93 - 12/02
22	CS Equity Fund (Lux)-Germany B	01/93 - 12/02
23	Dax-Werte-Investfonds	08/97 - 12/02
24	DekaFonds	01/93 - 12/02
25	DekaLux-Deutschland TF	01/96 - 12/02
26	DELBRÜCK Aktien UNION-Fonds	01/93 - 12/02
27	DEXIA Equities L Germany C	07/94 - 12/02
28	Direktfonds Deutsche Aktien MI	02/97 - 12/02
29	dit-AKTIEN DEUTSCHLAND AF	04/95 - 12/02
30	dit-FONDS FÜR VERMÖGENSBILDUNG	01/93 - 12/02
31	dit-WACHSTUMSFONDS	01/93 - 12/02
32	DM-Aktien-Fonds Trinkaus	01/94 - 12/02
33	DWS Deutsche Aktien Typ O	01/95 - 12/02
34	DWS Deutschland	11/93 - 12/02
35	DWS INVESTA	01/93 - 12/02
36	DWS Select-Invest	01/93 - 12/02

Fortsetzung...

Name des Fonds	Datenverfügbarkeit
37 EMIF-Germany Index Plus B	01/93 - 12/02
38 EntriumFonds Aktien Deutschland	01/98 - 12/02
39 Fidelity Funds - Germany Fund	01/93 - 12/02
40 FONDAK	01/93 - 12/02
41 Fortis L Fund - Equity Germany	04/93 - 12/02
42 Frankfurter-SparInvest Deka	01/93 - 12/02
43 FT Deutschland-Dynamik-Fonds	01/93 - 12/02
44 FT Frankfurt-Effekten-Fonds	01/93 - 12/02
45 Gerling Aktiv	01/93 - 12/02
46 Gerling Deutschland Fonds	02/93 - 12/02
47 HANSAeffekt	01/93 - 12/02
48 Helvetia Aktienfonds FT	01/93 - 12/02
49 HIS Aktien Deutschland	04/96 - 12/02
50 HSBC Trinkaus Capital INKA	01/93 - 12/02
51 HVB-Lux-Portf. Deutsche Aktien	02/93 - 12/02
52 INVESCO Deutschland Core Aktienfonds	01/93 - 12/02
53 Invest Deutschland	01/93 - 12/02
54 JB Multicoop.-Patagon Deutsche Aktien B	04/97 - 12/02
55 JB Multistock-German Value Stock Fund B	01/94 - 12/02
56 Jyske Invest German Equity Fund	03/97 - 12/02
57 Kapitalfonds L.K.-Deutscher Aktien-Unterfonds	01/97 - 12/02
58 LBBW Top Selection Deka	07/97 - 12/02
59 LRI-Aktienfonds	01/93 - 12/02
60 Lux-LINEA	01/93 - 12/02
61 MEAG ProInvest	01/93 - 12/02
62 Metzler Aktien Deutschland	01/93 - 12/02
63 MK Alfakapital	01/93 - 12/02
64 NESTOR Deutschland Fonds	05/96 - 12/02
65 NORDAKKU	02/94 - 12/02
66 Oppenheim DAX-Werte	01/93 - 12/02
67 Oppenheim Select	01/93 - 12/02
68 Parvest Germany C	07/93 - 12/02
69 Pictet Funds - Germaval	01/93 - 12/02
70 Postbank Dynamik DAX	04/97 - 12/02
71 Privilege Portfolio German Growth Fund Acc.	01/93 - 12/02
72 Ring-Aktienfonds DWS	01/93 - 12/02
73 SchmidtBank Aktien Deutschland FI	03/95 - 12/02
74 SEB Invest Aktienfonds	01/93 - 12/02

Fortsetzung...

Name des Fonds	Datenverfügbarkeit
75 Sogelux Fund Equities-Germany	09/96 - 12/02
76 Swissca Countries Equity Fund Germany	06/93 - 12/02
77 THESAURUS	01/93 - 12/02
78 UBS(CH) Equity Fund Germany	01/93 - 12/02
79 UBS(D) Aktien - Deutschland	09/96 - 12/02
80 UBS(D) Aktienfonds - Special I Deutschland	01/93 - 12/02
81 UBS(D) Equity Fund - Germany UI	02/93 - 12/02
82 UniDeutschland	03/94 - 12/02
83 UniFonds	01/93 - 12/02
84 WARBURG-DAXTREND-FONDS	10/97 - 12/02
85 WARBURG-PROGRESS-FONDS	01/93 - 12/02
86 Zürich Invest Aktien Deutschland	01/93 - 12/02

Anhang A.3 Fondsstichprobe - Fonds mit Anlageschwerpunkt Aktien Europa

	Name des Fonds	Datenverfügbarkeit
1	Aberdeen Global European Equity Fund A2	02/93 - 12/02
2	ABN AMRO Europe Equity Fund	12/94 - 12/02
3	Activest EuropaFonds	11/97 - 12/02
4	Activest Institutional Europa	08/97 - 12/02
5	Activest Lux TopEuropa	01/93 - 12/02
6	Activest Lux Europe Growth	01/93 - 12/02
7	Activest Lux Global Portfolio European Equity B	01/93 - 12/02
8	AIG Equity Fund Europe	01/93 - 12/02
9	Akteur SB	05/97 - 12/02
10	Aktien Europa AI	02/97 - 12/02
11	Allianz Aktien Europa	10/97 - 12/02
12	American Express Funds Epic Class - European Equities A	11/95 - 12/02
13	AriDeka	01/93 - 12/02
14	Aviva Funds - European Equity Fund	01/93 - 12/02
15	AXA World Funds II - Continental European Opportunities Eq.	01/93 - 12/02
16	Baring European Growth Trust	01/93 - 12/02
17	Baring Int.UF-Europa Fund	09/94 - 12/02
18	BAWAG P.S.K. Europa Stock A	01/95 - 12/02
19	BB-Europa-INVEST	01/93 - 12/02
20	BBV-Invest-Union	01/93 - 12/02
21	Berliner VB Aktien Union	01/93 - 12/02
22	BL SICAV - Equities Europe T	01/93 - 12/02
23	BWK-EuroProfil	08/97 - 12/02
24	Carlson Fund Equity-Continental Europe	01/93 - 12/02
25	CDC Europe Equities R,C	07/90 - 12/02
26	CitiEquity Continental Europe Fund A Ord (EUR)	01/93 - 12/02
27	CitiEquity Pan-Europe Fund A Ord. (USD)	12/95 - 12/02
28	Comgest Europe SICAV B	01/93 - 12/02
29	CS Aktien Plus	09/96 - 12/02
30	CS Aktien Zukunft	01/93 - 12/02
31	CS Equity Fund (Lux)-European Blue Chips B	01/93 - 12/02
32	CS Equity Fund-Prime 50 Europe	01/93 - 12/02
33	D.G.C.-Europe	01/97 - 12/02
34	Degussa-Bank Aktien Euro Global UI	07/97 - 12/02
35	DekaLux-Europa TF	01/96 - 12/02
36	DEXIA Equities L Euro 50 C	01/93 - 12/02

Fortsetzung...

	Name des Fonds	Datenverfügbarkeit
37	dit-AKTIEN EUROPA AF	01/97 - 12/02
38	dit-VERMÖGENS-AUFBAU-FONDS	01/93 - 12/02
39	dit-VERMÖGENSBILDUNG EUROPA	02/97 - 12/02
40	dit-WACHSTUM EUROPA	02/97 - 12/02
41	DVG-Merkur-Fonds 1	01/93 - 12/02
42	DWS Europäische Aktien Typ O	01/95 - 12/02
43	DWS Eurovesta	01/93 - 12/02
44	DWS Top 50 Europa	11/95 - 12/02
45	EntriumFonds Aktien Europa	01/98 - 12/02
46	Equator IP-Continental European Large/Mid Cap Equity Progr. 1	05/93 - 12/02
47	ESPA Stock Europe A	01/93 - 12/02
48	EUFINVEST A	01/93 - 12/02
49	EuropaVision	02/97 - 12/02
50	FI LUX Euro Dynamik	05/97 - 12/02
51	Fidelity Funds - European Growth Fund	01/93 - 12/02
52	Fiduciary - European Equity Fund	02/97 - 12/02
53	FONDIROPA	01/93 - 12/02
54	Fortis L Fund - Equity Europe Cap.	01/93 - 12/02
55	FT Europa Dynamik Fonds	01/93 - 12/02
56	G&P UNIVERSAL AKTIENFONDS	08/95 - 12/02
57	GAM Star Europa Fund EUR Class acc.	01/93 - 12/02
58	Gartmore CSF-Continental Europe Fund	01/93 - 12/02
59	Gartmore CSF-Europewide Fund	11/95 - 12/02
60	Goldman Sachs Europe Portfolio	10/96 - 12/02
61	H & A –MAIN I-Universal-Fonds	01/93 - 12/02
62	HANSAeuropa	01/93 - 12/02
63	Henderson Horizon-Continental European Equity Fund A	07/95 - 12/02
64	HSBC GIF-Europe ex UK Equity	01/98 - 12/02
65	HSBC GIF-Pan-European Equity	04/94 - 12/02
66	HSBC Trinkaus Europa INKA	08/96 - 12/02
67	HVB-Lux-Portf. Europ. Aktien	08/97 - 12/02
68	INDUSTRIA	01/93 - 12/02
69	ING(L) Invest European Equity P Cap.	12/97 - 12/02
70	INVESCO Europa Core Aktienfonds	01/93 - 12/02
71	INVESCO GT Continental European Fund C	01/93 - 12/02
72	INVESCO GT Pan European Fund A	01/93 - 12/02
73	JB Multistock-Europe Stock Fund B	01/93 - 12/02
74	JPMorgan Fleming Funds-Europe Equity Fund	01/93 - 12/02

Fortsetzung...

	Name des Fonds	Datenverfügbarkeit
75	JPMorgan Fleming Investment Funds-Europe Select Large Cap A	01/93 - 12/02
76	Lazard European Equity Fund	01/93 - 12/02
77	Lazard Pan-European Equity Fund	07/96 - 12/02
78	LIGA-PAX-Aktien-Union	06/97 - 12/02
79	Lion Fortune / European Equities A Cap	01/93 - 12/02
80	Lloyds TSB IP - Euro Equity Fund	01/93 - 12/02
81	LO Invest Europe Fund acc.	01/98 - 12/02
82	M&G European Blue Chip Fund A	01/93 - 12/02
83	M&G European Fund A	01/93 - 12/02
84	MEAG EuroKapital	01/93 - 12/02
85	Mellon Continental European Equity Portfolio US$ A Shares	01/93 - 12/02
86	Metzler Aktien Europa	01/93 - 12/02
87	MK Euroaktiv	01/93 - 12/02
88	MLIIF European Fund A (USD)	01/93 - 12/02
89	MLIIF European Value Fund A	02/94 - 12/02
90	Morgan Stanley-European Value Equity Fund I	01/93 - 12/02
91	NESTOR Europa Fonds	02/94 - 12/02
92	Newton Continental European Fund (GBP)	01/95 - 12/02
93	Nordea-1 European Equity Fund (EUR)	12/97 - 12/02
94	NORDGLOBAL	01/93 - 12/02
95	Nürnberger ADIG A	01/93 - 12/02
96	Oppenheim Select Europa	01/93 - 12/02
97	OYSTER - Europe Value B	03/94 - 12/02
98	Parvest Europe C	01/93 - 12/02
99	Patagon Europäische Aktien	01/93 - 12/02
100	PEH Q-Europa	12/96 - 12/02
101	Performa Fund HNW Performa European Equities	01/93 - 12/02
102	Pictet Funds - European Equities P	01/93 - 12/02
103	PIF European Equity Fund Inc.	01/93 - 12/02
104	Pioneer European Equity Fund Plc (USD)	10/97 - 12/02
105	Privilege Portfolio European Growth Fund	01/93 - 12/02
106	Prumerica WIP - European Growth Fund A	11/94 - 12/02
107	Raiffeisen-Europa-Aktien A	09/96 - 12/02
108	Raiffeisen-Fonds EuroAc B	04/94 - 12/02
109	Robeco Europe N.V.	01/93 - 12/02
110	Robeco European Equities (USD) A	11/97 - 12/02
111	Sarasin Invest-EuropeSar dist.	03/93 - 12/02
112	SchmidtBank Euro-Aktien FI	01/93 - 12/02

Fortsetzung... Name des Fonds	Datenverfügbarkeit
113 Schroder ISF-European Equity A dis	01/96 - 12/02
114 Schroder ISF-European Equity Sigma A dis	08/93 - 12/02
115 Scontinvest-Euroval European Equity	01/93 - 12/02
116 SEB Invest Europafonds	01/93 - 12/02
117 SEB Lux Equity Fund - Continental Europe A	01/93 - 12/02
118 Sogelux Fund Equities-Europe	01/93 - 12/02
119 Spängler Europa Index Trust	01/93 - 12/02
120 Spängler European Growth Trust	01/93 - 12/02
121 State Street Actions Europe	01/93 - 12/02
122 Swiss Life Fund (IRL) - European Equity Fund	01/93 - 12/02
123 Swissca Continental Equity Fund Europe	01/93 - 12/02
124 Templeton European Fund A	01/93 - 12/02
125 Threadneedle European Growth Fund Cl.1	01/93 - 12/02
126 Threadneedle European Select Growth Fund Cl.1	01/93 - 12/02
127 UBAM - European Equity D1	12/95 - 12/02
128 UBS(D) Aktienfonds - Europa	06/97 - 12/02
129 UBS(D) APO-EuroDS-Fonds	01/98 - 12/02
130 UBS(Lux) Equity Fund - Europe	01/93 - 12/02
131 UniEuropa	01/93 - 12/02
132 Von Ernst Global Portfolio-European Equity B	01/93 - 12/02
133 Vontobel Fund-European Equity B	01/93 - 12/02
134 VPV-Spezial Activest Institutional	02/96 - 12/02
135 WALSER Aktien International	07/93 - 12/02
136 WARBURG-EUROLEADERS-FONDS	07/97 - 12/02
137 Zürich Invest Aktien Europa	08/96 - 12/02

Anhang A.4 Programmcode zur Panelschätzung

Programmcode zur Regressionsschätzung mit der Poolmethode (eViews®)

```
create TPd990197982 m 1993:01 2002:12

read(b3) "C:\WINNT\Profiles\ferinier\Desktop\Workfiled.xls" rb rs rst rf d100 d101 d102 d103
d104 d105 d106 d107 d108 d109 d110 d111 d112 d113 d114 d115 d116 d117 d118 d119 d120
d121 d122 d123 d124 d125 d126 d127 d128 d129 d130 d131 d132 d133 d134 d135 d136 d137
d138 d139 d140 d141 d142 d143 d144 d145 d146 d147 d148 d149 d150 d151 d152 d153 d154
d155 d156 d157 d158 d159 d160 d161 d162 d163 d164 d165 d166 d167 d168 d169 d170 d171
d172 d173 d174 d175 d176 d177 d178 d179 d180 d181 d182 d183 d184 d185 d186 d187 d188
d189 d190 d191 d192 d193 d194 d195 d196 d197 d198 d199 d200 d201

pool TPd990197982 100 101 102 103 104 105 106 107 108 109 110 111 112 113 114 115 116
117 118 119 120 121 122 123 124 125 126 127 128 129 130 131 132 133 134 135 136 137
138 139 140 141 142 143 144 145 146 147 148 149 150 151 152 153 154 155 156 157 158
159 160 161 162 163 164 165 166 167 168 169 170 171 172 173 174 175 176 177 178 179
180 181 182 183 184 185 186 187 188 189 190 191 192 193 194 195 196 197 198 199 200
201

smpl 1997:1 1997:1
for !i=100 to 201
    if d{!i} (49,1) == NA then
        TPd990197982.drop !i
    endif
next
smpl 1999:1 2001:12
TPd990197982.ls(f) d? @ rb rs rst rf
```

Anhang B

Anhang B.1 – Beispiel eines Multi-Style-Portfolios

Assetklasse	Portfolio-anteil	Benchmark	TE ggü. Asset Klasse	Varianz-Beitrag	IR	Alpha-Beitrag
Passiv						
Staatsanleihen Euro	0,0%	SSB EURO BIG - EGBI	0,0%	0,0000%	0,00	0,00000
Pfandbriefe Euro	0,0%	SSB EURO BIG - Jumbo Pfandbriefe	0,0%	0,0000%	0,00	0,00000
Summe	0,0%					
Aktiv						
Aktien Europa Value Large Cap	**5,5%**	**DJ Stoxx Value**	**5,0%**	**0,0008%**	**0,20**	**0,00055**
Aktien Europa Growth Large Ca	**5,5%**	**DJ Stoxx Growth**	**7,0%**	**0,0015%**	**0,20**	**0,00077**
Aktien Europa Small Cap	**1,5%**	**HSBC Sm. Eur. Companies**	**10,0%**	**0,0002%**	**0,35**	**0,00053**
Aktien USA Value Large Cap	**10,0%**	**Russell 1000 Value**	**5,0%**	**0,0025%**	**0,20**	**0,00100**
Aktien USA Growth Large Cap	**10,0%**	**Russell 1000 Growth**	**7,0%**	**0,0049%**	**0,20**	**0,00140**
Aktien USA Small Cap	**2,0%**	**Russell 2000**	**10,0%**	**0,0004%**	**0,35**	**0,00070**
Aktien Japan	**4,0%**	**MSCI Japan**	**6,0%**	**0,0006%**	**0,45**	**0,00108**
Aktien Asien	**1,5%**	**MSCI AC Asia ex Japan free**	**7,0%**	**0,0001%**	**0,45**	**0,00047**
Staatsanleihen Euro	**33,0%**	**SSB EURO BIG - EGBI**	**2,0%**	**0,0044%**	**0,10**	**0,00066**
Pfandbriefe Euro	**12,0%**	**SSB EURO BIG - Jumbo Pfandbriefe**	**2,0%**	**0,0006%**	**0,10**	**0,00024**
Euro Corporate Bonds	**15,0%**	**SSB EURO BIG - Corporates**	**4,0%**	**0,0036%**	**0,10**	**0,00060**
Summe	**100,0%**		**1,40%**			**0,80%**
			Alpha des Portfolios	**0,80%**		
			TE des Portfolios	**1,40%**		
			Information Ratio	**0,57**		

Anhang B.2 – Beispiel eines Core-Satellite-Portfolios

Assetklasse	Portfolio-anteil	Benchmark	TE ggü. Asset Klasse	Varianz-Beitrag	IR	Alpha-Beitrag
Passiv						
Staatsanleihen Euro	**35,0%**	**SSB EURO BIG - EGBI**	**0,0%**	**0,00000%**	**0,00**	**0,00000**
Pfandbriefe Euro	**15,0%**	**SSB EURO BIG - Jumbo Pfandbrief**	**0,0%**	**0,00000%**	**0,00**	**0,00000**
Aktien Europa Large Cap	**12,5%**	**DJ Stoxx50**	**0,0%**	**0,00000%**	**0,00**	**0,00000**
Aktien USA Large Cap	**21,0%**	**Russell 3000**	**0,0%**	**0,00000%**	**0,00**	**0,00000**
Summe	**83,5%**					
Aktiv						
Aktien Europa Value Large Cap	0,0%	DJ Stoxx Value	8,0%	0,00000%	0,25	0,00000
Aktien Europa Growth Large Cap	0,0%	DJ Stoxx Growth	10,0%	0,00000%	0,25	0,00000
Aktien Europa Small Cap	**0,5%**	**HSBC Sm. Eur. Companies**	**12,0%**	**0,00004%**	**0,40**	**0,00024**
Aktien USA Value Large Cap	0,0%	Russell 1000 Value	7,0%	0,00000%	0,25	0,00000
Aktien USA Growth Large Cap	0,0%	Russell 1000 Growth	9,0%	0,00000%	0,25	0,00000
Aktien USA Small Cap	**1,7%**	**Russell 2000**	**12,0%**	**0,00042%**	**0,40**	**0,00082**
Aktien Japan	**3,3%**	**MSCI Japan**	**8,0%**	**0,00070%**	**0,40**	**0,00106**
Aktien Asien	**1,0%**	**MSCI AC Asia ex Japan free**	**8,0%**	**0,00006%**	**0,40**	**0,00032**
Euro Corporate Bonds	**10,0%**	**SSB EURO BIG - Corporates**	**3,0%**	**0,00090%**	**0,10**	**0,00030**
Summe	**16,5%**		**0,46%**			**0,27%**
			Alpha des Portfolios	**0,27%**		
			TE des Portfolios	**0,46%**		
			Information Ratio	**0,59**		

Anhang B.3 – Beispiel eines Hybrid-Portfolios

Assetklasse	Portfolio anteil	Benchmark	TE ggü. Asset Klasse	Varianz-Beitrag	IR	Alpha-Beitrag
Passiv						
Staatsanleihen Euro	35,0%	SSB EURO BIG - EGBI	0,0%	0,00000%	0,00	0,00000
Pfandbriefe Euro	15,0%	SSB EURO BIG - Jumbo Pfandbriefe	0,0%	0,00000%	0,00	0,00000
Summe	50,0%					
Aktiv						
Aktien Europa Value Large Cap	5%	DJ Stoxx Value	8,0%	0,00160%	0,25	0,00100
Aktien Europa Growth Large Cap	5%	DJ Stoxx Growth	10,0%	0,00250%	0,25	0,00125
Aktien Europa Small Cap	1,0%	HSBC Sm. Eur. Companies	12,0%	0,00014%	0,40	0,00048
Aktien USA Value Large Cap	10,0%	Russell 1000 Value	7,0%	0,00490%	0,25	0,00175
Aktien USA Growth Large Cap	10,0%	Russell 1000 Growth	9,0%	0,00810%	0,25	0,00225
Aktien USA Small Cap	2,0%	Russell 2000	12,0%	0,00058%	0,40	0,00096
Aktien Japan	5,0%	MSCI Japan	8,0%	0,00160%	0,40	0,00160
Aktien Asien	2,0%	MSCI AC Asia ex Japan free	8,0%	0,00026%	0,40	0,00064
Euro Corporate Bonds	10,0%	SSB EURO BIG - Corporates	3,0%	0,00090%	0,10	0,00030
Summe	50,0%		1,43%			1,02%
			Alpha des Portfolios		1,02%	
			TE des Portfolios		1,43%	
			Information Ratio		0,71	

Anhang B.4 – Optimierte Multimanagerportfolios (3 Tabellen)

Portfolio	Manager 1	Manager 2	Manager 3	Manager 4	Manager 5	Manager 6	α	σ(α)
1	100,00%	0,00%	0,00%	0,00%	0,00%	0,00%	0,00%	0,00%
2	96,94%	0,96%	0,62%	0,30%	0,61%	0,56%	0,05%	0,06%
3	93,88%	1,93%	1,25%	0,60%	1,21%	1,13%	0,09%	0,12%
4	90,82%	2,89%	1,87%	0,91%	1,82%	1,69%	0,14%	0,18%
5	87,81%	3,84%	2,49%	1,20%	2,42%	2,24%	0,19%	0,23%
6	84,75%	4,81%	3,11%	1,51%	3,02%	2,80%	0,23%	0,29%
7	81,69%	5,77%	3,74%	1,81%	3,63%	3,37%	0,28%	0,35%
8	78,63%	6,73%	4,36%	2,11%	4,23%	3,93%	0,32%	0,41%
9	75,57%	7,70%	4,99%	2,41%	4,84%	4,49%	0,37%	0,47%
10	72,56%	8,65%	5,60%	2,71%	5,44%	5,04%	0,42%	0,53%
11	69,50%	9,61%	6,22%	3,01%	6,04%	5,61%	0,46%	0,59%
12	66,45%	10,57%	6,85%	3,32%	6,65%	6,17%	0,51%	0,65%
13	63,39%	11,54%	7,47%	3,62%	7,25%	6,73%	0,56%	0,70%
14	60,33%	12,50%	8,10%	3,92%	7,86%	7,29%	0,60%	0,76%
15	57,27%	13,47%	8,72%	4,22%	8,46%	7,86%	0,65%	0,82%
16	54,21%	14,43%	9,35%	4,52%	9,07%	8,42%	0,70%	0,88%
17	51,20%	15,38%	9,96%	4,82%	9,67%	8,97%	0,74%	0,94%
18	48,15%	16,34%	10,58%	5,12%	10,27%	9,53%	0,79%	1,00%
19	45,09%	17,30%	11,21%	5,43%	10,88%	10,10%	0,83%	1,06%
20	42,03%	18,27%	11,83%	5,73%	11,48%	10,66%	0,88%	1,12%
21	38,97%	19,23%	12,46%	6,03%	12,09%	11,22%	0,93%	1,17%
22	35,92%	20,20%	13,08%	6,33%	12,69%	11,78%	0,97%	1,23%
23	32,91%	21,14%	13,69%	6,63%	13,29%	12,34%	1,02%	1,29%
24	29,85%	22,11%	14,32%	6,93%	13,90%	12,90%	1,07%	1,35%
25	26,79%	23,07%	14,94%	7,23%	14,50%	13,46%	1,11%	1,41%
26	23,74%	24,03%	15,57%	7,53%	15,11%	14,02%	1,16%	1,47%
27	20,68%	25,00%	16,19%	7,84%	15,71%	14,58%	1,21%	1,53%
28	17,62%	25,96%	16,81%	8,14%	16,32%	15,15%	1,25%	1,58%
29	14,57%	26,92%	17,44%	8,44%	16,92%	15,71%	1,30%	1,64%
30	11,51%	27,89%	18,06%	8,74%	17,53%	16,27%	1,35%	1,70%
31	8,50%	28,83%	18,68%	9,04%	18,13%	16,82%	1,39%	1,76%
32	5,45%	29,80%	19,30%	9,34%	18,73%	17,38%	1,44%	1,82%
33	2,39%	30,76%	19,92%	9,64%	19,34%	17,95%	1,48%	1,88%
34	0,00%	31,24%	20,42%	10,12%	19,36%	18,85%	1,53%	1,94%
35	0,00%	30,20%	20,47%	11,07%	17,60%	20,67%	1,57%	2,00%
36	0,00%	29,36%	20,50%	11,82%	16,20%	22,12%	1,60%	2,05%
37	0,00%	28,62%	20,53%	12,49%	14,96%	23,41%	1,62%	2,11%
38	0,00%	27,96%	20,56%	13,08%	13,85%	24,55%	1,65%	2,17%
39	0,00%	27,34%	20,58%	13,64%	12,81%	25,63%	1,67%	2,23%
40	0,00%	26,75%	20,61%	14,18%	11,82%	26,66%	1,69%	2,29%
41	0,00%	26,19%	20,63%	14,67%	10,89%	27,62%	1,71%	2,35%
42	0,00%	25,66%	20,65%	15,15%	10,00%	28,53%	1,73%	2,41%
43	0,00%	25,15%	20,67%	15,61%	9,14%	29,42%	1,75%	2,46%
44	0,00%	24,66%	20,70%	16,06%	8,31%	30,28%	1,76%	2,52%
45	0,00%	24,17%	20,72%	16,50%	7,49%	31,13%	1,78%	2,58%
46	0,00%	23,69%	20,74%	16,92%	6,70%	31,95%	1,80%	2,64%
47	0,00%	23,24%	20,75%	17,34%	5,93%	32,74%	1,81%	2,70%
48	0,00%	22,79%	20,77%	17,74%	5,17%	33,53%	1,83%	2,76%

Fortsetzung...

Portfolio	Manager 1	Manager 2	Manager 3	Manager 4	Manager 5	Manager 6	α	$\sigma(\alpha)$
49	0,00%	22,34%	20,79%	18,14%	4,43%	34,30%	1,85%	2,82%
50	0,00%	21,90%	20,81%	18,54%	3,70%	35,05%	1,86%	2,87%
51	0,00%	21,47%	20,83%	18,92%	2,97%	35,80%	1,88%	2,93%
52	0,00%	21,04%	20,85%	19,31%	2,25%	36,55%	1,89%	2,99%
53	0,00%	20,63%	20,86%	19,69%	1,55%	37,27%	1,91%	3,05%
54	0,00%	20,21%	20,88%	20,06%	0,86%	37,99%	1,92%	3,11%
55	0,00%	19,80%	20,90%	20,43%	0,17%	38,70%	1,94%	3,17%
56	0,00%	18,41%	21,22%	21,18%	0,00%	39,19%	1,95%	3,23%
57	0,00%	16,72%	21,65%	22,03%	0,00%	39,60%	1,96%	3,29%
58	0,00%	15,09%	22,05%	22,86%	0,00%	40,00%	1,98%	3,34%
59	0,00%	13,50%	22,45%	23,66%	0,00%	40,39%	1,99%	3,40%
60	0,00%	11,94%	22,84%	24,45%	0,00%	40,77%	2,00%	3,46%
61	0,00%	10,43%	23,22%	25,22%	0,00%	41,14%	2,01%	3,52%
62	0,00%	8,94%	23,59%	25,97%	0,00%	41,50%	2,03%	3,58%
63	0,00%	7,50%	23,95%	26,70%	0,00%	41,85%	2,04%	3,64%
64	0,00%	6,06%	24,31%	27,43%	0,00%	42,20%	2,05%	3,70%
65	0,00%	4,67%	24,66%	28,14%	0,00%	42,54%	2,06%	3,76%
66	0,00%	3,27%	25,01%	28,84%	0,00%	42,88%	2,07%	3,81%
67	0,00%	1,92%	25,35%	29,53%	0,00%	43,21%	2,08%	3,87%
68	0,00%	0,57%	25,68%	30,21%	0,00%	43,54%	2,10%	3,93%
69	0,00%	0,00%	24,93%	30,98%	0,00%	44,09%	2,11%	3,99%
70	0,00%	0,00%	23,46%	31,77%	0,00%	44,77%	2,12%	4,05%
71	0,00%	0,00%	22,08%	32,50%	0,00%	45,41%	2,13%	4,11%
72	0,00%	0,00%	20,75%	33,22%	0,00%	46,03%	2,14%	4,17%
73	0,00%	0,00%	19,48%	33,90%	0,00%	46,62%	2,14%	4,22%
74	0,00%	0,00%	18,24%	34,57%	0,00%	47,19%	2,15%	4,28%
75	0,00%	0,00%	17,07%	35,20%	0,00%	47,74%	2,16%	4,34%
76	0,00%	0,00%	15,91%	35,82%	0,00%	48,27%	2,17%	4,40%
77	0,00%	0,00%	14,79%	36,42%	0,00%	48,79%	2,18%	4,46%
78	0,00%	0,00%	13,70%	37,00%	0,00%	49,29%	2,18%	4,52%
79	0,00%	0,00%	12,64%	37,58%	0,00%	49,79%	2,19%	4,58%
80	0,00%	0,00%	11,60%	38,13%	0,00%	50,27%	2,20%	4,63%
81	0,00%	0,00%	10,56%	38,69%	0,00%	50,75%	2,21%	4,69%
82	0,00%	0,00%	9,56%	39,22%	0,00%	51,21%	2,21%	4,75%
83	0,00%	0,00%	8,57%	39,75%	0,00%	51,67%	2,22%	4,81%
84	0,00%	0,00%	7,60%	40,28%	0,00%	52,12%	2,23%	4,87%
85	0,00%	0,00%	6,63%	40,80%	0,00%	52,57%	2,23%	4,93%
86	0,00%	0,00%	5,69%	41,30%	0,00%	53,01%	2,24%	4,99%
87	0,00%	0,00%	4,75%	41,81%	0,00%	53,44%	2,25%	5,05%
88	0,00%	0,00%	3,83%	42,30%	0,00%	53,87%	2,25%	5,10%
89	0,00%	0,00%	2,92%	42,79%	0,00%	54,29%	2,26%	5,16%
90	0,00%	0,00%	2,01%	43,28%	0,00%	54,71%	2,26%	5,22%
91	0,00%	0,00%	1,13%	43,75%	0,00%	55,12%	2,27%	5,28%
92	0,00%	0,00%	0,24%	44,23%	0,00%	55,53%	2,28%	5,34%
93	0,00%	0,00%	0,00%	43,90%	0,00%	56,10%	2,28%	5,40%
94	0,00%	0,00%	0,00%	43,28%	0,00%	56,72%	2,29%	5,46%
95	0,00%	0,00%	0,00%	42,68%	0,00%	57,32%	2,29%	5,52%
96	0,00%	0,00%	0,00%	42,10%	0,00%	57,90%	2,30%	5,57%

Fortsetzung...								
Portfolio	**Manager 1**	**Manager 2**	**Manager 3**	**Manager 4**	**Manager 5**	**Manager 6**	**α**	**σ(α)**
97	0,00%	0,00%	0,00%	41,53%	0,00%	58,47%	2,31%	5,63%
98	0,00%	0,00%	0,00%	40,97%	0,00%	59,03%	2,31%	5,69%
99	0,00%	0,00%	0,00%	40,42%	0,00%	59,58%	2,32%	5,75%
100	0,00%	0,00%	0,00%	39,89%	0,00%	60,11%	2,32%	5,81%
101	0,00%	0,00%	0,00%	39,35%	0,00%	60,65%	2,33%	5,87%
102	0,00%	0,00%	0,00%	38,83%	0,00%	61,17%	2,33%	5,93%
103	0,00%	0,00%	0,00%	38,32%	0,00%	61,68%	2,34%	5,98%
104	0,00%	0,00%	0,00%	37,82%	0,00%	62,18%	2,34%	6,04%
105	0,00%	0,00%	0,00%	37,33%	0,00%	62,67%	2,35%	6,10%
106	0,00%	0,00%	0,00%	36,83%	0,00%	63,17%	2,35%	6,16%
107	0,00%	0,00%	0,00%	36,36%	0,00%	63,64%	2,35%	6,22%
108	0,00%	0,00%	0,00%	35,88%	0,00%	64,12%	2,36%	6,28%
109	0,00%	0,00%	0,00%	35,40%	0,00%	64,60%	2,36%	6,34%
110	0,00%	0,00%	0,00%	34,94%	0,00%	65,06%	2,37%	6,39%
111	0,00%	0,00%	0,00%	34,47%	0,00%	65,53%	2,37%	6,45%
112	0,00%	0,00%	0,00%	34,01%	0,00%	65,99%	2,38%	6,51%
113	0,00%	0,00%	0,00%	33,55%	0,00%	66,45%	2,38%	6,57%
114	0,00%	0,00%	0,00%	33,10%	0,00%	66,90%	2,39%	6,63%
115	0,00%	0,00%	0,00%	32,65%	0,00%	67,35%	2,39%	6,69%
116	0,00%	0,00%	0,00%	32,21%	0,00%	67,79%	2,39%	6,75%
117	0,00%	0,00%	0,00%	31,77%	0,00%	68,23%	2,40%	6,81%
118	0,00%	0,00%	0,00%	31,33%	0,00%	68,67%	2,40%	6,86%
119	0,00%	0,00%	0,00%	30,90%	0,00%	69,10%	2,41%	6,92%
120	0,00%	0,00%	0,00%	30,47%	0,00%	69,53%	2,41%	6,98%
121	0,00%	0,00%	0,00%	30,04%	0,00%	69,96%	2,41%	7,04%
122	0,00%	0,00%	0,00%	29,61%	0,00%	70,39%	2,42%	7,10%
123	0,00%	0,00%	0,00%	29,19%	0,00%	70,81%	2,42%	7,16%
124	0,00%	0,00%	0,00%	28,77%	0,00%	71,23%	2,43%	7,22%
125	0,00%	0,00%	0,00%	28,35%	0,00%	71,65%	2,43%	7,28%
126	0,00%	0,00%	0,00%	27,94%	0,00%	72,06%	2,43%	7,33%
127	0,00%	0,00%	0,00%	27,52%	0,00%	72,48%	2,44%	7,39%
128	0,00%	0,00%	0,00%	27,11%	0,00%	72,89%	2,44%	7,45%
129	0,00%	0,00%	0,00%	26,71%	0,00%	73,29%	2,45%	7,51%
130	0,00%	0,00%	0,00%	26,29%	0,00%	73,71%	2,45%	7,57%
131	0,00%	0,00%	0,00%	25,89%	0,00%	74,11%	2,45%	7,63%
132	0,00%	0,00%	0,00%	25,49%	0,00%	74,51%	2,46%	7,69%
133	0,00%	0,00%	0,00%	25,09%	0,00%	74,91%	2,46%	7,74%
134	0,00%	0,00%	0,00%	24,68%	0,00%	75,32%	2,47%	7,80%
135	0,00%	0,00%	0,00%	24,28%	0,00%	75,72%	2,47%	7,86%
136	0,00%	0,00%	0,00%	23,89%	0,00%	76,11%	2,47%	7,92%
137	0,00%	0,00%	0,00%	23,49%	0,00%	76,51%	2,48%	7,98%
138	0,00%	0,00%	0,00%	23,10%	0,00%	76,90%	2,48%	8,04%
139	0,00%	0,00%	0,00%	22,71%	0,00%	77,29%	2,48%	8,10%
140	0,00%	0,00%	0,00%	22,31%	0,00%	77,69%	2,49%	8,16%
141	0,00%	0,00%	0,00%	21,92%	0,00%	78,08%	2,49%	8,21%
142	0,00%	0,00%	0,00%	21,53%	0,00%	78,47%	2,50%	8,27%
143	0,00%	0,00%	0,00%	21,14%	0,00%	78,86%	2,50%	8,33%
144	0,00%	0,00%	0,00%	20,76%	0,00%	79,24%	2,50%	8,39%

Fortsetzung...								
Portfolio	**Manager 1**	**Manager 2**	**Manager 3**	**Manager 4**	**Manager 5**	**Manager 6**	α	σ(α)
145	0,00%	0,00%	0,00%	20,38%	0,00%	79,62%	2,51%	8,45%
146	0,00%	0,00%	0,00%	19,99%	0,00%	80,01%	2,51%	8,51%
147	0,00%	0,00%	0,00%	19,61%	0,00%	80,39%	2,51%	8,57%
148	0,00%	0,00%	0,00%	19,23%	0,00%	80,77%	2,52%	8,62%
149	0,00%	0,00%	0,00%	18,84%	0,00%	81,16%	2,52%	8,68%
150	0,00%	0,00%	0,00%	18,47%	0,00%	81,53%	2,52%	8,74%
151	0,00%	0,00%	0,00%	18,09%	0,00%	81,91%	2,53%	8,80%
152	0,00%	0,00%	0,00%	17,71%	0,00%	82,29%	2,53%	8,86%
153	0,00%	0,00%	0,00%	17,33%	0,00%	82,67%	2,54%	8,92%
154	0,00%	0,00%	0,00%	16,96%	0,00%	83,04%	2,54%	8,98%
155	0,00%	0,00%	0,00%	16,58%	0,00%	83,42%	2,54%	9,04%
156	0,00%	0,00%	0,00%	16,20%	0,00%	83,80%	2,55%	9,09%
157	0,00%	0,00%	0,00%	15,83%	0,00%	84,17%	2,55%	9,15%
158	0,00%	0,00%	0,00%	15,46%	0,00%	84,54%	2,55%	9,21%
159	0,00%	0,00%	0,00%	15,09%	0,00%	84,91%	2,56%	9,27%
160	0,00%	0,00%	0,00%	14,72%	0,00%	85,28%	2,56%	9,33%
161	0,00%	0,00%	0,00%	14,35%	0,00%	85,65%	2,56%	9,39%
162	0,00%	0,00%	0,00%	13,97%	0,00%	86,03%	2,57%	9,45%
163	0,00%	0,00%	0,00%	13,61%	0,00%	86,39%	2,57%	9,51%
164	0,00%	0,00%	0,00%	13,24%	0,00%	86,76%	2,57%	9,56%
165	0,00%	0,00%	0,00%	12,87%	0,00%	87,13%	2,58%	9,62%
166	0,00%	0,00%	0,00%	12,51%	0,00%	87,49%	2,58%	9,68%
167	0,00%	0,00%	0,00%	12,14%	0,00%	87,86%	2,58%	9,74%
168	0,00%	0,00%	0,00%	11,78%	0,00%	88,22%	2,59%	9,80%
169	0,00%	0,00%	0,00%	11,41%	0,00%	88,59%	2,59%	9,86%
170	0,00%	0,00%	0,00%	11,04%	0,00%	88,96%	2,60%	9,92%
171	0,00%	0,00%	0,00%	10,68%	0,00%	89,32%	2,60%	9,97%
172	0,00%	0,00%	0,00%	10,32%	0,00%	89,68%	2,60%	10,03%
173	0,00%	0,00%	0,00%	9,96%	0,00%	90,04%	2,61%	10,09%
174	0,00%	0,00%	0,00%	9,59%	0,00%	90,41%	2,61%	10,15%
175	0,00%	0,00%	0,00%	9,24%	0,00%	90,76%	2,61%	10,21%
176	0,00%	0,00%	0,00%	8,88%	0,00%	91,12%	2,62%	10,27%
177	0,00%	0,00%	0,00%	8,52%	0,00%	91,48%	2,62%	10,33%
178	0,00%	0,00%	0,00%	8,16%	0,00%	91,84%	2,62%	10,38%
179	0,00%	0,00%	0,00%	7,80%	0,00%	92,20%	2,63%	10,44%
180	0,00%	0,00%	0,00%	7,44%	0,00%	92,56%	2,63%	10,50%
181	0,00%	0,00%	0,00%	7,08%	0,00%	92,92%	2,63%	10,56%
182	0,00%	0,00%	0,00%	6,72%	0,00%	93,28%	2,64%	10,62%
183	0,00%	0,00%	0,00%	6,36%	0,00%	93,64%	2,64%	10,68%
184	0,00%	0,00%	0,00%	6,00%	0,00%	94,00%	2,64%	10,74%
185	0,00%	0,00%	0,00%	5,65%	0,00%	94,35%	2,65%	10,80%
186	0,00%	0,00%	0,00%	5,30%	0,00%	94,70%	2,65%	10,85%
187	0,00%	0,00%	0,00%	4,94%	0,00%	95,06%	2,65%	10,91%
188	0,00%	0,00%	0,00%	4,58%	0,00%	95,42%	2,66%	10,97%
189	0,00%	0,00%	0,00%	4,23%	0,00%	95,77%	2,66%	11,03%
190	0,00%	0,00%	0,00%	3,87%	0,00%	96,13%	2,66%	11,09%
191	0,00%	0,00%	0,00%	3,52%	0,00%	96,48%	2,67%	11,15%
192	0,00%	0,00%	0,00%	3,17%	0,00%	96,83%	2,67%	11,21%

Fortsetzung...								
Portfolio	**Manager 1**	**Manager 2**	**Manager 3**	**Manager 4**	**Manager 5**	**Manager 6**	α	$\sigma(\alpha)$
193	0,00%	0,00%	0,00%	2,81%	0,00%	97,19%	2,67%	11,27%
194	0,00%	0,00%	0,00%	2,46%	0,00%	97,54%	2,68%	11,32%
195	0,00%	0,00%	0,00%	2,11%	0,00%	97,89%	2,68%	11,38%
196	0,00%	0,00%	0,00%	1,75%	0,00%	98,25%	2,68%	11,44%
197	0,00%	0,00%	0,00%	1,40%	0,00%	98,60%	2,69%	11,50%
198	0,00%	0,00%	0,00%	1,06%	0,00%	98,94%	2,69%	11,56%
199	0,00%	0,00%	0,00%	0,70%	0,00%	99,30%	2,69%	11,62%
200	0,00%	0,00%	0,00%	0,35%	0,00%	99,65%	2,70%	11,68%

Portfolio	erw. Selektions-alpha	erw. Selektions-risiko	erw. Misfit-alpha	erw. Misfit-Risiko	Risiko-aversion	erw. aktives Beta
1	0,00%	0,00%	0,00%	0,00%	1000000,00	0,00
2	0,05%	0,06%	0,00%	0,01%	671,02	0,00
3	0,09%	0,12%	0,00%	0,01%	335,63	0,00
4	0,14%	0,18%	0,00%	0,02%	223,78	0,00
5	0,19%	0,23%	0,00%	0,03%	168,50	0,00
6	0,23%	0,29%	0,00%	0,03%	134,70	0,00
7	0,28%	0,35%	0,00%	0,04%	112,20	0,00
8	0,32%	0,41%	0,00%	0,05%	96,14	0,00
9	0,37%	0,47%	0,00%	0,05%	84,10	0,00
10	0,42%	0,52%	0,00%	0,06%	74,87	0,00
11	0,46%	0,58%	0,00%	0,07%	67,37	0,00
12	0,51%	0,64%	0,00%	0,08%	61,23	0,00
13	0,56%	0,70%	0,00%	0,08%	56,11	0,00
14	0,60%	0,76%	0,00%	0,09%	51,79	0,00
15	0,65%	0,82%	0,00%	0,10%	48,08	0,00
16	0,70%	0,87%	0,00%	0,10%	44,87	0,00
17	0,74%	0,93%	0,00%	0,11%	42,10	0,00
18	0,79%	0,99%	0,00%	0,12%	39,62	0,00
19	0,83%	1,05%	0,00%	0,12%	37,41	0,00
20	0,88%	1,11%	0,00%	0,13%	35,44	0,00
21	0,93%	1,17%	0,00%	0,14%	33,66	0,00
22	0,97%	1,22%	0,00%	0,14%	32,06	0,00
23	1,02%	1,28%	0,00%	0,15%	30,62	0,00
24	1,07%	1,34%	0,00%	0,16%	29,29	0,00
25	1,11%	1,40%	0,00%	0,16%	28,06	0,00
26	1,16%	1,46%	0,00%	0,17%	26,94	0,00
27	1,21%	1,52%	0,00%	0,18%	25,90	0,00
28	1,25%	1,57%	0,00%	0,19%	24,94	0,00
29	1,30%	1,63%	0,00%	0,19%	24,05	0,00
30	1,35%	1,69%	0,00%	0,20%	23,22	0,00
31	1,39%	1,75%	0,00%	0,21%	22,45	0,00
32	1,44%	1,81%	0,00%	0,21%	21,73	0,00
33	1,48%	1,86%	0,00%	0,22%	21,05	0,00
34	1,53%	1,92%	0,00%	0,24%	18,70	0,00
35	1,57%	1,97%	0,00%	0,31%	13,88	0,00
36	1,60%	2,02%	0,00%	0,38%	11,51	0,01
37	1,62%	2,07%	0,00%	0,44%	9,99	0,01
38	1,65%	2,11%	0,00%	0,50%	8,94	0,01
39	1,67%	2,16%	0,00%	0,56%	8,14	0,01
40	1,69%	2,20%	0,00%	0,62%	7,50	0,01
41	1,71%	2,25%	0,00%	0,67%	6,98	0,01
42	1,73%	2,30%	0,00%	0,72%	6,55	0,02
43	1,75%	2,34%	0,00%	0,77%	6,19	0,02
44	1,76%	2,39%	0,00%	0,82%	5,87	0,02
45	1,78%	2,43%	0,00%	0,86%	5,58	0,02
46	1,80%	2,48%	0,00%	0,91%	5,33	0,02
47	1,81%	2,52%	0,00%	0,95%	5,11	0,02
48	1,83%	2,57%	0,00%	1,00%	4,91	0,02

Fortsetzung...

Portfolio	erw. Selektions-alpha	erw. Selektions-risiko	erw. Misfit-alpha	erw. Misfit-Risiko	Risiko-aversion	erw. aktives Beta
49	1,85%	2,62%	0,00%	1,04%	4,73	0,03
50	1,86%	2,66%	0,00%	1,08%	4,56	0,03
51	1,88%	2,71%	0,00%	1,13%	4,41	0,03
52	1,89%	2,76%	0,00%	1,17%	4,26	0,03
53	1,91%	2,80%	0,00%	1,21%	4,13	0,03
54	1,92%	2,85%	0,00%	1,25%	4,01	0,03
55	1,94%	2,89%	0,00%	1,29%	3,90	0,03
56	1,95%	2,93%	0,00%	1,34%	3,71	0,03
57	1,96%	2,97%	0,00%	1,40%	3,52	0,03
58	1,98%	3,01%	0,00%	1,45%	3,36	0,04
59	1,99%	3,05%	0,00%	1,50%	3,21	0,04
60	2,00%	3,09%	0,00%	1,56%	3,08	0,04
61	2,01%	3,13%	0,00%	1,61%	2,97	0,04
62	2,03%	3,17%	0,00%	1,66%	2,86	0,04
63	2,04%	3,21%	0,00%	1,71%	2,76	0,04
64	2,05%	3,25%	0,00%	1,77%	2,67	0,04
65	2,06%	3,29%	0,00%	1,82%	2,59	0,04
66	2,07%	3,33%	0,00%	1,87%	2,51	0,04
67	2,08%	3,36%	0,00%	1,92%	2,44	0,05
68	2,10%	3,40%	0,00%	1,97%	2,38	0,05
69	2,11%	3,45%	0,00%	2,01%	2,24	0,05
70	2,12%	3,49%	0,00%	2,05%	2,08	0,04
71	2,13%	3,54%	0,00%	2,09%	1,95	0,04
72	2,14%	3,58%	0,00%	2,13%	1,83	0,04
73	2,14%	3,62%	0,00%	2,17%	1,74	0,04
74	2,15%	3,66%	0,00%	2,22%	1,65	0,04
75	2,16%	3,71%	0,00%	2,26%	1,58	0,04
76	2,17%	3,75%	0,00%	2,31%	1,52	0,03
77	2,18%	3,79%	0,00%	2,36%	1,46	0,03
78	2,18%	3,83%	0,00%	2,40%	1,40	0,03
79	2,19%	3,87%	0,00%	2,45%	1,36	0,03
80	2,20%	3,90%	0,00%	2,50%	1,31	0,03
81	2,21%	3,94%	0,00%	2,55%	1,27	0,03
82	2,21%	3,98%	0,00%	2,60%	1,23	0,02
83	2,22%	4,02%	0,00%	2,64%	1,20	0,02
84	2,23%	4,06%	0,00%	2,69%	1,17	0,02
85	2,23%	4,09%	0,00%	2,74%	1,14	0,02
86	2,24%	4,13%	0,00%	2,79%	1,11	0,02
87	2,25%	4,17%	0,00%	2,84%	1,08	0,02
88	2,25%	4,21%	0,00%	2,89%	1,06	0,02
89	2,26%	4,24%	0,00%	2,94%	1,03	0,02
90	2,26%	4,28%	0,00%	2,99%	1,01	0,01
91	2,27%	4,32%	0,00%	3,04%	0,99	0,01
92	2,28%	4,35%	0,00%	3,09%	0,97	0,01
93	2,28%	4,37%	0,00%	3,16%	0,94	0,01
94	2,29%	4,39%	0,00%	3,24%	0,90	0,01
95	2,29%	4,40%	0,00%	3,32%	0,87	0,01
96	2,30%	4,42%	0,00%	3,40%	0,84	0,01

Fortsetzung...						
Portfolio	**erw. Selektions-alpha**	**erw. Selektions-risiko**	**erw. Misfit-alpha**	**erw. Misfit-Risiko**	**Risiko-aversion**	**erw. aktives Beta**
97	2,31%	4,43%	0,00%	3,47%	0,81	0,00
98	2,31%	4,45%	0,00%	3,55%	0,79	0,00
99	2,32%	4,47%	0,00%	3,62%	0,76	0,00
100	2,32%	4,48%	0,00%	3,70%	0,74	0,00
101	2,33%	4,50%	0,00%	3,77%	0,72	0,00
102	2,33%	4,51%	0,00%	3,84%	0,70	0,00
103	2,34%	4,53%	0,00%	3,91%	0,69	-0,01
104	2,34%	4,55%	0,00%	3,98%	0,67	-0,01
105	2,35%	4,56%	0,00%	4,05%	0,65	-0,01
106	2,35%	4,58%	0,00%	4,12%	0,64	-0,01
107	2,35%	4,59%	0,00%	4,19%	0,63	-0,01
108	2,36%	4,61%	0,00%	4,26%	0,61	-0,01
109	2,36%	4,63%	0,00%	4,33%	0,60	-0,01
110	2,37%	4,65%	0,00%	4,40%	0,59	-0,01
111	2,37%	4,66%	0,00%	4,46%	0,58	-0,02
112	2,38%	4,68%	0,00%	4,53%	0,57	-0,02
113	2,38%	4,70%	0,00%	4,60%	0,56	-0,02
114	2,39%	4,71%	0,00%	4,66%	0,55	-0,02
115	2,39%	4,73%	0,00%	4,73%	0,54	-0,02
116	2,39%	4,75%	0,00%	4,79%	0,53	-0,02
117	2,40%	4,77%	0,00%	4,86%	0,52	-0,02
118	2,40%	4,78%	0,00%	4,92%	0,51	-0,02
119	2,41%	4,80%	0,00%	4,99%	0,51	-0,03
120	2,41%	4,82%	0,00%	5,05%	0,50	-0,03
121	2,41%	4,84%	0,00%	5,11%	0,49	-0,03
122	2,42%	4,86%	0,00%	5,18%	0,48	-0,03
123	2,42%	4,87%	0,00%	5,24%	0,48	-0,03
124	2,43%	4,89%	0,00%	5,31%	0,47	-0,03
125	2,43%	4,91%	0,00%	5,37%	0,46	-0,03
126	2,43%	4,93%	0,00%	5,43%	0,46	-0,03
127	2,44%	4,95%	0,00%	5,49%	0,45	-0,04
128	2,44%	4,97%	0,00%	5,56%	0,45	-0,04
129	2,45%	4,99%	0,00%	5,62%	0,44	-0,04
130	2,45%	5,00%	0,00%	5,68%	0,43	-0,04
131	2,45%	5,02%	0,00%	5,74%	0,43	-0,04
132	2,46%	5,04%	0,00%	5,80%	0,42	-0,04
133	2,46%	5,06%	0,00%	5,86%	0,42	-0,04
134	2,47%	5,08%	0,00%	5,92%	0,41	-0,04
135	2,47%	5,10%	0,00%	5,98%	0,41	-0,04
136	2,47%	5,12%	0,00%	6,04%	0,41	-0,05
137	2,48%	5,14%	0,00%	6,11%	0,40	-0,05
138	2,48%	5,16%	0,00%	6,17%	0,40	-0,05
139	2,48%	5,18%	0,00%	6,23%	0,39	-0,05
140	2,49%	5,20%	0,00%	6,29%	0,39	-0,05
141	2,49%	5,22%	0,00%	6,35%	0,38	-0,05
142	2,50%	5,24%	0,00%	6,41%	0,38	-0,05
143	2,50%	5,26%	0,00%	6,47%	0,38	-0,05
144	2,50%	5,28%	0,00%	6,52%	0,37	-0,05

Fortsetzung...						
Portfolio	**erw. Selektions-alpha**	**erw. Selektions-risiko**	**erw. Misfit-alpha**	**erw. Misfit-Risiko**	**Risiko-aversion**	**erw. aktives Beta**
145	2,51%	5,30%	0,00%	6,58%	0,37	-0,06
146	2,51%	5,32%	0,00%	6,64%	0,36	-0,06
147	2,51%	5,34%	0,00%	6,70%	0,36	-0,06
148	2,52%	5,36%	0,00%	6,76%	0,36	-0,06
149	2,52%	5,38%	0,00%	6,82%	0,35	-0,06
150	2,52%	5,40%	0,00%	6,88%	0,35	-0,06
151	2,53%	5,42%	0,00%	6,94%	0,35	-0,06
152	2,53%	5,44%	0,00%	6,99%	0,34	-0,06
153	2,54%	5,46%	0,00%	7,05%	0,34	-0,06
154	2,54%	5,48%	0,00%	7,11%	0,34	-0,07
155	2,54%	5,50%	0,00%	7,17%	0,34	-0,07
156	2,55%	5,52%	0,00%	7,23%	0,33	-0,07
157	2,55%	5,54%	0,00%	7,29%	0,33	-0,07
158	2,55%	5,56%	0,00%	7,34%	0,33	-0,07
159	2,56%	5,58%	0,00%	7,40%	0,32	-0,07
160	2,56%	5,60%	0,00%	7,46%	0,32	-0,07
161	2,56%	5,62%	0,00%	7,52%	0,32	-0,07
162	2,57%	5,64%	0,00%	7,58%	0,32	-0,07
163	2,57%	5,67%	0,00%	7,63%	0,31	-0,07
164	2,57%	5,69%	0,00%	7,69%	0,31	-0,08
165	2,58%	5,71%	0,00%	7,75%	0,31	-0,08
166	2,58%	5,73%	0,00%	7,80%	0,31	-0,08
167	2,58%	5,75%	0,00%	7,86%	0,30	-0,08
168	2,59%	5,77%	0,00%	7,92%	0,30	-0,08
169	2,59%	5,79%	0,00%	7,98%	0,30	-0,08
170	2,60%	5,81%	0,00%	8,03%	0,30	-0,08
171	2,60%	5,84%	0,00%	8,09%	0,29	-0,08
172	2,60%	5,86%	0,00%	8,15%	0,29	-0,08
173	2,61%	5,88%	0,00%	8,20%	0,29	-0,08
174	2,61%	5,90%	0,00%	8,26%	0,29	-0,09
175	2,61%	5,92%	0,00%	8,32%	0,29	-0,09
176	2,62%	5,94%	0,00%	8,37%	0,28	-0,09
177	2,62%	5,96%	0,00%	8,43%	0,28	-0,09
178	2,62%	5,99%	0,00%	8,49%	0,28	-0,09
179	2,63%	6,01%	0,00%	8,54%	0,28	-0,09
180	2,63%	6,03%	0,00%	8,60%	0,28	-0,09
181	2,63%	6,05%	0,00%	8,65%	0,27	-0,09
182	2,64%	6,07%	0,00%	8,71%	0,27	-0,09
183	2,64%	6,10%	0,00%	8,77%	0,27	-0,10
184	2,64%	6,12%	0,00%	8,82%	0,27	-0,10
185	2,65%	6,14%	0,00%	8,88%	0,27	-0,10
186	2,65%	6,16%	0,00%	8,93%	0,27	-0,10
187	2,65%	6,19%	0,00%	8,99%	0,26	-0,10
188	2,66%	6,21%	0,00%	9,05%	0,26	-0,10
189	2,66%	6,23%	0,00%	9,10%	0,26	-0,10
190	2,66%	6,25%	0,00%	9,16%	0,26	-0,10
191	2,67%	6,27%	0,00%	9,21%	0,26	-0,10
192	2,67%	6,30%	0,00%	9,27%	0,26	-0,10

Fortsetzung...						
Portfolio	**erw. Selektions-alpha**	**erw. Selektions-risiko**	**erw. Misfit-alpha**	**erw. Misfit-Risiko**	**Risiko-aversion**	**erw. aktives Beta**
193	2,67%	6,32%	0,00%	9,33%	0,25	-0,10
194	2,68%	6,34%	0,00%	9,38%	0,25	-0,11
195	2,68%	6,36%	0,00%	9,44%	0,25	-0,11
196	2,68%	6,39%	0,00%	9,49%	0,25	-0,11
197	2,69%	6,41%	0,00%	9,55%	0,25	-0,11
198	2,69%	6,43%	0,00%	9,60%	0,25	-0,11
199	2,69%	6,45%	0,00%	9,66%	0,24	-0,11
200	2,70%	6,48%	0,00%	9,72%	0,24	-0,11

Portfolio	erw. Benchmark-risiko	erw. Gesamt-risiko	erw. Information Ratio
1	11,77%	11,77%	0,03
2	11,77%	11,77%	0,79
3	11,77%	11,78%	0,79
4	11,77%	11,78%	0,79
5	11,77%	11,78%	0,79
6	11,77%	11,78%	0,79
7	11,77%	11,78%	0,79
8	11,77%	11,78%	0,79
9	11,77%	11,79%	0,79
10	11,77%	11,79%	0,79
11	11,77%	11,79%	0,79
12	11,77%	11,80%	0,79
13	11,77%	11,80%	0,79
14	11,77%	11,80%	0,79
15	11,77%	11,81%	0,79
16	11,77%	11,81%	0,79
17	11,77%	11,82%	0,79
18	11,77%	11,82%	0,79
19	11,77%	11,83%	0,79
20	11,77%	11,83%	0,79
21	11,77%	11,84%	0,79
22	11,77%	11,84%	0,79
23	11,77%	11,85%	0,79
24	11,77%	11,86%	0,79
25	11,77%	11,87%	0,79
26	11,77%	11,87%	0,79
27	11,77%	11,88%	0,79
28	11,77%	11,89%	0,79
29	11,77%	11,90%	0,79
30	11,77%	11,91%	0,79
31	11,77%	11,91%	0,79
32	11,77%	11,92%	0,79
33	11,77%	11,93%	0,79
34	11,77%	11,95%	0,79
35	11,77%	11,99%	0,79
36	11,77%	12,03%	0,78
37	11,77%	12,06%	0,77
38	11,77%	12,09%	0,76
39	11,77%	12,12%	0,75
40	11,77%	12,15%	0,74
41	11,77%	12,18%	0,73
42	11,77%	12,21%	0,72
43	11,77%	12,23%	0,71
44	11,77%	12,26%	0,70
45	11,77%	12,29%	0,69
46	11,77%	12,31%	0,68
47	11,77%	12,34%	0,68
48	11,77%	12,37%	0,67

Fortsetzung...			
Portfolio	**erw. Benchmark-risiko**	**erw. Gesamt-risiko**	**erw. Information Ratio**
49	11,77%	12,39%	0,66
50	11,77%	12,42%	0,65
51	11,77%	12,44%	0,64
52	11,77%	12,47%	0,64
53	11,77%	12,50%	0,63
54	11,77%	12,52%	0,62
55	11,77%	12,55%	0,62
56	11,77%	12,58%	0,61
57	11,77%	12,61%	0,60
58	11,77%	12,64%	0,60
59	11,77%	12,67%	0,59
60	11,77%	12,70%	0,58
61	11,77%	12,73%	0,58
62	11,77%	12,75%	0,57
63	11,77%	12,78%	0,57
64	11,77%	12,81%	0,56
65	11,77%	12,84%	0,55
66	11,77%	12,87%	0,55
67	11,77%	12,90%	0,54
68	11,77%	12,93%	0,54
69	11,77%	12,94%	0,53
70	11,77%	12,93%	0,53
71	11,77%	12,93%	0,52
72	11,77%	12,93%	0,52
73	11,77%	12,93%	0,51
74	11,77%	12,93%	0,51
75	11,77%	12,93%	0,50
76	11,77%	12,94%	0,49
77	11,77%	12,94%	0,49
78	11,77%	12,94%	0,48
79	11,77%	12,95%	0,48
80	11,77%	12,95%	0,48
81	11,77%	12,96%	0,47
82	11,77%	12,97%	0,47
83	11,77%	12,97%	0,46
84	11,77%	12,98%	0,46
85	11,77%	12,99%	0,45
86	11,77%	13,00%	0,45
87	11,77%	13,01%	0,45
88	11,77%	13,01%	0,44
89	11,77%	13,02%	0,44
90	11,77%	13,03%	0,43
91	11,77%	13,04%	0,43
92	11,77%	13,06%	0,43
93	11,77%	13,06%	0,42
94	11,77%	13,07%	0,42
95	11,77%	13,08%	0,42
96	11,77%	13,08%	0,41

Fortsetzung...			
Portfolio	**erw. Benchmark-risiko**	**erw. Gesamt-risiko**	**erw. Information Ratio**
97	11,77%	13,09%	0,41
98	11,77%	13,10%	0,41
99	11,77%	13,11%	0,40
100	11,77%	13,12%	0,40
101	11,77%	13,13%	0,40
102	11,77%	13,14%	0,39
103	11,77%	13,15%	0,39
104	11,77%	13,16%	0,39
105	11,77%	13,18%	0,38
106	11,77%	13,19%	0,38
107	11,77%	13,20%	0,38
108	11,77%	13,22%	0,38
109	11,77%	13,23%	0,37
110	11,77%	13,24%	0,37
111	11,77%	13,26%	0,37
112	11,77%	13,27%	0,37
113	11,77%	13,29%	0,36
114	11,77%	13,31%	0,36
115	11,77%	13,32%	0,36
116	11,77%	13,34%	0,36
117	11,77%	13,36%	0,35
118	11,77%	13,37%	0,35
119	11,77%	13,39%	0,35
120	11,77%	13,41%	0,35
121	11,77%	13,43%	0,34
122	11,77%	13,45%	0,34
123	11,77%	13,46%	0,34
124	11,77%	13,48%	0,34
125	11,77%	13,50%	0,33
126	11,77%	13,52%	0,33
127	11,77%	13,54%	0,33
128	11,77%	13,56%	0,33
129	11,77%	13,58%	0,33
130	11,77%	13,60%	0,32
131	11,77%	13,63%	0,32
132	11,77%	13,65%	0,32
133	11,77%	13,67%	0,32
134	11,77%	13,69%	0,32
135	11,77%	13,71%	0,31
136	11,77%	13,74%	0,31
137	11,77%	13,76%	0,31
138	11,77%	13,78%	0,31
139	11,77%	13,80%	0,31
140	11,77%	13,83%	0,31
141	11,77%	13,85%	0,30
142	11,77%	13,88%	0,30
143	11,77%	13,90%	0,30
144	11,77%	13,92%	0,30

Fortsetzung...			
Portfolio	**erw. Benchmark-risiko**	**erw. Gesamt-risiko**	**erw. Information Ratio**
145	11,77%	13,95%	0,30
146	11,77%	13,97%	0,30
147	11,77%	14,00%	0,29
148	11,77%	14,02%	0,29
149	11,77%	14,05%	0,29
150	11,77%	14,08%	0,29
151	11,77%	14,10%	0,29
152	11,77%	14,13%	0,29
153	11,77%	14,15%	0,29
154	11,77%	14,18%	0,28
155	11,77%	14,21%	0,28
156	11,77%	14,24%	0,28
157	11,77%	14,26%	0,28
158	11,77%	14,29%	0,28
159	11,77%	14,32%	0,28
160	11,77%	14,35%	0,28
161	11,77%	14,37%	0,27
162	11,77%	14,40%	0,27
163	11,77%	14,43%	0,27
164	11,77%	14,46%	0,27
165	11,77%	14,49%	0,27
166	11,77%	14,52%	0,27
167	11,77%	14,55%	0,27
168	11,77%	14,58%	0,27
169	11,77%	14,61%	0,26
170	11,77%	14,64%	0,26
171	11,77%	14,67%	0,26
172	11,77%	14,70%	0,26
173	11,77%	14,73%	0,26
174	11,77%	14,76%	0,26
175	11,77%	14,79%	0,26
176	11,77%	14,82%	0,26
177	11,77%	14,85%	0,25
178	11,77%	14,88%	0,25
179	11,77%	14,92%	0,25
180	11,77%	14,95%	0,25
181	11,77%	14,98%	0,25
182	11,77%	15,01%	0,25
183	11,77%	15,04%	0,25
184	11,77%	15,08%	0,25
185	11,77%	15,11%	0,25
186	11,77%	15,14%	0,25
187	11,77%	15,17%	0,24
188	11,77%	15,21%	0,24
189	11,77%	15,24%	0,24
190	11,77%	15,27%	0,24
191	11,77%	15,31%	0,24
192	11,77%	15,34%	0,24

Fortsetzung...			
Portfolio	**erw. Benchmark-risiko**	**erw. Gesamt-risiko**	**erw. Information Ratio**
193	11,77%	15,38%	0,24
194	11,77%	15,41%	0,24
195	11,77%	15,44%	0,24
196	11,77%	15,48%	0,24
197	11,77%	15,51%	0,24
198	11,77%	15,55%	0,23
199	11,77%	15,58%	0,23
200	11,77%	15,62%	0,23

Anhang B.5 – Weitere Ergebnisse der Fallstudie

Erforderliche Veränderungen des Ausgangsportfolios

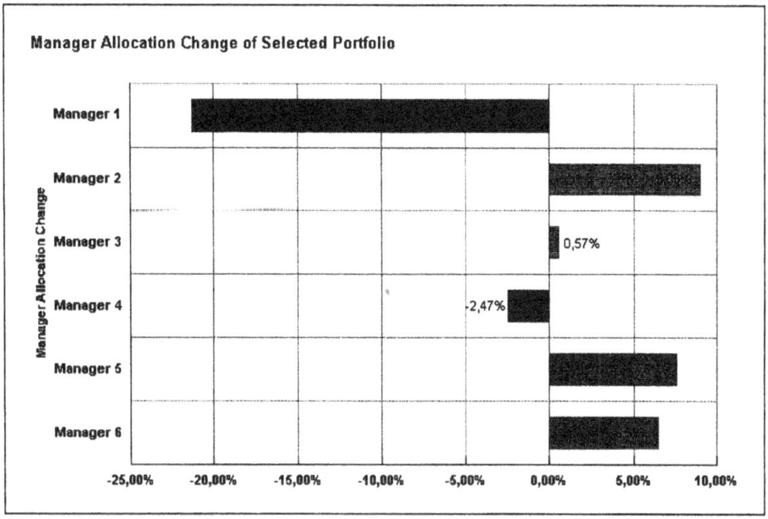

Entwicklung des Gesamtvermögens des optimierten Multimanagerportfolios unter Berücksichtigung verschiedener Ausfallwahrscheinlichkeiten

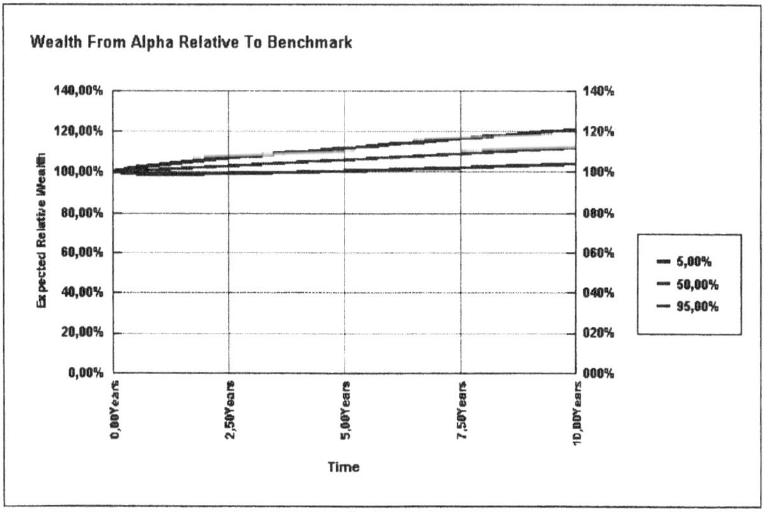

Literaturverzeichnis

Ahmed, P./Lockwood, L.J./Nanda, S. [2002]:
Multistyle Rotation Strategies, in: Journal of Portfolio Management, 28. Jg., Nr. 3, S. 17-29

Allen, D.E./Tan, M.L. [1999]:
A Test of the Persistence in the Performance of UK Managed Funds, in: Journal of Business Finance and Accounting, 24. Jg., Nr. 2, S. 155-178

Allen, G.M./Coggin, T.D. [1997]:
Organizing Internal Investment Management, in: F.J. Fabozzi (Hrsg.): Pension Fund Investment Management, Frank J. Fabozzi Associates, New Hope, S. 35-44

Ambachtsheer, K.P. [1994]:
Active Management That Adds Value: Reality or Illusion?, in: Journal of Portfolio Management, 21. Jg., Nr. 1, S. 89-92

Ariel, R. [1987]:
A Monthly Effect in Stock Returns, in: Journal of Financial Economics, 18. Jg., S. 161-174

Arshanapalli, B./Coggin, T./Doukas, J. [1998]:
Multifactor Asset Pricing Analysis of International Value Investment Strategies, in: Journal of Portfolio Management, 24. Jg., Nr. 4, S. 10-23

Arshanapalli, B./Coggin, T./Doukas, J./Shean, H. [1998]:
The Dimensions of International Equity Style, in: Journal of Investing, 7. Jg., Nr. 1, S. 15-30

Asness, C.S./Friedman, J.A./Krail, R.J./Liew, J.M. [2000]:
Style Timing: Value versus Growth, in: Journal of Portfolio Management, 26. Jg., Nr. 3, S. 50-60

Bakaric, O./ Bitschnau, B. [1996]:
The Persistence of Mutual Fund Performance, in: Finanzmarkt und Portfolio Management, 10. Jg., S. 529-542

Ball, R./Brown, P. [1968]:
An Empirical Evaluation of Accounting Income Numbers, in: Journal of Accounting Research, 6. Jg., S. 159-178

Bamberg, G. [2002]:
Statistik, 12. Auflage, Oldenbourg, München

Banz, R.W. [1981]:
The Relationship between Return and Market Value of Common Stocks, in: Journal of Financial Economics, 9. Jg., Nr. 1, S. 3-18

Basu, S. [1977]:
Investment Performance of Common Stocks in Relation to their Price-Earnings Ratios: A Test of the Efficient Market Hypothesis, in: Journal of Finance, 32. Jg., S. 663-682

Bauman, W.S./Miller, R.E. [1994]:
Can Managed Portfolio Performance Be Predicted, in: Journal of Portfolio Management, 20. Jg., Nr. 4, S. 31-40

Beard, C.G./Sias, R.W. [1997]:
Is there a Neglected Firm Effect, in: Financial Analysts Journal, 53. Jg., Nr. 2, S. 19-23

Beckers, S. [1997]:
Manager Skill and Investment Performance: How Strong is the Link?, in: Journal of Portfolio Management, 23. Jg., Nr. 4, S. 9-23

Beckers, S./Vaughan, G. [2001]:
Small is Beautiful, in: Journal of Portfolio Management, 27. Jg., Nr. 4, S. 9-17

Bernstein, R. [1995]:
Style Investing – Unique Insights Into Equity Management, Wiley&Sons, New York

Bernstein, P.L. [1999]:
A New Look at the Efficient Market Hypothesis, in: Journal of Portfolio Management, 26. Jg., Nr. 2, S. 1-2

Black, F. [1972]:
Capital Market Equilibrium with Restricted Borrowing, in: Journal of Business, 45. Jg., S. 444-445

Black, F. [1974]:
International Capital Market Equilibrium with Investment Barriers, in: Journal of Financial Economics, 1. Jg., S. 337-352

Black, F./Jensen, M.C./Scholes, M.S. [1972]:
The Capital Asset Pricing Model: Some Empirical Tests, in: Jensen, M.C. (Hrsg.): Studies in the Theory of Capital Markets, Praeger, New York, S. 75-97

Blake, C.R./ Elton, E.J./ Gruber, M.J. [1993]:
The Performance of Bond Mutual Funds, in: Journal of Business, 66. Jg., S. 371-403

Blake, D./Timmermann, A. [1998]:
Mutual Fund Performance: Evidence from the UK, European Finance Review, 2. Jg., S. 57-77

Bogle, J.C. [1998]:
The Implications of Style Analysis for Mutual Fund Performance Evaluation, in: Journal of Portfolio Management, 24. Jg., Nr. 4, S. 34-42

Bosch, K. [1998]:
Statistik-Taschenbuch, 3. Auflage, Oldenbourg, München

Breeden, D.T. [1979]:
An Intertemporal Asset Pricing Model with Stochastic Consumption and Investment Opportunities, in: Journal of Financial Economics, 7. Jg., S. 265-296

Brennan, M.J. [1970]:
Taxes, Market Valuation and Corporate Financial Policy, in: National Tax Journal, 23. Jg., S. 417-427

Brinson, G.P./Fachler, N. [1985]:
Measuring non-U.S. Equity Portfolio Performance, in: Journal of Portfolio Management, 11. Jg., Nr. 3, S. 73-76

Brinson, G.P./Hood, L.R./Beebower, G.L. [1986]:
Determinants of Portfolio Performance, in: Financial Analysts Journal, 42. Jg., Nr. 4, S. 39-44

Brown, G./Draper, P./McKenzie, E. [1997]:
Consistency of UK Pension Fund Investment Performance, in: Journal of Business, Finance and Accounting, 24. Jg., S. 155-169

Brown, S.J./Goetzmann, W.N. [1995]:
Performance Persistence, in: Journal of Finance, 50. Jg., S. 679-698

Brown, S.J./Goetzmann, W.N./Ibbotson, R.G./Ross, S. [1992]:
Survivorship Bias in Performance Studies, Review of Financial Studies, 5. Jg., S. 553-580

Buetow, Jr., G.W./Johnson, R.R./Runkle, D.E. [2000]:
The Inconsistency of Return-Based Style Analysis, in: Journal of Portfolio Management, 26. Jg., Nr. 3, S. 61-77

BVI (Bundesverband Investment und Asset Management) [2003]:
Quo vadis "Master-KAG", Jahrbuchartikel in: BVI-Jahrbuch 2003, S. 64-71

Campisano, C.J./Nederlof, M. [1997]:
The Role of Completion Funds in Equity Style Management, in: F.J. Fabozzi (Hrsg.): Pension Fund Investment Management, Frank J. Fabozzi Associates, New Hope, S. 105-113

Capaul, C./Rowley, I./Sharpe, W. [1993]:
International Value and Growth Stock Returns, in: Financial Analysts Journal, 49. Jg., Nr. 1, S. 27-36

Carhart, M.M. [1997]:
On Persistence in Mutual Fund Performance, in: Journal of Finance, 52. Jg., Nr. 1, S. 57-82

Carlson, R. [1979]:
Aggregate Performance of Mutual Funds 1948-1967, in: Journal of Financial and Quantitative Analysis, 5. Jg., Nr. 1, S. 1-32

Carpenter, J.N./Lynch, A.W. [1999]:
Survivorship Bias and Attrition Effects in Measures of Performance Persistence, in: Journal of Financial Economics, 27. Jg., S. 337-374

Cerulli Associates [2003]:
The International Multimanager Marketplace, Cerulli Associates, Juli 2003

Chan, L.K.C./Jegadeesh, N./Lakonishok, J. [1996]:
Momentum Strategies, in: Journal of Finance, 51. Jg., S. 1681-1713

Chang, E.C./Lewellen, W.G. [1984]:
Market Timing and Mutual Fund Investment Performance, in: Journal of Business, 57. Jg., Nr. 1, S. 57-72

Chevalier, J./Ellison, G. [1998]:
Career Concerns of Mutual Fund Managers, Working Paper 6394, National Bureau of Economic Research, www.nber.org/papers/w6394, Februar 1998

Chevalier, J./Ellison, G. [1999]:
Are Some Mutual Fund Managers Better than Others? Cross-Sectional Patterns in Behavior and Performance, in: Journal of Finance, 54. Jg., S. 875-899

Chopra, V.K./Lin. P. [1996]:
Improving Financial Forecasting: Combining Data with Intuition, in: Journal of Portfolio Management, 22. Jg., Nr. 3, S. 97-105

Christopherson, J. [1995]:
Equity Style Classifications, in: Journal of Portfolio Management, 21. Jg., Nr. 3, S. 32-43

Christopherson, J./Ferson, W./Glassmann, D. [1998]:
Conditioning Manager Alphas on Economic Information: Another Look at the Persistence of Performance, in: Review of Financial Studies, 11. Jg., S. 111-142

Clarke, R.G./de Silva, H./Thorley, S. [2002]:
Portfolio Constraints and the Fundamental Law of Active Management, in: Financial Analysts Journal, 58. Jg., Nr. 5, S. 48-66

Clarke, R.G./de Silva, H./Wander, B. [2002]:
Risk Allocation versus Asset Allocation, in: Journal of Portfolio Management, 29. Jg., Nr. 1, S. 9-30

Compton, M.I. [1997]:
Equity Style Benchmarks for Fund Analysis, in: F.J. Fabozzi (Hrsg.): Pension Fund Investment Management, Frank J. Fabozzi Associates, New Hope, S. 175-186

Copeland, M./ Copeland, T. [1999]:
Market Timing: Style and Size Rotation Using the VIX, in: Financial Analysts Journal, 55. Jg., Nr. 2, S. 73-81

Daniel, K.D./Grinblatt, M./Titman, S./Wermers, R. [1997]:
Measuring Mutual Fund Performance with Characteristic-Based Benchmarks, in: Journal of Finance, 52. Jg., S. 1035-1058

Daniel, K.D./Hirshleifer, D./Subrahmanyam, A. [2001]:
Overconfidence, Arbitrage, and Equilibrium Asset Pricing, in: Journal of Finance, 56. Jg., S. 921-965

DeBondt, W./Thaler, R. [1985]:
Does the Stock Market Overreact?, in: Journal of Finance, 40. Jg., S. 793-805

DeBondt, W./Thaler, R. [1987]:
Further Evidence on Investor Overreaction and Stock Market Seasonality, in: Journal of Finance, 42. Jg., S. 557-581

Detzel, F./Weigand, R. [1998]:
Explaining Persistence in Mutual Fund Performance, in: Financial Services Review, 7. Jg., Nr. 1, S. 45-55

Dunn, P.C./Theisen, R.D. [1983]:
How Consistently Do Active Managers Win?, in: Journal of Portfolio Management, 9. Jg., Nr. 4, S. 47-50

EDHEC [2003]:
Edhec European Asset Management Practices Survey, EDHEC 2003

Ellis, C.D. [2000]:
Levels of the Game, in: Journal of Portfolio Management, 26. Jg., Nr. 2, S. 12-15

Elton, E.J./Gruber, M.J. [1995]:
Modern Portfolio Theory and Investment Analysis, Wiley&Sons, New York

Elton, E.J./Gruber, M.J./Blake, C.R. [1996a]:
The Persistence of Risk-Adjusted Mutual Fund Performance, in: Journal of Business, 69. Jg., Nr. 1, S. 133-157

Elton, E.J./Gruber, M.J./Blake, C.R. [1996b]:
Survivorship Bias and Mutual Fund Performance, in: Review of Financial Studies, 9. Jg., S. 1097-1120

Elton, E.J./Gruber, M.J./Das, S./ Hlavka, M. [1993]:
Efficiency with Costly Information: A Reinterpretation of Evidence for Managed Portfolios, in: Review of Financial Studies, 6. Jg., Nr. 1, S. 1-22

Ernst, N.E. [2000]:
Konzeption einer Befragung zum Thema "Institutionelles Portfoliomanagement in Deutschland – Erfolgsfaktoren von Kapitalanlagegesellschaften und deren Bewertung durch institutionelle Investoren, unveröffentlichte Praxisarbeit, WHU

Ezra, D.D. [1998]:
Adding Value through Active Manager Selection and Structure, Russell London Monograph, August 1998

Ezra, D.D. [1999a]:
Yes! Consultants Can Add Value – And the Value Can Be Measured, Russell London Monograph, Februar 1999

Ezra, D.D. [1999b]:
The Four Golden Rules – Common Sense Principles for Winning the Active Management Game, Russell London Monograph, Februar 1999

Ezra, D.D. [2000]:
Active versus Passive: A New Perspective, Russell London Monograph, Februar 2000

Fama, E.F. [1965]:
The Behavior of Stock Market Prices, in: Journal of Business, 38. Jg., Nr. 1, S. 34-105

Fama, E.F. [1970]:
Efficient Capital Markets: A Review of Theory and Empirical Work, in: Journal of Finance, 25. Jg., S. 383-417

Fama, E.F. [1976]:
Foundations of Finance, Basic Books Inc., New York

Fama, E.F. [1991]:
Efficient Capital Markets II, in: Journal of Finance, 46. Jg., S. 1575-1617

Fama, E.F. [1995]:
Size and Book-to-Market Factors in Earnings and Returns, in: Journal of Finance, 50. Jg., S. 131-155

Fama, E.F./Fisher, L./Jensen, M./Roll, R. [1969]:
The Adjustment of Stock Prices to New Information, in: International Economic Review, 10. Jg., Nr. 1, S. 1-21

Fama, E.F./French, K.R. [1992]:
The Cross Section of Expected Stock Returns, in: Journal of Finance, 47. Jg., S. 427-465

Fama, E.F./French, K.R. [1993]:
Common Risk Factors in the Returns on Stocks and Bonds, in: Journal of Financial Economics, 33. Jg., Nr. 1, S. 3-56

Fama, E.F./French, K.R. [1996]:
Multifactor Explanations of Asset Pricing Anomalies, in: Journal of Finance, 51. Jg., S. 55-84

Fama, E.F./French, K.R. [1998]:
Value versus Growth: The International Evidence, in: Journal of Finance, 53. Jg., S. 1975-1999

Fama, E.F./MacBeth, J. [1973]:
Risk, Return and Equilibrium: Empirical Tests, in: Journal of Political Economy, 81. Jg., S. 607-636

FERI Institutional Management [2001]:
FIMSS (FERI Institutional Management Segregated Accounts Survey)-Studie 2001, Projektstudie zum deutschen Markt für Spezialfonds, FERI 2001

FERI Trust [2000]:
FERI Trust Fonds Rating im Detail: Systematik, Nutzung und Erfahrungsbericht, www.feri.de, 2000

Ferson, W.E./Schadt, R.W. [1996]:
Measuring Fund Strategy and Performance in Changing Economic Conditions, in: Journal of Finance, 51. Jg., S. 425-461

Fletcher, J. [1997]:
The Evaluation of the Performance of UK Unit Trusts, in: International Review of Economics and Finance, 8. Jg., S. 455-466

French, K.R. [1980]:
Stock Returns and the Weekend Effect, in: Journal of Financial Economics, 8. Jg., S. 55-69

Friend, I./Brown, F.E./Herman, E.S./Vickers, D. [1962]:
A Study of Mutual Funds, Government Printing Office, Washington

Gänsslen, R./Bornträger, B. [2003]:
Neue Organisationsformen in der institutionellen Vermögensverwaltung, in: Die Bank, 1/2003, S. 64-67

Gardner, C. [2001]:
Is the MoM Premium Justified?, in: IPE Institutional Pensions Europe Multi-Management Report, September 2001, S. 13

Goetzmann, W.N./Ibbotson, R.G. [1994]:
Do Winners Repeat? Patterns in Mutual Fund Performance, in: Journal of Portfolio Management, 20. Jg., Nr. 2, S. 9-18

Goodwin, T.H. [1998]:
The Information Ratio, in: Financial Analysts Journal, 54. Jg., Nr. 4, S. 34-43

Gorodess, M.H. [1997]:
Selecting an International Investment Manager, in: F.J. Fabozzi (Hrsg.): Pension Fund Investment Management, Frank J. Fabozzi Associates, New Hope, S. 273-282

Greene, W.H. [1997]:
Econometric Analysis, 3.Auflage, Prentice-Hall, Upper Saddle River, New Jersey

Grinblatt, M./Titman, S. [1989]:
Mutual Fund Performance: An Analysis of Quarterly Portfolio Holdings, in: Journal of Business, 62. Jg., S. 393-416

Grinblatt, M./Titman, S. [1992]:
The Persistence of Mutual Fund Performance, in: Journal of Finance, 47. Jg., S. 1977-1984

Grinblatt, M./Titman, S. [1993]:
Performance Measurement Without Benchmarks: An Examination of Mutual Fund Returns, in: Journal of Business, 66. Jg., S. 47-68

Grinblatt, M./Titman, S./Wermers, R. [1995]:
Momentum Investment Strategies, Portfolio Performance and Herding: A Study of Mutual Fund Behavior, in: American Economic Review, 85. Jg., S. 1088-1105

Grinold, R.C. [1989]:
The Fundamental Law of Active Management, in: Journal of Portfolio Management, 15. Jg., Nr. 3, S. 30-37

Grinold, R.C. [1994]:
Alpha is Volatility Times IC Times Score, in: Journal of Portfolio Management, 20. Jg., Nr. 4, S. 9-16

Grinold, R.C./Kahn, R.N. [1992]:
Information Analysis, in: Journal of Portfolio Management, 18. Jg., Nr. 3, S. 14-21

Grinold, R.C./Kahn, R.N. [2000]:
Active Portfolio Management-A Quantitative Approach for Providing Superior Returns and Controlling Risk, 2. Auflage, McGraw-Hill, New York

Grossman, S.J. [1995]:
Dynamic Asset Allocation and the Informational Efficiency of Markets, in: Journal of Finance, Vol. 50, S. 773-787

Grossman, S.J./Stiglitz, J.E. [1980]:
On the Impossibility of Informationally Efficient Markets, in: American Economic Review, 70. Jg., Nr. 3, S. 393-408

Gruber, M.J. [1996]:
Another Puzzle: The Growth in Actively Managed Funds, in: Journal of Finance, 51. Jg., S. 783-810

Grünenfelder, T. [1998]:
Aktienmärkte, Zinsen und Zinsstruktur: Systematische Zusammenhänge unter besonderer Berücksichtigung von Style-Investment, Haupt, Bern

Hammer, M. [2003]:
In der Master-KAG verstecken sich Steuerrisiken, in: Börsen-Zeitung, 01.04.2003, S. 18

Hammond, D.R. [1997]:
Establishing Performance-Related Termination Thresholds for Investment Management, in: F.J. Fabozzi (Hrsg.): Pension Fund Investment Management, Frank J. Fabozzi Associates, New Hope, S. 283-293

Hardy, S. [1997]:
Return-Based Style Analysis, in: F.J. Fabozzi (Hrsg.): Pension Fund Investment Management, Frank J. Fabozzi Associates, New Hope, S. 157-173

Harris, L. [1986]:
A Transaction Data Study of Weekly and Intradaily Patterns in Stock Returns, in: Journal of Financial Economics, 16. Jg., S. 99-117

Harrison, D. [1999]:
Competitive Multi-Manager Structures: Primary Research & Analysis for UK Pensions Fund Trustees & Providers, LLP Professional Publishing Management Reports, Informa Professional Publishing, Oktober 1999

Harrison, D. [2000]:
Why MoM's the Word when Selecting Managers, IPE Institutional Pensions Europe, März 2000

Harrison, D. [2001]:
The Thorny Issue of Delegation, IPE Institutional Pensions Europe Multi-Management Report, September 2001, S. 2-3

Hayek, F.A. [1945]:
The Use of Knowledge in Society, in: American Economic Review, 35. Jg., S. 519-530

Hendricks, D./Patel, J./Zeckhauser, R. [1993]:
Hot Hands in Mutual Funds: Short-Run Persistence of Performance, 1974-1988, in: Journal of Finance, 48. Jg., S. 93-130

Heymann, F.A./Germann, U. [2002]:
Ratings von Asset Managern, in: Portfolio Institutionell, Ausgabe 2, September 2002, S. 23-27

Ilkiw, J.H. [1996]:
Passive or Active Management – A Never Ending Debate, Russell Canada Monograph No. 14, Juli 1996

Ilkiw, J.H. [1998]:
Understanding and Selecting Manager Structures – From Fully Passive to Active Multi-Manager Specialist, Russell London Monograph No. 2, August 1998

Ippolito, R.A. [1989]:
Efficiency with Costly Information: A Study of Mutual Fund Performance, in: Quarterly Journal of Economics, 104. Jg., Nr. 1, S. 1-24

Ippolito, R.A. [1992]:
Consumer Reaction to Measures of Poor Quality: Evidence from the Mutual Funds Industry, in: Journal of Law&Economics, 35. Jg., S. 45-70

Jaffe, J./Keim, D.B./Westerfield, R. [1989]:
Earnings Yields, Market Values, and Stock Returns, in: Journal of Finance, 44. Jg., S. 135-148

Jain, P./Wu, J. [2000]:
Truth in Mutual Fund Advertising: Evidence on Future Performance and Fund Flows, in: Journal of Finance, 55. Jg., S. 937-958

Jegadeesh, N./Titman, S. [1993]:
Returns to Buying Winners and Selling Losers: Implications for Stock Market Efficiency, in: Journal of Finance, 48. Jg., Nr. 2, S. 65-91

Jensen, M.C. [1968]:
The Performance of Mutual Funds in the Period 1945-1964, in: Journal of Finance, 23. Jg., S. 389-416

Kahn, R.N./Rudd, A. [1995]:
Does Historical Performance Predict Future Performance?, in: Financial Analysts Journal, 51. Jg., Nr. 6, S.43-52

Kahn, R.N./Rudd, A. [1997a]:
The Persistence of Equity Style Performance: Evidence from Mutual Fund Data, in: Coggin, J.D./Fabozzi, F.J./Arnott, R.D. (Hrsg.): The Handbook of Equity Style Management, 2. Auflage, Frank J. Fabozzi Associates, New Hope, S. 187-199

Kahn, R.N./Rudd, A. [1997b]:
The Persistence of Fixed Income Style Performance: Evidence from Mutual Fund Data, in: Coggin, J.D./Fabozzi, F.J./Arnott, R.D. (Hrsg.): The Handbook of Equity Style Management, 2. Auflage, Frank J. Fabozzi Associates, New Hope, S. 200-212

Kandel, H.K./Stambaugh, R.F. [1987]:
On Correlations and Inferences about Mean-Variance Efficiency, in: Journal of Financial Economics, 18. Jg., Nr. 1, S. 61-90

Kandlbinder, H.K./Entzian, T. [2002]:
Der Spezialfonds 2001 – trotz erstmaligem Volumensrückgang weiter auf mäßigem Wachstumskurs, in: Zeitschrift für das gesamte Kreditwesen, 55. Jg., Nr. 16, August 2002, S. 778-794

Kao, D./ Shumaker, D. [1999]:
Equity Style Timing, in: Financial Analysts Journal, 55. Jg., Nr. 1, S. 37-48

Keim, D. [1983]:
Size-Related Anomalies and Stock Return Seasonality: Further Empirical Evidence, in: Journal of Financial Economics, 12. Jg., S. 13-32

Kendall, M.G. [1953]:
The Analysis of Economic Time Series, Part I: Prices, in: Journal of the Royal Statistical Society, 96. Jg., Nr. 1, S. 11-25

Kleeberg, J.M./Schlenger, C. [2000a]:
Systematische Vergabe von Spezialfondsmandaten, in: Kleeberg, J.M./Schlenger, C. (Hrsg.): Handbuch Spezialfonds, Uhlenbruch, Bad Soden, S. 651-671

Kleeberg, J.M./Schlenger, C. [2000b]:
Optimale Kombination von Spezialfonds-Managern, in: Kleeberg, J.M./Schlenger, C. (Hrsg.): Handbuch Spezialfonds, Uhlenbruch, Bad Soden, S. 263-284

Kleeberg, J.M./Schlenger, C. [2002]:
Aufbereitung von Alphaprognosen für die relative Portfoliooptimierung, in: Kleeberg, J.M./Rehkugler, H. (Hrsg.): Handbuch Portfoliomanagement, 2. Auflage, Uhlenbruch, Bad Soden, S. 253-280

Knez, P./ Ready, M. [1997]:
On the Robustness of Size and Book-to-Market in Cross-Sectional Regressions, in: Journal of Finance, 52. Jg., S. 1355-1382

Kon, S.J./Jen, F.C. [1979]:
The Investment Performance of Mutual Funds: An Empirical Investigation of Timing, Selectivity and Market Efficiency, in: Journal of Business, 52. Jg., S. 263-289

Kosowski, R./Timmermann, A./White, H./Wermers, R. [2001]:
Can Mutual Fund "Stars" Really Pick Stocks? New Evidence from a Bootstrap Analysis, Working Paper, November 2001

Kothari, S.P./Shanken, J./Sloan, R.G. [1995]:
Another Look at the Cross-Section of Expected Returns, in: Journal of Finance, 50. Jg., S. 185-224

Kritzman, M. [1983]:
Can Bond Managers Perform Consistently?, in: Journal of Portfolio Management, 9. Jg., Nr. 4, S. 54-56

Kutler, V.A. [1997]:
Money Manager Selection: A Top-Down Approach, in: F.J. Fabozzi (Hrsg.): Pension Fund Investment Management, Frank J. Fabozzi Associates, New Hope, S. 261-271

Lakonishok, J./ Shleifer, A./ Vishny, R. [1994]:
Contrarian Investment, Extrapolation, and Risk, in: Journal of Finance, 49. Jg., S. 1541-1578

La Porta, R./Lakonishok, J./Shleifer, A./Vishny, R.W. [1997]:
Good News for Value Stocks: Further Evidence on Market Efficiency, in: Journal of Finance, 52. Jg., S. 859-874

Lehman, B.N./Modest, D.M. [1987]:
Mutual Fund Performance Evaluation: A Comparison of Benchmarks and Benchmark Comparisons, in: Journal of Finance, 42. Jg., S. 233-265

Leser, H. [1999]:
Gibt es sinnvolle Kriterien für die Auswahl von Spezialfonds?, in: Kreditwesen, Heft 16/99, S. 41-43

Levis, M./Liodakis, M. [1999]:
The Profitability of Style Rotation Strategies in the United Kingdom, in: Journal of Portfolio Management, 26. Jg., Nr. 1, S.73-86

Lintner, J. [1965a]:
The Valuation of Risk Assets and the Selection of Risky Investments in Stock Portfolios and Capital Budgets, in: Review of Economics and Statistics, 47. Jg, Nr. 1, S. 13-37

Lintner, J. [1965b]:
Security Prices, Risk, and Maximal Gains from Diversification, in: Journal of Finance, 20. Jg., S. 587-615

Lofthouse, S. [2001]:
Investment Management, Wiley&Sons, Chichester

Lütkepohl, H. [1993]:
Introduction to Multiple Time Series Analysis, 2.Auflage, Springer, Berlin

Lucas, L./Riepe, M. [1996]:
The Role of Returns-Based Style Analysis: Understanding, Implementing, and Interpreting the Technique, Working Paper, Ibbotson Associates

Lunde, A./Timmermann, A./Blake, D. [1999]:
The Hazards of Mutual Fund Underperformance: A Cox Regression Analysis, in: Journal of Empirical Finance, 6. Jg., Nr. 1, S. 121-152

Mains, N. [1977]:
Risk, the Pricing of Capital Assets, and Evaluation of Investment Portfolios: Comment on Jensen, in: Journal of Business, 50. Jg., S. 371-384

Malkiel, B.G. [1995]:
Returns from Investing in Equity Mutual Funds 1971 to 1991, in: Journal of Finance, 50. Jg., S. 549-572

Marcus, A.J. [1990]:
The Magellan Fund and Market Efficiency, in: Journal of Portfolio Management, 17. Jg., Nr. 1, S. 85-88

Markowitz, H. [1952]:
Portfolio Selection, in: Journal of Finance, 7. Jg., Nr. 1, S. 77-91

Markowitz, H. [1959]:
Portfolio Selection: Efficient Diversification of Investments, Wiley&Sons, New York

Marmer, H.S. [1997]:
The Evolving Role of the Pension Fund Consultant, in: Fabozzi, F.J. (Hrsg.): Pension Fund Investment Management, Frank J. Fabozzi Associates, New Hope, S. 65-76

Mayers, D. [1972]:
Non-marketable Assets and Capital Market Equilibrium under Uncertainty, in: Jensen, M.C. (Hrsg.): Studies in the Theory of Capital Markets, Praeger, New York, S. 97-105

McDonald, J. [1974]:
Objectives and Performance of Mutual Funds, 1960-1969, in: Journal of Financial and Quantitative Analysis, 9. Jg., S. 311-333

Meier, J./Bertolotti, A. [1995]:
An Analysis of Global Investment Styles, in: Klein, R./Ledermann, J.: Equity Style Management, Irwin, Chicago, S. 85-117

Merton, R.C. [1973]:
An Intertemporal Asset Pricing Model, in: Econometrica, 41. Jg., S. 867-887

Minor, D.B. [2001]:
Beware of Index Fund Fundamentalists, in: Journal of Portfolio Management, 27. Jg., Nr. 4, S. 45-50

Mossin, J. [1966]:
Equilibrium in a Capital Asset Market, in: Econometrica, 34. Jg., S. 768-783

MSCI [1998]:
Methodology and Index Policy, Morgan Stanley Capital International, March 1998

MSCI [2001]:
MSCI Small Cap Equity Index Methodology Book, Morgan Stanley Capital International, September 2001

Oertmann, P./Zimmermann, H. [1997]:
Wieviel Noise erträgt ein Prognosemodell für die taktische Asset Allocation?, in: Finanzmarkt und Portfolio Management, 11. Jg., S. 127-133

Oliver, R. [1999a]:
What's the Difference?, IPE Institutional Pensions Europe, Mai 1999

Oliver, R. [1999b]:
Multi-Managers Pick Up Business, IPE Institutional Pensions Europe, Mai 1999

Olma, A./Kelash, P. [1999]:
The Case for Indexing, in: Journal of Index Issues in Investment, 1. Jg., Nr. 1, S. 16-24

Osbourne, M.F.M. [1959]:
Brownian Motion in the Stock Market, in: Operations Research, 7. Jg., S. 145-173

Paulus, H. [1997]:
Style Investing auf europäischen Aktienmärkten, Uhlenbruch, Bad Soden

Peters, D. [1991]:
Valuing a Growth Stock, in: Journal of Portfolio Management, 17. Jg., Nr. 3, S. 49-51

Pflaum, R. [1993]:
Wertpapier-Investmentfonds in Lebensversicherungsunternehmen: Ein Leitfaden für Praktiker, Gabler, Wiesbaden

Phelps, S./Detzel, L. [1997]:
The Non-Persistence of Mutual Fund Performance, in: Quarterly Journal of Business and Economics, 36. Jg., Nr. 1, S. 55-69

Pleschiutschnig, U.H. [2000]:
Die Persistenz in der Performance europäisch diversifizierter Aktieninvestmentfonds, Dissertation Universität St. Gallen

Porter, G./Trifts, J. [1998]:
Performance Persistence of Experienced Mutual Fund Managers, in: Financial Services Review, 7. Jg., Nr. 2, S. 57-70

Quigley, G./Sinquefield, R.A. [2000]:
Performance of UK Equity Unit Trusts, in: Journal of Asset Management, 1. Jg., Nr. 1, S. 72-92

Redhardt, C./Deppe, M. [2003]:
Maßgeschneiderte Problemlösungen für institutionelle Kunden?, in: Börsen-Zeitung, 05.04.2003, S. 18

Reid, D. [2001a]:
Something for Everyone, in: IPE Institutional Pensions Europe Multi-Management Report, September 2001, S. 4

Reid, D. [2001b]:
How Many Managers?, in: IPE Institutional Pensions Europe Multi-Management Report, September 2001, S. 14

Reid, D. [2001c]:
Unconvinced speak out, in: IPE Institutional Pensions Europe Multi-Management Report, September 2001, S. 16

Reinganum, M.R. [1983a]:
The Anomalous Stock Market Behavior of Small Firms in January, Empirical Tests for the Tax-Loss Selling Effect, in: Journal of Financial Economics, 12. Jg., Nr. 1, S. 16-23

Reinganum, M.R. [1983b]:
Portfolio Strategies Based on Market Capitalization, in: Journal of Portfolio Management, 10. Jg., Nr. 2, S. 29-36

Ritter, J. [1991]:
The Long-Run Performance of Initial Public Offerings, in: Journal of Finance, 46. Jg., Nr. 1, S. 28-33

Röck, B. [2002]:
Investment-Styles im Aktienportfoliomanagement, in: Kleeberg, J.M./Rehkugler, H. (Hrsg.): Handbuch Portfoliomanagement, 2. Auflage, Uhlenbruch, Bad Soden, S. 283-307

Roll, R. [1977]:
A Critique of the Asset Pricing Theory's Tests, Part I: On Past and Potential Testability of the Theory, in: Journal of Financial Economics, 4.Jg., Nr. 2, S. 129-176

Rosenberg, B./Reid, K./Lanstein, R. [1985]:
Persuasive Evidence of Market Inefficiency, in: Journal of Portfolio Management, 11. Jg., Nr. 3, S. 9-16

Ross, S.A. [1976]:
The Arbitrage Theory of Capital Asset Pricing, in: Journal of Economic Theory, 13. Jg., S. 341-360

Rouwenhorst, K. [1998]:
International Momentum Strategies, in: Journal of Finance, 53. Jg., Nr. 1, S. 267-284

Rozeff, M./Kinney, W. [1976]:
Capital Market Seasonality: The Case of Stock Returns, in: Journal of Financial Economics, 3. Jg., S. 370-402

Rudolf, M. [1998]:
Investment Style und Hedging Style von international diversifizierten Aktienfonds, in: Solutions, Heft 03/98, S. 43-59

Samuelson, P. [1965]:
Proof that Properly Anticipated Prices Fluctuate Randomly, in: Industrial Management Review, 7.Jg., Nr. 1, S. 41-49

Sauer, D.A. [1997]:
Information Content of Prior Period Mutual Fund Performance Rankings, in: Journal of Economics and Business, 5. Jg., S. 549-567

Schiereck, D./DeBondt, W./Weber, M. [1999]:
Contrarian and Momentum Strategies in Germany, in: Financial Analysts Journal, 55. Jg., Nr. 6, S. 104-116

Scholes, M. [1972]:
The Market for Securities: Substitution versus Price Pressure and the Effects of Information on Share Prices, in: Journal of Business, 45. Jg., S.179-211

Schwob, R. [2000]:
Style and Style Analysis from a Practitioner´s Perspective: What Is It and What Does It Mean for European Equity Investors?, in: Journal of Asset Management, 1. Jg., Nr. 1, S. 39-59

Shanken, J. [1987]:
Multivariate Proxies and Asset Pricing Relations: Living with the Roll Critique, in: Journal of Financial Economics, 18. Jg., Nr. 1, S. 91-110

Sharpe, W.F. [1964]:
Capital Asset Prices: A Theory of Market Equilibrium Under Conditions of Risk, in: Journal of Finance, 19. Jg., S. 425-442

Sharpe, W.F. [1966]:
Mutual Fund Performance, Part I+II, in: Journal of Business, 39. Jg., Nr. 1, S. 66-86 und S. 119-138

Sharpe, W.F. [1991]:
The Arithmetic of Active Management, in: Financial Analysts Journal, 47. Jg., Nr. 1, S. 7-9

Sharpe, W.F. [1992]:
Asset Allocation: Management Style and Performance Measurement, in: Journal of Portfolio Management, 18. Jg., Nr. 2, S. 7-19

Shawky, H. [1982]:
An Update on Mutual Funds: Better Grades, in: Journal of Portfolio Management, 8. Jg, Nr. 2, S. 29-34

Shiller, R. [1981]:
Do Stock Prices Move Too Much to Be Justified by Subsequent Changes in Dividends? in: American Economic Review, 71. Jg., S. 421-436

Sieber, H. [1980]:
Mathematische Tafeln mit Formelsammlung, Ernst Klett, Stuttgart

Solnik, B.H. [1974]:
An Equilibrium Model of the International Capital Market, in: Journal of Economic Theory, 8. Jg., S. 500-524

Stambaugh, R.F. [1982]:
On the Exclusion of Assets from Tests of the Two-Parameter Model: A sensitivity Analysis, in: Journal of Financial Economics, 10. Jg., Nr. 3, S. 237-268

Steiner, M./Bruns, C. [1996]:
Wertpapiermanagement, 5. Auflage, Schäffer-Poeschl, Stuttgart

Stigler, G.J. [1951]:
The Division of Labor is Limited by the Extent of the Market, in: Journal of Political Economy, 59. Jg., S. 185-193

Stoll, H.R./Whaley, R.E. [1983]:
Transaction Costs and thc Small Firm Effect, in: Journal of Financial Economics, 12. Jg., Nr. 1, S. 57-79

Thomas III, L.R. [2000]:
Active Management, in: Journal of Portfolio Management, 26. Jg., Nr. 2, S. 25-32

Tobin, J. [1958]:
Liquidity Preference as Behaviour Towards Risk, in: Review of Economic Studies, 25. Jg., Nr. 2, S. 65-86

Treynor, J.L./Black, F. [1973]:
How to Use Security Analysis to Improve Portfolio Selection, in: Journal of Business, 46. Jg., Nr. 1, S. 66-86

Treynor, J.L. [1965]:
How to Rate Management of Investment Funds, in: Harvard Business Review, 43. Jg., Nr. 1, S. 63-75

Ujobai, J. [1998]:
Capturing the Rewards of Style, IPE Institutional Pensions Europe, Dezember 1998

Unwin, R. [1989]:
Manager Selection – Balanced and Specialist, in: Stoakes, C./Freeman, A. (Hrsg.): Managing Global Portfolios, Euromoney Publications, London, S. 51-63

Volkman, D.A./Wohar, M.E. [1995]:
Determinants of Persistence in Relative Performance of Mutual Funds, in: Journal of Financial Research, 18. Jg., S. 415-430

Wagner, B./Rockel, S. [2003]:
Steuerliche Aspekte der Master-KAG, in: Börsen-Zeitung, 06.05.2003, S. 18

Wagner, W.H. [1994]:
Ten Myths and Twenty Years of Betas, in: Journal of Portfolio Management, 21. Jg., Nr. 1, S. 79-82

Waring, M.B./Castille, C. [1998]:
A Framework for Optimal Manager Structure, in: Barclays Global Investors Investment Insights, 1. Jg., Nr. 2, Juni 1998

Waring, B./Whitney, D./Pirone, J./Castille, C. [2000]:
Optimizing Manager Structure and Budgeting Manager Risk, in: Journal of Portfolio Management, 26. Jg., Nr. 3, S. 90-104

Watson, R.M. [2001]:
Europe Dominates Fund of Funds, in: IPE Institutional Pensions Europe, November 2001

Wermers, R. [1997]:
Momentum Investment Strategies of Mutual Funds, Performance Persistence and Survivorship Bias, Working Paper, University of Colorado at Boulder/Col.

Wermers, R. [2001]:
Predicting Mutual Fund Returns, Working Paper, Robert H. Smith School of Business, University of Maryland

Williams, J.T. [1977]:
Capital Asset Prices with Heterogeneous Beliefs, in: Journal of Financial Economics, 5. Jg.., Nr. 3, S. 219-239

Wiltshire, S./Fox, S. [2001]:
How Many Managers Make a Good Multi-Manager Portfolio?, Russell Research Commentary, Juni 2001

Wittrock, C. [1995]:
Messung und Analyse der Performance von Wertpapierportfolios, Uhlenbruch, Bad Soden

Zimmermann, H./Rudolf, M./Jaeger, S./Zogg-Wetter, C. [1996]:
Moderne Performance-Messung, Haupt, Bern